KB148059

무조건 합격하는
거꾸로 공부법

모든 시험에 통하는
최강의 공부기술!

무조건 합격하는

거뜨로
공부법

곽상빈 지음

평단

'거꾸로 공부법'으로
'내 인생'도 바꾸기를!

누구에게나 시험은 '골치 아픈 놈'임이 틀림없다. 나도 시험만 생각하면 가슴이 먹먹해지고 골치가 아픈 것이 사실이다. 그러나 어쩌겠는가? 우리 모두는 자기가 원하는 것을 얻고 바라는 일을 하기 위해서 수많은 시험을 치러야 한다. 대부분 그 시험을 통과해야 그 다음 단계로 나아갈 수 있다.

그런 까닭에 우리의 교육현실에서는 시험 경쟁률도 치열하고 합격을 갈망하는 열기도 뜨겁다. 공부를 잘하기 위해 학원에도 가고 상담을 받기도 하며, 각종 공부법 책을 보면서 자신의 부족한 점을 채워 시험에 합격하려고 애쓴다. 시중에는 다양한 공부법 책이 나와 있지만 모든 시험, 모든 사람에게 적용될 수 있는 공부법은 찾아보기 어렵다.

이 책은 그에 대한 아쉬움에서 비롯했다. 우리가 살아가면서 치르는 어떠한 시험에서든 최대한 좋은 결과를 낼 수 있는 '최고의 방법'은 없을까 하는 고민에서 이 책을 쓰기 시작했다. 이 책의 특징은 시험과 합격에 대한 접근법이 다른 공부법 책과 다르다는 것이다. 공부에 대한 본질적 질문에서 시작해 구체적인 공부 노하우까지 모두 꼼꼼히 담아내려고 했다.

공부를 처음부터 잘했던 사람은 열등생의 마음을 이해하기 어렵다. 사실 나는 어릴 때부터 열등생이었던 데다 머리도 그리 좋은 편이 아니었다. 하지만 끊임없이 나만의 공부법인 '거꾸로 공부법'을 고민하고 시도한 결과 많은 시험에서 좋은 성적으로 합격의 영광을 얻었다. 물론 처음부터 쉬웠던 것은 아니다. 가난한 집안 형편에 IMF 금융위기로 아버지의 사업까지 망하면서 교육을 제대로 받을 수 없는 유년기를 보냈다. 당시에는 공부에 전혀 관심이 없는 데다 잘하지도 못해서 항상 '나는 머리가 나쁘고 공부에 소질이 없다'고 생각했다. 그래서 초등학생 때부터 아르바이트를 했고, 중학생 때는 장사도 했으며, 실업계 고등학교에 진학해서는 벤처기업 창업이라는 도전과 실패도 경험했다.

그러다 정말 우연한 계기로 공부를 시작했고, 어떻게 하면 시험에 합격할지 치열하게 고민했다. 그 결과 연세대학교 경제학과 최우등 졸업과 함께 변호사·공인회계사·감정평가사·손해사정사·경영지도사 등 전문직 5관왕 포함 자격증 36개를 거머쥐었다. 그 과정에서 수많은 시행착오를 겪었고, 마침내 '거꾸로 공부법'을 터득했다.

이 책에는 그 과정에서 이루어낸, 누구에게도 공개하기 어려운 나의 '진짜' 이야기를 담았다. 내 이야기가 공부로 어려움을 겪고 있는 많은 분의 공감을 얻을 수 있으리라 생각한다. 또한 각자 마주하고 있는 어떤 난관 앞에서도 '이겨낼 수 있다'는 희망을 품게 해주기를 소망한다.

뒤돌아보면 결코 쉽지 않은 도전의 연속이었다. 당장 눈앞의 '시험에 합격한다'는 목표와 그 연장선상에서 '인생의 꿈을 이룬다'는 큰 목표를 이루며 합격을 거머쥐었다. 그 과정에서 '이렇게 했다면 조금 더 빨리 합격했을 텐데' 하는 내용과 내가 사용한 시험 준비 방법 가운데 가장 효과적인 방법을 선별해서 이 책에 실었다. 내가 '거꾸로 공부법'에서 길을 찾았듯이 나만의 공부법을 찾으려면 일단 공부를 해보는 수밖에 없다. 그래야만 자기에게 맞는 공부법을 발견할 수 있다. 누구든지 '좋은 방법'으로 꾸준히 노력하면 합격이 그리 멀지 않다고 믿는다. 내가 권하는 거꾸로 공부법을 적용해보고 더 좋은 방법을 발견했을 때는 언제든 블로그에 글을 남겨주기를 바란다. 나도 항상 공부하고 배우는 만큼 이 책을 시작으로 여러분과 함께 더 발전해나가고 싶다.

곽상빈

차례

1장 공부를 해야 하는 이유

2장 시험의 첫걸음

3장 모든 시험의 노하우

6장   공무원 시험

1장

공부를 해야 하는 이유

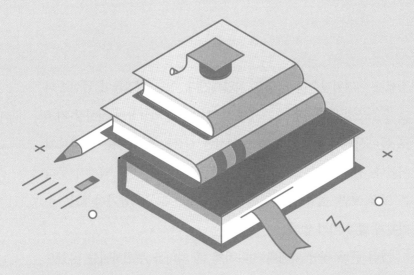

공부는 단순히 책상에 앉아 책을 보는 작업이 아니다. 책을 보고 생각하고, 사람들과 이야기하며 새로운 지식을 만들어내고, 시험에 합격하고, 또 다른 부가가치를 창출해 내는 과정이다. 이 점을 잘 알고 공부한다면 대한민국을 이끌어갈 리더로 성장할 것이다.

스펙과 진로를 고민하는 청년에게

먼저 평생직업을 그려라

경제가 어려워질수록 경쟁은 치열해진다. 청년 실업률이 급상승하고 구조조정의 칼바람도 거세게 불어온다. 경제성장이 저성장 기조로 돌아서면서 취업 이후에도 안전한 직장은 이제 더는 찾아보기 어렵다. 전 세계적으로도 기업의 평균수명이 20년을 넘기지 못하는 것을 보면 '취업'만을 위한 '스펙'은 100세까지 살아야 하는 우리에게 별 의미가 없다.

그런 만큼 취업 자체에 지나치게 큰 의미를 부여하지는 않았으면 한다. 취업은 어떻게 보면 스펙의 한 부분을 차지하는 것 이상의 의미가 없다. 회사가 내 인생을 보장해주지도 못하고 내가 퇴직하거나 회사가 망하면 그것으로 끝이다. 앞으로는 취업을 하고도 다른 회사를 알아봐야 하는 상황이 더 많아질 것이다. 끊임없이 이직하면서 자신의 인생을 설계해나가야만 하는 시대가 도래한 것이다. 이럴 때일수록 취업보다는 '직업'에 집중해야 한다.

취업이 어떤 회사에 갈지에 대한 고민이라면 직업은 '어떤 일을 할지'에 대한 고민이다. 회사의 수명은 길어봐야 20년이고, 공무원을 제외하고는 입사해도 정년까지 근무할 것으로 기대하기는 어렵다. 그런데 직업은 어떤 회사에 가든 평생 내가 할 수 있는 '업業'이다. 즉, 평생에 걸쳐 할 수 있는 일이다. 내가 가진 전문성과 경험을 나타내는 것이 바로 직업이다.

직업은 내 역량과 스펙으로 입증되며, 이를 필요로 하는 회사를 선택해 평생 일하면서 살도록 미리 진로설계를 해두어야 행복한 인생을 계획할 수 있다.

내 행복을 위한 직업을 만드는 과정이 공부이고, 그 결과물이 스펙이다. 스펙은 직업에 대한 역량을 세분화해 객관적으로 입증하는 증거라 할 수 있다. 많은 사람이 학교, 학점, 어학성적, 봉사활동을 스펙의 대표 항목으로 꼽는데, 사실 이것들은 스펙에서 아주 작은 부분에 해당한다.

실제로 대학생들에게 설문조사를 해보면 위에 나열된 스펙만 쌓으면 된다고 생각하는 것으로 나타난다. 그런데 그렇게만 생각해서는 기업에서 원하는 스펙을 쌓지 못할 뿐 아니라 평생직업을 만드는 것도 불가능하다. 여기에는 직업을 위한 스펙이 빠져 있기 때문이다.

상대적으로 기업의 인사담당자들에게 설문조사를 해보면 위에 나열된 스펙의 경우 최소조건만 만족되면 크게 영향을 미치지 않는다고 한다. 인크루트나 잡코리아에서 조사한 바에 따르면, 기업에서 가장 많이 보는 스펙으로 직무와 관련된 경험, 관련 분야 전공, 업무 관련 자격증을 꼽았다.

이렇게 학점, 영어성적, 봉사활동 등이 큰 비중을 차지하지 않는데도 여기에 시간을 투자하는 학생들의 심리는 간단하다. 수많은 경쟁자가 이 점수에 목을 매는데 나만 안 하면 뒤처진다는 불안감이다. 이런 불안감을 해소하는 좋은 방법은 뒤에 설명할 몇 가지 요령으로 스펙을 유기적으로 설계하고 확신을 가지는 것이다. 취업을 어떻게 하면 잘할 수 있는지를 말하고 싶지는 않다. 남들이 좋다고 하는 대기업이나 공기업에 취업만 하면 된다는 단기적 목표에 치중하는 사람이 자신의 꿈과 목표를 더 빨리 달성할지는 미지수다. 다만 100세 시대를 살아가려면 당장은 남들보다 늦을 수 있어도 훨씬 오랫동안 자신의 직업에서 성공할 수 있는 힘을 기르는 것이 중요하다.

커리어 설계와 관리는 직무와 직업에 대한 정보를 맛보고, 무식하고 용감하게 실행에 옮기고act, 목표를 세우고goal setting, 목표를 달성하고actualize goal, 전문화하고professionalize, 경력을 관리하는experience 단계로 이루어진다. 따라서 평생직업을 만들고 업으로 성공하기 위해서는 내가 좋아하는 일이 무엇인지 찾는 데서 시작해야 한다. 그러려면 어떤 직업이 있는지부터 알아야 하지 않겠는가?

다음에서 구체적으로 직무와 직업을 살펴보는 방법을 소개할 테니 웹사이트에 들어가서 반드시 찾아보기 바란다. 이 작업을 하지 않으면 방황할 가능성이 크다.

잡이룸(www.joberum.com) 사이트를 이용한 직무분석

잡이룸 사이트에는 직무별로 간략한 소개와 세부적 업무, 직무 역
량이 자세히 나와 있다. 각자의 적성에 맞는 직무를 찾도록 도와주
는 시스템도 갖춰져 있으니 이용해보면 도움이 될 것이다. 다음에
구체적인 과정을 소개한다.

1) 잡이룸 사이트에 접속하면 홈페이지가 이렇게 뜬다.

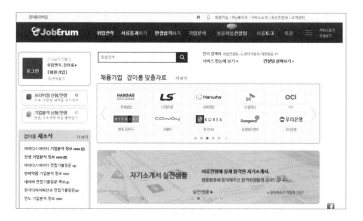

2) 홈 화면 우측 아래 직무사전으로 들어간다.

3) 잡이룸 직무사전이 뜨고 하단 직무요약표에 직종별로 직무가 나열 되어 있다. 그 직무 중에서 궁금한 것을 클릭하면 해당 직무에 대한 정보 페이지로 넘어간다.

4) 직무요약표에서 마케팅, 상품개발 직무를 클릭해보겠다.

5) 그러면 직무개요와 주요업무가 뜬다. 주요업무에서는 하는 일에 대한 소개뿐만 아니라 면접에서 자주 나오는 질문에 대한 팁까지 알려준다.

6) 상단 직무내역 우측의 '필요역량'을 클릭하면 이 직무를 수행하기 위해 필요한 주요역량과 자격증, 이 역량이 왜 필요한지를 알 수 있다.

▶ 필요역량 내역

역량명	필요도	역량정의
분석력	9.9	모호한 현상.문제에 대해 정보를 분석하고 논리적으로 추론하여 구체화할 수 있다.
유연창의력	8.8	환경변화에 유연하게 대처하고, 새로운 아이디어로 성과에 기여할 수 있다.
전략적 사고	8.1	외부동향과 내부특성을 파악하여 목표달성을 위한 최적의 방안을 도출할 수 있다.
대인관계력	7.4	평소 원만한 인간관계를 형성하고, 필요시 상대방의 협조를 이끌어낼 수 있다.
정보수집 활용력	6.2	일을 처리하는 데 필요한 정보를 수집 가공하여 이를 효과적으로 활용할 수 있다.

7) 직무비전 탭을 클릭하면 그 직무의 비전과 전망을 알아볼 수 있다.

| 직무사전소개 | 경영.지원직 | **영업.유통직** | 생산 연구직 | IT.전산직 | 디자인직 | 서비스직 | 전문.기타직 |

• 영업.영업관리 • 해외영업.무역 • 마케팅.상품개발 • 물류.유통 • 판매.매장관리 • TM.고객지원

. 영업.유통직 〉 마케팅.상품개발   ▸ 자료닫기

| 직무내역 | 필요역량 | **▸ 직무비전** |

| **직무비전/전망**

• 해당직무의 비전을 알면 자기소개서작성 및 면접답변시 '직무지원동기'와 '입사후 포부'를 명확히 알 수 있습니다.   ▸ 연계

> 다양한 고객 욕구, 심화되는 경쟁. 마케팅의 새로운 전략이 기업의 성패를 좌우합니다.
>
> | **본 정보는 프리미엄회원 전용입니다.**   ◦ 프리미엄안내/전환
> 유료 또는 포인트로 전환할 수 있습니다. 잡이룸의 모든 프리미엄 자료를 보실 수 있습니다.

이와 같이 잡이룸 사이트에서 직무에 대한 전반적 정보를 수집하고 관심 가는 직무에서 요구하는 역량에 맞게 스펙을 준비하면 된다.

워크넷(www.work.go.kr) 한국직업정보를 활용한 직무분석

1) 워크넷 사이트에 접속해 직업·진로 하부 메뉴의 직업정보에서 한국 직업정보를 클릭한다.

2) 한국직업정보 하단의 분류별 찾기 직업분류 1차 선택에서 관심이 있는 분류를 클릭한다.

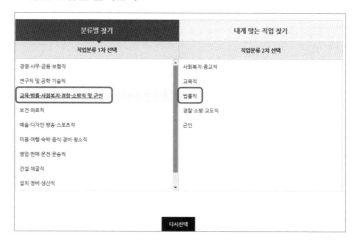

3) 직업분류 2차 선택에서 또 하나를 선택하면 해당 직업이 뜬다.

4) 해당 직업에 대한 상세한 정보가 뜬다. 하는 일, 교육/자격/훈련, 임금/직업만족도/전망, 능력/지식/환경, 성격/흥미/가치관 등 자세한 정보를 제공하니 이를 찾아보고 스펙설계 계획을 세우면 좋다.

해당 직무에 대한 정보를 자세히 수집해 직업마다 공통되는 스펙을 먼저 개발하고, 내가 정말 하고 싶은 업무에 맞는 스펙을 구체적으로 설계해 자격증, 학위, 경력을 만들어가면 시행착오를 줄일 수 있다.

나도 참 오래 걸렸다. 고등학교를 졸업하자마자 IBM이나 유명 외국회사에 취업해서 잘나가는 친구도 있고, 내가 고시공부를 하는 동안 대학을 졸업하고 이미 대기업에 자리 잡은 친구도 있다.

그리고 사회적 기업을 창업해서 CEO로 활약하는 친구도 있고, 한국은행에 입사해 자부심을 느끼며 다니는 친구도 있다. 그 친구들에 비하면 당장은 내가 늦은 편이다. 나는 창업, 대기업, 개업, 학원강사를 두루 경험하고, 얼마 전에는 김앤장 변호사로 근무하다가 퇴사하여 회계법인을 개업하였으니 아직도 준비기간이라고 볼 수 있다. 다만 100세까지 내 분야에서 일할 수 있는 탄탄한 평생직업을 만들어놓았다고 자부할 수 있다.

대기업이나 금융권으로 간 친구들도 가끔 이직을 준비하고 있다거나 불안을 느낄 때가 있다고 하는데 나는 오히려 여유가 있다. 장기적 안목으로 공부하면서 미래를 구체적으로 그려왔기 때문이다. 이렇게 자신이 가야 할 방향을 확실히 잡고 어떤 능력을 길러야 할지 안다면, 그것이 비록 항상 가장 빠른 길은 아니어도 공부하면서 길을 잃는 일은 없을 것이다.

우리는 끊임없이 시험을 받고 있다

우리는 초등학교에 들어가면서부터 정규교육을 받는다. 기억이 날지 모르겠지만 초등학교에 입학하면 곧바로 시작하는 것이 쪽지시험이나 받아쓰기 시험이다. 이것보다 더 이전에는 시험이 없었는가. 아니다. 어머니 배 속에서 세상으로 나오는 순간부터 우리는 늘 시험 아닌 시험test에 직면해왔다. 어렸을 때부터 밥은 어떻게 먹고, 말은 어떻게 하고, 소변은 어디서 보는지 등을 부모에게 배우는 데서 시작해 학교를 거쳐 세상이 만들어놓은 틀에서 타인과 어떻게 소통해야 하는지를 배우고 시험을 받아온 것이다.

유년기를 지나 10대가 되면서 더 형식적인 시험에 직면한다. 학교에서는 내신관리를 위해 중간고사와 기말고사를 치른다. 대학에 입학하기 위해 수학능력시험을 3년 동안 준비해야 하며, 대학에 가서도 시험은 끊이지 않는다. 자격증을 취득하려면 반드시 시험을 치러야 하고, 어학능력을 검증받으려면 토익이니 텝스니 하는 시험을 치러야 한다.

공무원 시험, 자격증 시험, 대학원 진학 시험, 졸업 시험 등 공부해야 할 분량은 갈수록 많아지고 난이도도 높아진다. 물론 이때부터 어떤 시험을 치르느냐는 개인의 자유다. 그냥 시험과 무관하게 살아갈 수도 있지만, 언제 어떤 시험을 보게 될지 모르는 것이 복잡해진 우리 사회의 현실이다.

한 예로 대기업에 취업하면 시험이 다 끝난 줄 알았는데 승진시험이 기다리고, 창업을 하면 시험이 없을 줄 알았는데 프레젠테이

선과 각종 보고서로 시험받게 된다.

나는 얼마 전까지 김앤장 법률사무소에서 변호사로 근무했다. 이때 한 달에 300여 시간의 강도 높은 업무를 하면서도 논문을 쓰고 평가를 받아 통과된 후 KCI에 등재하거나 자격시험을 추가로 치러 자격증을 취득하는 등 노력을 기울였다. 최근에는 감정평가사협회 등록을 위한 종합시험을 치렀는데 온라인 CBT(Computer Based Test)시험하에서 오픈북이지만 고도의 판단력을 요해서 순발력 있게 시험을 치르느라 고생했다.

시험 치는 기술이 사회에서 무슨 소용이냐는 말을 간혹 듣기도 한다. 하지만 이는 큰 오산이다. 시험을 잘 치고 합격하는 사람은 영업이나 업무도 잘한다. 영업도 다른 사람을 설득하는 일종의 시험이고, 업무도 상사나 고객의 눈높이에 맞는 제품이나 서비스를 만들어내 그 기준을 통과하는 작업이다. 이 모든 것이 일종의 시험인 것이다. 시험에 합격하는 것만큼 다른 분야에도 비슷한 노력과 기술을 적용한다면 어떤 일이든 성공할 것이라고 확신한다.

왜 공부를
해야 하는가

"공부가 너희를 자유케 하리라"

우리가 사는 세상은 다양한 규칙으로 서로 관계를 맺고 있다. 그 규칙을 빨리 터득하고 잘 활용하는 사람은 생존 가능성이 높을 뿐만 아니라 더 좋은 기회를 얻을 수 있다. 반면 그 규칙에 적응하지 못하거나 배움에 서투른 사람들은 뒤처질 수밖에 없다. 기술을 잘 다루는 사람은 타인에 비해 더 많은 소득을 얻고 풍요를 누릴 가능성이 높다. 분야마다 필요한 능력이 다르지만, 그 능력을 만들려면 피나는 노력과 공부로 자기 나름의 지적 수준을 만들어야 한다.

만약 A라는 직업을 원한다면 그 직업에 맞는 자격요건을 갖춰야 하지 않겠는가. 그것은 학위가 될 수도 있고 자격증이 될 수도 있고 경력이 될 수도 있다. 자격요건을 갖추기 위해 최소한의 시험을 치를 수밖에 없다면 시행착오 없이 합격하는 것이 좋다.

그리고 시험은 세상이 만들어놓은 성공을 위한 기회이기도 하다. 그 기회를 잡는 방법은 노력을 바탕으로 한 합격일 테고, 몇 번 실패가 따르더라도 합격하는 순간 그 혜택을 고스란히 누리게 된다. 빌 게이츠Bill Gates도 "공부밖에 할 줄 모르는 '바보'에게 잘 보여라. 어쩌면 그 밑에서 일할지도 모른다"라고 하지 않았던가. 이처럼 공부의 성패는 사회적 위치를 결정하는 중요한 요소일 수 있다. 시험에서 꼭 일등을 해야 하는 것은 아니지만, 이왕이면 시험을 잘 보는 것이 자기 분야에서 성공하는 데 유리한 것은 분명한 사실이다.

줄탁동시啐啄同時라는 사자성어가 있다. 병아리가 부화하기 위해서는 어미 닭이 밖에서 알을 쪼고, 병아리가 안에서 알을 함께 쪼아야 한다는 말이다. 이처럼 우리는 세상에서 우리의 성공을 위해 만들어진 기회와 같은 방향을 힘차게 공략해서 합격해야 한다. 그 합격은 노력과 실패의 산물이다.

나도 수능을 세 번이나 치른 끝에 원하는 대학에 갔고, 1차 시험 세 번 만에 공인회계사 시험에 합격했다. 그 뒤로는 더 효율적인 공부법을 연구해 시험 합격기간을 단축함으로써 전문직 5관왕이 되었다. 어찌 보면 기회가 왔을 때 악착같이 달려들어 최대한 기회를 잡았던 것 같다. 그리고 그 기회를 잡는 가장 좋은 방법은 당연히 공부였다.

시험공부만큼
현실도 치열하다

우리 머릿속에서 시험은 '어려운 것', '하기 싫은 것'으로 굳어 있다. 적어도 내 주변에는 시험공부가 즐겁다고 하는 사람이 거의 없다. 시험공부는 고통을 유발하고 우리를 구속한다는 생각이 그 자체에 대한 거부반응을 일으키게 되는데, 실제로도 공부 과정은 쉽지 않다. 고시촌이나 독서실 생활을 해본 사람은 그 고통을 잘 이해할 것이다. 오죽하면 '수험생은 인간 이하의 존재'라는 우스갯소리가 나왔겠는가.

그런데 공부와 시험 없이 성공하기가 쉬울까. 그렇지 않을 게 분명하다. 세상은 정말 치열하고 힘든 곳이니까. 자본주의 사회에서 생존하려면 한정된 자원을 가지고 싸우는 수밖에 없다. 자원이 무한하다면 사람들이 경쟁할 이유가 없고, 아마 경제학이라는 학문도 탄생하지 않았을 것이다. 그런 세상에서는 남의 것을 빼앗을 이

유도 경쟁할 필요도 없다. 그러나 그런 세상은 천국밖에 없고 현실은 정반대다.

나도 중학교 때까지는 공부가 뒷전이었다. 공부해도 어차피 꼴찌를 할 것 같아서 제대로 하지 않았다. 시험을 칠 때마다 성적도 좋지 않고 집안 형편도 어려워 공부보다는 사업이나 장사 쪽에 관심이 있었다. 공부는 내 적성이 아닌 것 같았고, 공부를 잘하는 게 성공과 무슨 관련이 있는지도 의문이었다. '수학을 잘한다고 돈을 잘 버는 건 아니잖아?' 하는 생각에 수학시간에는 아예 잠을 자기도 했다. 때로 선생님이 좋아서 공부한 적도 있지만 그것도 일시적이었다.

나는 빨리 사업을 시작해 성공하고 싶었다. 그래서 중학교 시절에 이미 인터넷 쇼핑몰과 홈페이지 제작업으로 사업자등록을 해서 돈을 벌었고, 고등학교도 실업계로 진학했다. 하지만 비즈니스 세계에서는 더 치열한 경쟁이 기다리고 있었다. 나 같은 초짜는 딱 잡아먹히기 좋은 지옥이었다. 결국 중학교 때부터 고등학교 졸업 전까지 세 번이나 폐업했고 남은 것은 허탈감뿐이었다. 사업이 시험보다 쉬울 줄 알았는데 그게 오산이었던 것이다.

다시 원점으로 돌아와 수능을 준비하면서 시험공부가 사실은 가장 마음 편하고 해볼 만한 경쟁이라는 사실을 깨달았다. 독서실에 틀어박혀 공부만 해야 했지만 시험이라는 제도는 공정했다. 점수만 잘 받으면 내가 원하는 대학에도 가고 원하는 직업을 얻을 가능성이 열렸다. 그 점수를 만들려면 공부하고 시험 요령을 익혀야 했는데, 이는 노력으로 충분히 가능한 일이었다. 우리는 무한경쟁

시대에 살고 있다. 각자 자신이 가진 것으로 경쟁하고 제한된 자리를 얻으려고 많은 사람이 달려든다. 시험도 만만한 경쟁이 아니다. 하지만 어느 분야든 서로의 것을 갈구하는 싸움은 피할 수 없다. 이런 상황에서 우리가 원하는 목표를 이루려면 구체적인 방법, 즉 전략이 필요하다. 나는 특히 시험이라는 분야에서 경쟁하는 전략을 이야기해보고 싶다.

시험은 제한된 자원을 쟁취하려는 틀에 박힌 경쟁이다. 그것은 다른 경쟁보다는 단순하다. 그냥 열심히 공부해서 시험을 치르고 합격하면 된다. 공부와 시험을 치는 기술과 전략이 뛰어나면 합격은 자연히 얻어지는 열매다. 그런데 그것이 말처럼 쉽다면 누구나 큰 시험에 합격하고 누구나 원하는 직장에 들어가겠지만 공부 역시 '누구나' 잘할 수 있는 것은 아니다.

그래도 공부를 잘하는 방법은 있다. 그 방법으로 노력하면 합격 가능성이 다른 것으로 성공할 확률보다 높아진다. 이것이야말로 남는 장사가 아닌가.

인생에 전략이 없다면
시험도 실패다

시험을 어떻게 선택해야 하는가. 나는 시험을 선택할 자유노 개인에게 있다고 생각한다. 다른 목표가 있다면 대학에 안 가면 되고, 시험 없이도 원하는 길이 있다면 그것을 좇으면 된다. 궁극적으로 시험을 볼지 말지를 제대로 판단하고 결정해야 시험에 임하는 태도가 달라진다. 정말 원하는 꿈을 이루기 위해 시험을 준비하는 이에게는 시험 공부 과정도 고통스럽지만 행복한 시간일 테니까.

그러면 어떤 기준으로 시험을 선택해야 할까. 먼저 내가 어떤 분야에 진출해 어떻게 살고 싶은지 인생의 목표와 꿈이 정해져야 시험을 선택할 수 있다. 아무 시험이나 마구잡이로 치른다면 실패할 것을 예정하고 도전하는 것과 같다. 이럴 때는 차라리 도전하지 않는 것이 시간낭비를 줄이는 일이다. 치열한 현실에서 승리자가 되려면 내 목표와 맞는 시험을 선택할 줄 알아야 한다. 그 방법 가운

데 하나가 경제학에서 자주 활용하는 역진귀납법backward induction
이다.

역진귀납법은 경제학 분야에서 게임이론이라는 한 분야의 구체적 방법론으로 기업들이 사업의 추진 여부를 두고 의사결정할 때 유용하게 사용하는 전략기법이다. 이것을 우리에게 적용해보면, 기업이 투자할지 말지를 결정하는 것은 우리가 공부를 시작할지 말지를 결정하는 것과 같은 맥락이다. 공부를 시작하면 필연적으로 시간과 비용이 들어가고 합격이라는 수익을 기대할 수 있다. 그리고 수익이 창출되는 기간을 단축할수록 수익률은 높아지게 된다.

우리나라 초등학교에서는 오래전부터 장래희망에 대한 조사를 실시해왔다. 장래희망을 기초로 학생을 지도하기 위해서다. 우리도 20년 뒤 내가 무엇을 하고 싶은지 스스로에게 물어봐야 한다. 일종의 장래희망이다. 그것이 확정되면 다시 역으로 돌아오면 된다. 즉, 20년 뒤 내가 희망하는 일을 하려면 10년 뒤에는 어떤 위치에 있어야 하는지 물어보는 것이다. 그리고 다시 5년 뒤 어떤 위치에 있어야 할지 정하고 3년, 1년으로 거슬러 오면서 계획을 세우면 된다.

예를 들어 20년 뒤 대법관이 되는 것이 목표라면 10년 뒤에는 최소한 판사가 되어야 한다. 그러려면 현행 제도하에서는 변호사 시험에 합격해 로펌에서 일하거나 재판연구원에 가서 경력을 쌓아야 한다. 그럼 5년 뒤에는 변호사 시험 합격과 거의 동시에 재판연구원에 합격해야 한다. 참고로 로스쿨 3학년 때 재판연구원 시험을 치르게 되어 있고 그와 더불어 변호사 시험을 치러야 한다. 그러려면 단기적으로 로스쿨 입학시험에 합격해야 하고, 이를 위해서는 학점과 토익점수, 법학적성시험 점수를 최대한 높여야 한다. 그러려면 지금 당장 공부를 시작해야 한다.

이와 같이 역진귀납법을 이용하면 현재 무엇을 해야 하는지 뚜렷한 해법을 찾을 수 있다. 자신의 꿈과 목표부터 확정하고 역으로 거슬러 와서 어떤 시험을 치를지 확실하게 정해야 성공 가능성이 높아진다. 단순히 남들이 한다고 따라 한다면 필연적으로 실패를 경험하거나, 합격해서 그 일을 하게 되더라도 불만족스러울 수 있다.

물론 역진귀납법을 사용하더라도 자신이 원하는 삶을 살지 못할 수도 있고, 원하는 삶이라 믿고 도전한 것에 만족하지 못할 수도 있다. 하지만 적어도 꿈과 목표에 다가갈 확률을 높여주는 방법임에는 틀림없다.

내가 치러야 할 시험을 확정하고 난 다음에는 전략적으로 어떤 시험이 내게 더 유리한지 따져보아야 한다. 예를 들어 토익과 텝스 가운데 고를 수 있고, 학점관리 측면에서는 과목선택 시 전공과목 비율을 조정할 수 있다. 또 내가 수학에 강하면 거기에 강점을 두고 학점을 신청하거나 그 과목에 올인할 수도 있다. 이렇게 전략적으로 역진귀납법을 활용하면 구체적이고 명확한 목표를 설정할 수 있다. 그냥 막연히 '나는 A가 될 거야'라고 말해서는 그 목표를 달성할 확률이 거의 없다.

역진귀납법을 활용해 장기적인 목표와 단기적인 계획을 세우고 그와 관련된 시험을 염두에 두고 준비한다면 길을 잃지 않고 꾸준히 공부를 이어나갈 수 있다. 반면 목표와 전략 없이 막연하게 공부를 시작하면 도중에 흥미를 잃거나 우왕좌왕하게 될 가능성이 크고, 그렇게 되면 방황하면서 허송세월할지도 모른다.

그러니 공부를 잘하려면 먼저 내가 합격하고자 하는 시험을 왜 치러야 하는지 알고 인생 전반에 대한 전략을 세워야 한다. 추상적으로 접근하지 말고 구체적으로 내가 무엇을 잘하고 어떤 시험이 내 적성에 맞는지, 어떤 일을 하려고 공부하는지를 직접 그려보는 것이 좋다. 이러한 작업은 분명 시간을 많이 줄여주고 인생에서 우리의 행복을 증진해줄 것이다.

실패는
많이 할수록 좋다

나는 에이브러햄 링컨Abraham Lincoln을 좋아한다. 그는 미국 역사상 가장 존경받는 대통령이자 실패에 좌절하지 않고 결국 '실패는 성공의 어머니'임을 몸소 증명해낸 사람이다. 링컨은 가난한 농부의 아들로 태어나 23세에 사업에 실패했고, 24세에는 주의회선거에서 낙선했으며, 25세에는 사업을 해서 또 파산했고, 26세에는 약혼자의 죽음을 겪었으며, 28세에는 신경쇠약으로 입원했다. 또한 30세에 주의회 의장선거에서 낙선하고, 32세에 정부통령 선거위원에 출마해 또 낙선했다.

링컨은 총 27회에 걸쳐 엄청난 실패를 경험했다. 하지만 그는 실패할 때마다 더 의연하게 행동했고, 즐거운 생각을 하며 더 맛있는 음식을 먹었다. 이처럼 수많은 실패로 자신을 단련한 결과 그는 52세에 대통령에 당선돼 미국 역사상 가장 위대한 대통령으로 남왔다.

빌 포터Bill Porter의 일화도 내가 강의할 때마다 자주 언급하는 사례 중 하나다. 빌 포터는 우리에게 실패에 대한 태도가 얼마나 중요한지를 보여준다.

그는 뇌성마비로 몸이 불편한 데도 화장품 판매 영업사원으로 취업해 판매왕의 자리에 오른 인물이다. 그는 항상 새벽 4시 50분에 일어나 아침 8시부터 오후 6시까지 하루도 거르지 않고 끈기 있게 100가구를 방문해 판매를 이어간 것으로 유명하다. 일부러 영업하기가 가장 어려운 지역에 지원했고, 수많은 거절과 멸시에도 굴복하지 않음으로써 마침내 매출 1억 원을 달성해냈다. 이러한 사례는 하루하루 숨 막히게 살아가는 우리 청춘에게 시사하는 바가 많다. 가장 큰 교훈은 아무리 어려운 상황에서도 결코 포기해서는 안 된다는 것이다. 또한 실패를 거듭하더라도 끝까지 버티면 성공의 열매를 맛볼 수 있다는 것, 누구보다 열심히 버텨내야 최고 자리에 오를 수 있다는 것도 보여준다.

실패는 성공을 위해서는 꼭 필요한 과정이다. 한 번도 실패하지 않고 사는 사람은 이 세상에 없으며, 어쩌면 인생은 실패의 연속이라고 해도 지나친 말이 아니다. 우리는 수많은 실수와 실패를 경험하며 살고 있다. 나도 물론 예외가 아니다. 나는 아버지의 사업 실패로 어려움을 겪었고, 사업에 도전해서 어린 나이에 폐업을 여러 번 경험했다. 또 회계법인에 잘 다니다가 사정이 생겨서 중도에 퇴사했고, 이안택스라는 회사를 개업했다가 군대 문제로 접어야 했다. 수능도 두 번은 원하는 점수가 나오지 않아 세 번을 봐야 했고, 회계사 시험에서도 세 번이나 낙방을 경험했다.

이처럼 누구나 할 것 없이 실패를 겪지만 문제는 그 과정에서 무엇을 배우고 어떻게 실패를 극복했느냐 하는 것이다. 실패는 자연스러운 성공의 과정이고 성공을 위해서는 더 열심히 도전해 더 많은 실패를 경험해야 한다. 그리고 그 과정을 견디면서 더 큰 힘을 쌓아야 한다. 내가 사용한 방법이 잘못되었다는 것만 깨달아도 절반은 성공한 것이다. 좀 더 가능성이 높고 훌륭한 방법을 적용해서 재도전하면 되기 때문이다.

정말 치열하게 산 사람일수록 더 고통스럽고 힘든 경험과 실패를 겪을 수도 있다. 하지만 넘어지고 깨지고 창피했던 순간이 오히려 자신의 잠재력을 일깨우기도 한다. 다시는 그렇게 실패하지 않겠다는 의지가 잠재력을 깨워서 더 높은 도전을 이끌어내는 원동력이 되는 것이다. 사람은 위험에 처했을 때 초인적인 힘을 발휘하는 존재가 아닌가.

도전 과정에서 실패의 순간이 온다면 그것에 감사하자. 그 실패는 분명 또 다른 기회와 도전 그리고 성공과 합격을 만들어줄 것이기 때문이다.

공부는 꿈을 위한
수단일 뿐

요즘 청년들도 공부가 인생의 전부인 것처럼 교육받으며 컸을까. 나는 그랬다. 사실 어릴 때는 반에서 꼴찌만 안 해도 다행이었지만, 그래도 성적이 나쁠 때마다 부모님 한숨소리는 커져만 갔다. 학교에서도 공부를 잘하는 아이들은 선생님의 칭찬과 격려를 한 몸에 받았고, 나처럼 뒷자리에서 딴짓만 하는 아이들은 자주 혼나거나 청소당번 같은 것에서 불이익을 받았다. 실제로 중학교 때 전교 1등을 하던 친구는 항상 청소에서 열외가 되는 혜택을 누렸다.

우리는 비록 이런 분위기에서 성장했지만 한 가지 확실히 알아둘 것이 있다. 공부가 인생의 전부도 아닐뿐더러 시험 합격은 '꿈'이 아니라 하나의 과정일 뿐이라는 사실이다. 물론 공부가 꿈을 이루는 가장 좋은 수단인 것은 분명하다. 그 자체로는 목표가 될 수 없지만 가장 손쉬운 수단인 셈이다.

청소년들에게 꿈을 물어보면 대부분 직업을 이야기하거나 가고 싶은 회사를 말한다. 내 주변에서도 마찬가지였다. 군대에서 병사들에게 꿈을 물어보아도 가고 싶은 직장을 이야기하곤 했다. 가끔 대학원에 가는 것이 꿈이라는 친구도 있고 언론인이 되는 것이 꿈이라는 친구도 있었지만, 그것 역시 직업이나 상징이 꿈으로 표현되는 것은 마찬가지였다.

이는 마치 "어떤 음식을 먹고 싶어요? 맛은 어떨까요?" 하고 묻는데 "파리바게뜨요!" 하고 대답하는 것과 같다. 여기에는 자신이 어떤 모습으로 살아가고, 사회에서 어떤 관계 속에서 어떤 역할을 하고 싶은지가 빠져 있다. 그냥 상징화된 직업이나 이름이 꿈이 되어버린 것이다.

공부도 마찬가지다. 시험을 잘 보는 게 목표가 되어버리면 공부를 지속하기가 힘들다. 오히려 그렇게 공부하면 시험에 합격하기가 더 어려워질 수 있다. 시험 자체가 목표가 되어버리면 장기적 목표를 잃게 되고 쉽게 지쳐버리는 상황이 온다. 정말 내가 원하는 삶의 모습이 꿈이 되고 그것을 위해 열심히 공부하면 공부는 하나의 수단이자 즐겁게 감당할 수 있는 과정이 된다. 아무리 공부가 힘들고 시험이 어려워도 이를 버틸 수 있는 꿈이 있다면 공부를 포기하는 일은 쉽게 일어나지 않는다.

나와 꽤 친했던 친구 A는 부모님이 바라던 수험공부를 포기하고 사회적 기업을 창업했다. 다른 친구들이 수험공부에 열을 올리는 동안 A는 동아리와 학회를 만들고 '역전의 신'이라는 브랜드를 론칭하기도 했다. 많은 사람의 역전 이야기를 들려주고 싶다는 의도에서 나와도 인터뷰한 적이 있는데, 나는 친구가 그런 일을 한다는 것 자체가 존경스러웠다.

A는 그 뒤 기업에 취직해서도 비슷한 일을 꾸준히 이어가고 있으며, 아울러 자신이 하고자 하는 일을 위한 공부도 계속하고 있다. A와 같이 자신이 원하는 삶의 모습을 추구하는 것은 멋진 일이다. 그리고 그 과정에서 하는 다양한 공부는 재미를 넘어 경이롭기까지 하다.

나도 고등학교 때 벤처기업을 그만둔 뒤 더 분명한 꿈이 생겼다. 기업들이 실패하는 것은 전문성 부족 때문이니 회계사가 되어 기업들을 도와줘야겠다는 것이 내 소박한 꿈이었다. 더 나아가 우리나라의 제도를 바꿀 수 있는 자리에 간다면 기업들을 위해 다양한 정책에 대한 목소리를 내보고 싶었다. 이런 꿈이 생기자 공인회계사 시험공부를 하러 도서관으로 향하는 새벽 7시는 내게 설렘의 연속이었다. 그 뒤 우여곡절 끝에 시험에 합격했고, 중소기업 정책에 대한 논문을 써서 상도 받았으며, 동반성장위원회에서 정책에 대한 목소리도 냈다. 이때만큼 공부가 재미있었던 적도 없었던 것 같다.

공부는 자신이 가슴 뛰는 일을 할 수 있게 도와주는 조력자이자 일종의 도구다. 그 도구가 좋을수록 꿈과 목표의 달성도 쉬워질 것이다. 공부를 잘하고 싶다면 이러한 본질적 고민부터 다듬고 시작하기를 바란다.

합격은 또 다른
공부의 시작

시험에 합격하면 더는 공부하지 않아도 될 거라고 착각하는 수험생이 참 많다. 그런데 막상 전문직이든 공무원이든 합격하고 나면 수험생 때보다 더 많이 공부해야 한다. 지속적으로 실무 이슈를 파악해야 하고, 법규가 바뀔 때마다 새로운 정보를 습득해야 한다. 새로운 기술이 도입되면 새로 공부해야 동료들에게 뒤처지지 않는다. 그래서 사회생활도 수험생활 못지않게 치열하다.

전문직의 경우에는 더 심하다. 매년 전문자격사들이 수백 명씩 쏟아져 나오고, 저마다 전문영역 능력을 개발하기 위해 치열하게 공부한다. 취직하면 영어공부는 기본이고 추가 자격증이나 실무능력을 위해 교육을 받게 된다. 사내 교육도 받아야 하고 스터디에도 여러 곳 가입해야 한다. 동료들이 열심히 자기계발을 해서 승진하는데 나만 가만있을 수 있겠는가. 그래서 수험생활을 할 때부터 공부에 취미를 붙이는 것이 좋다.

새로운 지식을 거부감 없이 받아들이는 것이 중요한 덕목이자 능력이다. 바쁜 가운데도 지속적으로 뉴스를 체크하고 정리해 공부하는 습관을 들여야 하는 것이다. 이렇게 공부해두면 나중에 새로운 지식을 습득하는 데 매우 큰 자산이 된다. 그러므로 대충 공부해서는 안 된다.

가끔 시험장에서 나오면 다 까먹어도 좋다고 말하는 수험생들을 본다. 그들은 시험을 위한 공부만 염두에 두고 수험생활을 하는데, 막상 이런 생각으로는 시험에 합격하기가 힘들고 합격하더라도 이후 삶에서 크게 뒤처진다. 직업의 세계에서 살아남아 성공하고 싶다면 수험생 때부터 철저하게 공부해야 한다.

이를테면 나는 수험생 때 공부한 회계학을 어디에서든 잘 써먹고 있다. 책을 쓰는 데도 써먹고 재무제표와 관련된 실무에도 많이 써먹는다. 심지어는 강의를 하거나 사람들과 농담할 때도 사용한다.

한번 제대로 공부해두면 평생 가는 것이 지식이다. 지금부터 공부를 할 때는 평생 활용한다는 생각으로 하자.

메타인지,
공부와 성공의 열쇠

메타인지metacognition가 교육학에서 주목받은 지는 꽤 오래되었고, 최근에는 자기주도적 학습법에 활용되면서 용어가 널리 알려졌다. 메타인지가 구체적으로 등장한 것은 1979년 존 플라벨John Flavell의 연구에서였다. 그는 메타인지를 개인이 획득한 주변 세계에 대한 지식이라고 말하면서 지식과 경험으로 나누어 설명하고자 했다. 이후 더 정교한 논문들이 발표되면서 메타인지는 '자신의 사고에 대한 사고'로 정의되었으며(숀펠드Schoenfeld), 자기가 자신의 사고 과정을 얼마나 정확히 기술할 수 있느냐 하는 것으로 개념화되었다.

즉, 이전에 우리는 공부라고 하면 '알고 있는 것'에만 관심을 기울였다. 그러다가 내가 알고 있는 것이 정확한 앎인지에 대한 지능인 메타인지가 조명받기 시작했다. 그리고 나아가 자신이 얼마나 아는지 모르는지를 잘 인식해야 효율적으로 시험에 대비할 수 있다는 논의까지 발전하면서 메타인지에 대한 관심이 폭발적으로 증가했다.

이 과정을 잘 활용하면 공부의 성과를 높일 뿐만 아니라 다른 일을 할 때도 큰 성공을 거둘 것이다.

우리가 공부 과정에서 시행착오를 겪는 이유도 자신이 아는 지식을 어떻게 활용해서 문제를 해결할 수 있는지 제대로 알지 못하기 때문인 경우가 많다. 게다가 우리가 알고 있다고 생각한 지식일지라도 제대로 안다고 확신할 수 없기 때문에 내가 실제로 활용할 수 있는 지식인지 판단하기 어려운 것이 현실이다. 그래서 문제를 해결하는 데 애를 먹는지도 모른다. 만약 제대로 알지 못하는 지식이라는 판단이 선다면 지식수준을 높이려고 노력할 텐데 말이다.

한편, 내가 해당 지식을 제대로 안다고 확신할 정도가 되더라도 다른 문제가 발생한다. 즉, 이 지식을 어떻게 활용하는지에 대한 문제다. 요즘 대부분 시험은 단순히 암기한 것을 확인하는 수준을 넘어 유사한 문제와 사례를 해결하라는 수준까지 나아간다. 지식을 어떻게 활용할지 시험하는 것이다.

이러한 사례문제를 해결하려면 해당 지식이 적용된 사례(법학에서는 판례, 실무시험에서는 예규나 해석)를 분석하고 스스로 내가 아는 지식을 접목할 수 있는지 판단해야 한다. 그리고 해당 사례가 내가 아는 지식과 어떤 관계가 있는지 정리해서 다시 지식 덩어리로 만들 필요가 있다.

최근에는 수능에서도 복잡한 정보를 주면서 내가 가진 기존의 정보와 더불어 문제해결 방법까지 접목해야 해결할 수 있는 문항이 많이 개발되고 있다. 또한 고등교육 수준에서는 전문직 시험이나 국가고시에서도 사례를 어떻게 해결할지 다양한 관점으로 묻고 있다. 이에 대해 메타인지가 잘 발달한 사람은 자신이 가진 지식을 활용해서 문제를 훨씬 잘 해결할 테고, 그만큼 시험에 합격할 가능성도 높아질 것이다.

그렇다면 메타인지를 어떻게 개발해야 할까? 앞에서 메타인지가 좋다는 것은 충분히 이해했다. 그리고 "너 자신을 알라"라고 한 소크라테스Socrates의 말에서도 알 수 있듯이 어쩌면 메타인지는 아주 오래전부터 중요한 원리로 인식되어왔는지도 모른다. 그런데 메타인지를 어떻게 개발해야 하는지에 대한 구체적 접근방법은 아직까지 정리되지 않은 상태다. 일부 방법론이 있긴 하지만 대부분 확실히 입증되지 않은 방법이다.

나는 메타인지가 높을까? 이러한 의문을 해결하기 위해 오래전 내가 메타인지를 이해하기도 전에 했던 경험에서 몇 가지 방법을 착안해보았다. 그것은 내 지식의 위치를 스스로 잘 인지하는지, 내가 모르는 것을 확실히 인지했는지 스스로 검증해본 경험이다.

대학에서 경제학 전공시험을 준비할 때 수업도 듣고 복습도 하고 문제도 여러 번 풀어본 상태에서 새로운 문제를 구해 풀어보았다. 그런데 완벽하게 안다고 생각했던 부분에서 틀린 문제가 많았다. 또 문제해결에 사용한 방법도 잘못된 모형인 경우가 있었다. 즉, 나는 알았다고 생각했지만 실제로는 제대로 알지 못했던 것이다.

여러모로 노력을 많이 기울인 덕분인지 시험에서는 좋은 성과를 많이 거두었다. 대학을 최우등으로 졸업하면서 스스로 메타인지를 보완하려고 여러 가지 방법을 시도했다는 것을 뒤늦게 깨달았다. 내가 시험에서 좋은 성과를 거두면서 메타인지를 높이는 가장 좋은 방법은 바로 '스터디'와 '설명'이었다. 나는 스터디에서 내가 아는 지식을 다른 친구들에게 설명해주었고, 이 과정에서 메타인지를 확실히 잡았다.

나는 혼자서 공부하기보다는 다른 사람들을 통해서 공부하는 습관이 있다. 즉, 내가 공부하고 확신한 지식을 상대에게 완벽히 이해시킬 만큼 설명해보는 것이다. 이 과정에서 설명을 제대로 못하는 지식은 어렴풋이 아는 추상적 지식인 셈이다. 이런 경우에는 최대한 문제를 많이 풀고 강의도 복습하면서 구체적 지식으로 만들어야 한다. 아울러 스스로 확신이 서지 않는 지식은 설명해보면서 구체적 지식으로 만드는 노력을 병행했다.

나는 스터디를 모집하지 못하면 집에서 거울을 보고 설명하거나 어머니 앞에서 설명해보기도 했다. 이렇게 내가 아는 지식을 정리해 발표하는 과정에서 내가 모르는 것을 발견하고 무엇을 해야 하는지도 깨닫게 되었다. 이러한 활동이 메타인지를 정교하게 만드는 역할을 했다고 생각한다.

메타인지는 공부뿐만 아니라 일을 할 때도 큰 효력을 발휘했다. 내가 아는 지식이 어느 정도이고 내 능력이 어느 정도인지를 정확히 알고 해결방안을 예상해야 위험성은 낮고 수익성은 높은 업무를 수임할 수 있다. 내가 할 수 있다고 생각해서 덜컥 일을 맡았다가 일처리를 제대로 못할 경우 나에 대한 신뢰는 바닥으로 떨어진다. 반대로 내가 업무를 수임해서 제대로 해결하는 순간 주변 지인

들까지 소개받을 수 있다. 결국 메타인지는 우리 업무에서도 의사 결정을 도와주는 셈이다.

메타인지가 얼마나 중요한 역할을 하는지 알았다면 이제 달라져야 한다. 지금이라도 내 메타인지가 어느 정도인지 파악하고, 이를 개발하기 위해 스터디를 해보고, 내가 아는 것을 남들에게 설명해보는 습관을 들여보는 게 어떨까.

가난은 공부의
또 다른 기회

가난하면 공부를 못할 것이라는 선입견이 있다. 공부를 하고 싶어
도 더 많은 현실적 문제를 넘어야 한다는 측면에서는 맞는 말이다.
그런데 오히려 가난하고 배가 고플수록 공부할 동기부여는 충만해
진다. 나처럼 넉넉지 않은 형편에서 늘 아르바이트를 하며 공부하
는 친구들에게는 '헝그리정신'이 있다. 이 정신을 잘만 활용하면 공
부를 정말 잘할 수 있다. 남들은 생각지 못할 정도로 독하게 열심
히 공부할 수 있다.

가난한 친구들이 독기를 품고 정말 열심히 공부하는 것을 많이
보았다. 연세대학교 경영학과 후배도 형편이 어려운 가운데 과수석
으로 졸업을 한 뒤 연세대학교 로스쿨에 진학했고 그곳에서도 최
상위권을 유지하여 지금은 대형로펌에서 변호사로 활약하고 있다.

그러니 가난을 부정적으로만 볼 일도 아니다. 나도 어릴 때 집

안 형편이 어려워지는 바람에 학원은커녕 책도 제대로 사볼 수 없었는데, 그럴수록 성공해야겠다는 의지가 단단해졌다. 그 의지는 내가 나중에 마음먹고 공부를 시작했을 때 전혀 지치지 않고 미친 듯이 공부하게 하는 원동력이 되었다.

요즘 경제상황이 어려워진 가운데 다시금 청년실업 문제가 대두되고 있다. MZ세대의 문화가 자리 잡고 있지만 코로나19 이후 경제상황이 좋지 않아 각종 시험준비를 하는 성인들도 늘어나고 있다. 명문대를 나와도 좋은 직장에 들어간다는 보장이 없고, 수험 공부도 갈수록 치열해지고 있다. 정말 청년들이 살아가기 힘든 환경임이 분명하다. 사실 이러한 현실에서 청년들에게만 책임을 묻기는 어렵다. 현실을 개선하려면 사회 차원에서 꾸준히 논의하고 지속적으로 노력해야 한다. 그러나 지금 당장 현실과 맞서 있는 개인 차원에서는 더 독해져야 한다.

나는 자아성취를 위해서 하고 싶은 일을 하자는 의견에 공감한다. 그러려면 인내심을 가지고 꾸준히 노력하는 것이 필수다. 그냥 하고 싶은 일을 건드려보는 식으로는 결과물을 낼 수 없다. 고통 없이는 그 무엇도 얻을 수 없다.

지금 상황이 매우 안 좋은가? 가난이 공부를 방해한다면 역으로 가난을 내 의지를 불태우는 데 사용해보자.

뭐든지 많이 하면
늘게 된다고?

얼마 전 후배에게서 메시지를 받았다. 좋은 글귀라면서 보내준 그 메시지의 내용에 충격을 받았다. 이런 내용이었다.

> 공부를 많이 하면 공부가 늘고 운동을 많이 하면 운동이 늘고 요리를 많이 하면 요리가 느는 것처럼 무언가를 하면 할수록 늘게 된다. 그러니 걱정하지 마라, 더 이상 걱정이 늘지 않게.

이 글은 짧지만 강렬하다. 처음에는 공부를 하면 공부가 는다는 명제에서 시작해 다른 모든 것도 할수록 는다는 것을 거쳐 걱정도 하면 할수록 는다는 것을 보여주고 있다.

인생에서 가장 좋은 습관은 계획을 세우고 무엇이든 도전해보는 것이라고 생각한다. 일단 해보지 않으면 아무것도 얻을 수 없고 값진 것도 경험하지 못하기 때문이다. 그런데 걱정만 하고 어떠한 것도 시도해보지 않는 태도가 습관이 되면 걱정도 늘게 된다. 우리 주위에도 습관처럼 걱정을 달고 다니는 사람이 생각보다 많다.

"나처럼 공부를 못하는 사람이 시험에 합격할 수 있을까?" "내가 만약에 떨어지면 다른 사람들이 어떻게 생각할까?" "지금 시작하면 너무 늦은 것은 아닐까?"

이런 걱정과 고민은 우리의 생각을 지배하고, 걱정은 하면 할수록 꼬리에 꼬리를 물게 돼 있다. 물론 예방 차원의 걱정은 그 나름의 장점이 있다. 아무런 계획 없이, 걱정도 없이 실행할 경우 실패할 가능성도, 시간을 낭비할 가능성도 그만큼 크다.

우리는 모두 꿈을 꾸고 성공하기 위해서 노력한다. 공부를 잘하는 것이 우리 꿈을 이루어주리라는 보장은 없지만, 공부를 많이 하는 사람은 그만큼 자신의 꿈에 다가갈 가능성이 높다. 공부를 많이 하는 사람은 그 분야에 대해 남보다 잘 알 수밖에 없고, 더 많은 부가가치를 창출할 가능성도 높기 때문이다.

또한 많이 알수록 많은 연결고리를 만들어낼 수 있고, 그러면서 남들이 보지 못하는 새로운 점을 분석하게 된다. 남들과 차별화되고 부가가치가 높은 사람은 당연히 더 생산적일 수밖에 없다. 같은 평면에서 경쟁하더라도 성공 가능성이 더 높은 셈이다.

내가 원하는 목표가 합격이고 더 큰 일을 하는 것이라면 거기에 맞게 내 실력을 키워야 한다. 하면 할수록 는다는 것이 우리에게는 축복이다. 반대로 늘어서는 안 되는 걱정과 나태함 등은 최대한 절제해야 한다. 그 훈련 과정이 공부가 아닐까.

공부를 많이 할수록 창의적인가

창의성은 지식과 경험을 기초로 발현된다. 새로운 것을 창조하려면 지금 어떤 상황인지 분석할 수 있어야 한다. 기존 상황에 대한 지식이 있어야 새로운 것도 나온다. 그리고 지식은 책을 통한 공부와 경험을 통한 다양한 자극에서 형성된다. 즉, 가만히 앉아서 책을 읽는 것도, 현장에서 몸으로 익히는 경험도 하나의 지식을 형성한다. 이 모든 것이 공부다. 지식과 경험이 쌓일수록 창의성이 발현될 확률이 높아지고 새로운 조합으로 문제해결 가능성도 커지는 것이 사실이다.

공부하고 그것을 바탕으로 경험하고 다시 새롭게 변형해보고 도전하면서 실패도 해보는 동안 우리는 그 나름대로 지식을 축적한다. 지식경영의 대가 노나카 이쿠지로는 형식을 띠는 지식을 '형식지'로, 몸으로 체화되는 지식을 '암묵지'로 분류했다. 형식지와 암묵지의 상호작용으로 전체 지식이 확장되고, 이러한 지식의 조합과 확장은 새로운 것을 만들어내는 힘을 지닌다. 이것이 창의성이라고 볼 수 있다.

창의적인 사람은 보통 것을 보통이 아닌 것으로 탈바꿈시키는 재주가 있다. 기발하고 독창적인 생각으로 문제를 놀랍게 해결하기도 하고, 생각지도 못한 방법으로 부가가치를 만들어내기도 한다. 그런데 그 생각지도 못한 방법 역시 기존의 지식과 방식으로 생성된다는 점에서 기존 지식에 대한 공부는 필수다. 책이나 강의는 지식을 형성하는 가장 빠르고 효율적인 방법이다. 그렇기에 이를 무시하고는 성과를 내는 데 다소 어려움이 있다.

공부는 한 개인이 지식과 문제해결력을 키워나가는 기나긴 과정이다. 그 과정에서 새로운 방안을 만들어낼 가능성도 커진다. 이처럼 스스로 성장하는 과정이 공부다. 경제학에서 말하는 수익률 높은 인재가 되는 과정도 공부인 셈이다. 공부를 많이 할수록 오히려 기존의 틀에 갇히게 된다는 말도 있지만, 공부를 많이 해서 지식을 풍부하게 만들면 다양한 해결 가능성을 찾을 수 있으므로 오히려 자유로워진다고 생각한다.

기존의 틀에 갇히고 폐쇄적으로 될 것인가 아닌가는 공부의 양보다 개인의 심리적 특성과 관련이 있다. 창의적 인재가 되고 싶다면 다양한 분야를 꾸준히 공부하기 바란다.

공부의
투자론적 접근법

"합격에 대한 예상 투자수익이 투자비용보다 작으면 공부하기
어렵다."

현대사회에서 국가마다 지상과제로 삼는 것은 경제성장과 불황
극복이다. 일본은 10년 이상 장기적 경기침체를 경험하고 있고, 우
리나라도 경제성장률이 지속적으로 하락하고 있다. 중국도 10%의
고성장을 지나 서서히 경제성장률의 하락을 경험하는 중이다. 경제
를 일으키려면 기업의 화끈한 투자가 뒷받침돼야 한다. 경제학 이
론에 따르면 시장에서 가장 변동성이 크고 총공급을 늘릴 수 있는
부분이 기업의 투자다.

기업은 투자로 예상되는 수익이 투자비용보다 커야 확실하게 투
자할 수 있다. 기대되는 수익이 투자비용보다 작으면 분명 손실이

다. 이 경우 합리적 기업이라면 투자하지 않고 현상유지만 하는 것이 바람직하다. 그런데 기업만 이런 의사결정을 하는 것은 아니다. 모든 경제주체는 자신의 수익으로 대변되는 효익效益과 행복을 증진하려고 노력한다. 마찬가지로 자신이 투입해야 하는 비용보다 행복의 증가분이 커야만 그 행동이 옳다고 생각해서 추진할 수 있다.

공부도 따지고 보면 미래에 대한 투자라고 할 수 있다. 그런데 공부할 때 첫 번째 투자비용은 불합격에 대한 위험이다. 분명 공부는 시간과 돈이 많이 들어가는 일이 틀림없다. 공부하려면 생활비, 학원비, 책값, 독서실비 등 다양한 비용이 들어가는 것은 물론 황금 같은 시간도 소비한다. 그래서 결코 투자비용이 작다고 할 수 없는 것이 공부다.

사람들은 누구나 공부를 잘해서 원하는 시험에 합격하고, 원하는 직업을 얻고, 원하는 기업이나 기관에서 일하고 싶어 한다. 하지만 현실적으로 합격의 문은 그리 넓지 않다. 많은 지원자와 경쟁해서 시험을 통과해야 하므로 합격 가능성과 공부에 투자되는 비용을 비교해서 합격 가능성이 비용을 상쇄하고도 남을 정도가 되어야 확실하게 공부에 올인할 수 있다. 그렇지 않다면 공부를 하면서도 항상 오늘 하루 내가 공부하면서 포기해야 하는 다양한 기회가 떠올라 잠을 이루지 못할 수도 있다.

우리가 100세까지 산다고 하면 인생 전체를 통틀어 소득을 창출하고 행복을 증진하기 위해 투자해야 한다. 그런데 투자수익이 작거나 투자수익이 실현될 가능성이 낮다면 그 비용은 고스란히 내 손해로 돌아온다. 이런 상황에서는 불안해서 투자할 수 없다. 공부도 마찬가지로 투자한 만큼 확실히 합격할 수 있어야 할 뿐만 아니라 합격으로 미래에 대한 확신이 서야 한다.

이 때문에 우리는 공부를 시작하기 전 공부에 들어가는 비용과 합격 가능성을 따져보고 신중하게 결정해야 한다. 다만 이것은 확실하다. 젊을 때는 공부만큼 확실하게 소득 창출 기회를 넓혀주는 수단이 별로 없다는 것이다. 그러나 시험에 합격할 확률을 높이는 것은 개인의 몫이다. 그래서 확실히 시험에 합격하는 전략을 세우고 그것에 대한 확신이 서야 공부할 수 있다.

> "나무를 많이 베려거든 나무를 베는 것보다 도끼를 가는 데 시간을 많이 사용하라."

링컨은 역사상 가장 위대한 미국 대통령으로 알려진 인물이다. 링컨이 남긴 이야기 가운데 "나무를 벨 때 내게 10시간을 준다면 도끼를 가는 데 5시간을 사용하겠다"라는 말이 있다. 즉, 어떤 일을 성공적으로 수행하려면 준비하고 방법을 찾는 데 공을 들여야 한다는 말이다.

공부를 잘하고 싶고 시험에 합격해서 원하는 삶을 살고 싶은데 공부하는 방법과 준비를 게을리해서는 그 목표를 달성할 수 없다.

공부도 상당한 기술과 요령, 준비가 필요한 작업이다. 그런데 이러한 기술과 요령을 익히지도 않고 준비도 철저히 하지 않은 채 시작한다면 정말 무책임한 행동이다. 아니, 차라리 공부보다는 조금 더 현실적인 일을 구상하는 편이 나을 것이다.

"스스로 방법을 돌아보고 가능성을 높인 뒤 끝까지 포기하지 말자."

앞에서 공부도 일종의 투자이고, 투자수익을 비용보다 높여야 공부에 오롯이 집중할 수 있으며, 그 방법은 철저하게 공부법을 점검하고 준비한 뒤 공부에 올인하는 것이라고 했다. 일단 충분히 고민하고 철저히 준비해서 도전했다면 절대 포기해서는 안 된다. 중간에 포기하면 죽도 밥도 안 된다. 포기하는 순간 그동안 투자한 시간과 비용은 모두 매몰비용이 되어버린다. 즉, 아무것도 회수할 수 없다는 말이다.

이 책에서 소개하는 방법이 여러분에게 일종의 길잡이가 되어 제대로 '준비'할 수 있게 돕기를 바란다. 또한 이 책이 공부에 투자하는 비용은 낮추고 수익은 극대화하는 역할을 한다면 더할 나위 없겠다.

2장

시험의 첫걸음

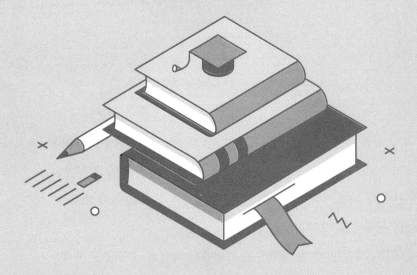

내가 정말 부족하다고 느끼지 않으면 공부를 시작하기가 힘들다. 내가 이미 성공했고 잘나가는데 목숨 걸고 공부를 해야겠다는 동기부여가 되겠는가. 나의 부족함이 절실하게 느껴질 때가 바로 죽어라 공부해볼 기회다.

누구에게나 공부하고
싶을 때가 있다

"서럽도록 부족함을 느꼈을 때가 바로 공부할 때다."

내가 정말 부족하다고 느끼지 않으면 공부를 시작하기가 어렵다. 내가 이미 성공했고 잘나가는데 목숨 걸고 공부를 해야겠다는 동기부여가 되겠는가. 나의 부족함이 절실하게 느껴질 때가 바로 죽어라 공부해볼 기회다.

나는 사업을 세 번 폐업하는 과정에서 바닥을 경험했다. 하지만 새로운 길을 가기에는 아무것도 가진 게 없었다. 남들은 이미 저만큼 앞서가는데 나는 잘못된 길을 돌고 돌아 막다른 골목의 끝에 선 기분이었다. 서럽고 막막했다. 바로 이때 공부밖에는 대안이 없다고 느껴 공부를 시작했고, 지푸라기라도 잡는 심정으로 공부에 매달렸다.

정말 부족하다고 느낄 때 그리고 실패와 좌절을 경험했을 때가 공부를 죽어라 해볼 타이밍이다. 공부를 하되 제대로 기본부터 시작해야 한다. 처음에는 굉장한 고통을 느끼고 좌절감이 들겠지만 나중에는 다행이라고 생각하게 될 것이다. 주식시장에서도 주가가 바닥을 칠 때 주식을 사야 수익률이 높지 않은가. 공부도 내가 가장 못한다는 생각이 들 때 무섭게 달려들어야 한다.

"시험을 너무 높게 생각지도, 우습게 보지도 말 것."

대학 수업시간에 처음으로 회계사라는 직업을 알게 되었다. '회계사야말로 기업을 제대로 알 수 있는 전문가'라는 교수님의 말씀을 듣고 회계사 시험을 준비해야겠다고 생각했다. 그러고는 막상 서점에서 1,000쪽이 넘는 수험서를 보고는 '어떻게 합격하지?' 하고 얼어붙었다.

그런데 공부를 시작하니 생각보다는 할 만했다. 시험은 아무리 어려워도 상대평가다. 경쟁자들보다 조금만 더 잘하면 합격할 수 있다. 사람이라면 누구나 합격할 수 있다. 시험이 외계인이나 초능력자를 위해서 만든 제도가 아니라는 뜻이다. 물론 시험을 너무 쉽게 생각해서는 곤란하다. 다른 사람보다 몇 배나 더 열심히 하는 것은 생각보다 쉬운 일이 아니기 때문이다.

시험에 대해서는 자신감을 가지고 준비하되 너무 자만하거나 우습게 생각해서 노력을 게을리하는 우를 범하면 안 된다. 이게 단순한 말 같지만 공부를 하다 보면 가장 지키기 힘든 덕목이다.

"공부는 밑 빠진 독에 물 붓기다."

조금이라도 공부를 해본 사람은 다 알 것이다. 공부가 밑 빠진 독에 물 붓기와 비슷하다는 것을. 시험기간만 되면 긴장되고, 그럴수록 공부하는 내용을 어떻게든 암기하려고 노력한다. 그런데 이상하게도 다음 날이 되면 전날 공부한 내용이 정확히 기억나지 않는다. 이를 우리는 '까먹었다'고 표현한다. 몇 번이나 반복하는데도 지속적으로 공부한 내용을 까먹는다. 이런 망각을 어떻게든 억제하고 싶은데 그게 생각처럼 쉽지 않다. 공부는 역시 밑 빠진 독에 물을 붓는 것이고, 시험은 밑 빠진 독에서 물이 조금이라도 덜 빠져나갔을 때 치러야 합격할 수 있다. 아! 정말 밑 빠진 독이라는 표현이 피부에 와닿는다.

나도 공부할 때마다 '왜 틀린 문제를 공부해도 또 틀릴까?' 하는 의문과 답답함 때문에 스트레스를 받은 적이 있다. 대학 전공시험을 준비할 때는 경제학이 너무 어려워 그냥 암기해버리자 생각하고 열 번을 보았는데, 그러고도 답안지에 그대로 현출하기가 매우 힘들었다. 내 머리로는 적어도 20번은 반복해야 그나마 제대로 쓸 수 있는 것 같았다.

그래서 나는 공부 전략을 바꿨다. 독에서 물이 빠져나가는 속도는 내 두뇌의 한계상 일정하니 물을 여러 번 붓는 방법으로 설정한 것이다. 망각하는 속도보다 더 많은 지식을 뇌에 넣자는 생각이었다. 그러자 놀라운 일이 벌어졌다. 그 어렵다던 생산관리 시험, 산업과 전략이라는 경제학 고급과목에서 만점이 나온 것이다.

누구나 아이큐나 기억력이 다르다. 하지만 그 기억력이 버리는 지식보다 더 많은 지식을 넣을 각오로 공부하면 어려운 시험에서도 만점을 받을 수 있다. 오히려 독에 물이 차고 넘쳐 시험장에서 콧노래를 부르며 나올지도 모른다.

빨리 합격하려면 절대 하면 안 되는 것

> 빨리 합격하려면 해서는 안 되는 행동
>
> 1. 합격이 불가능하다는 생각
> 2. 나에 대한 평가는 필요 없다는 자만심
> 3. 왜 이걸 공부해야 하느냐는 의구심
> 4. 시험에서 떨어지면 어쩌지 하는 불안감
> 5. 자신이 최고라고 떠벌리는 행동
> 6. 다른 사람들과 정보를 공유하지 않는 폐쇄적 행동

빨리 합격하려면 절대로 해서는 안 될 것들이 있다. 다음 내용을 읽어보고 내가 빨리 합격하려면 어떤 행동을 취해야 할지 생각해보자.

합격이 불가능하다는 생각

주변에 큰 시험에 합격한 사람들이나 유명한 학자들을 보면 대부분 긍정적인 사고가 몸에 배어 있다. 나도 낙관주의자라는 평을 들으면서 살아왔다. 시험에 합격할 수 있다는 긍정적인 생각과 노력은 실제로 좋은 성과를 가져다준다. 그만큼 적극적으로 공부하게 하는 동기부여가 되기 때문이다.

합격이 불가능하다고 생각하면서 공부하면 공부에 대한 회의에 빠지게 되는데, 이를 보통 '슬럼프'라고 한다. '내가 할 수 있을까' 하는 부정적 생각으로 공부하면 큰 시험에 도전하기로 해놓고도 공부를 게을리하게 된다. '어차피 나는 안 될 놈'이라는 생각으로 무력감에 빠지기 때문이다.

일단 공부를 시작했으면 최대한 긍정적으로 생각하자. 그래야 합격할 확률도 높아진다.

나에 대한 평가는 필요 없다는 자만심

이런 생각은 내 약점을 발견하지 못하게 해서 계속 합격을 못하게 만든다. 공부를 10년 이상 하는 장수생들을 보면 대부분 스스로 약점을 노출하기를 꺼린다. 또 시험준비를 오래 하면서 자존심이 강해질수록 자신보다 공부가 짧은 사람들을 무시한다.

이럴 경우 자만심 때문에 모의고사나 실전연습으로 자기검증을 하고 피드백을 받는 것을 두려워하게 된다. 겉으로는 자만심으로 보이지만 사실 속은 두려움으로 가득하다. 빨리 합격하고 싶다면 이런 자만심을 내려놓고 겸손해질 필요가 있다.

왜 이걸 공부해야 하느냐는 의구심

가장 위험한 생각이 '내가 이걸 공부해서 뭐 하나' 하는 생각이다. 이는 자칫 공부에 소홀하거나 노는 것을 정당화해서 지속적인 게으름에 빠지게 할 위험이 있다. 나도 한때는 성적이 잘 나오지 않는 과목이 있으면 '이걸 공부해서 뭐에 써먹나' 하고 생각한 적이 있다. 당연히 그 과목은 매년 과락이 났다.

　나에게 그런 과목이 바로 경영학이었다. 실무에서 써먹지도 않는 지식을 왜 알아야 하느냐는 짧은 생각을 했던 것이다. 나중에 컨설팅을 하면서 가장 많이 사용한 지식인데 말이다. 모든 과목이 그 나름대로 의미가 있고 도움이 된다는 생각을 해야 시험에 빨리 붙을 수 있다.

시험에서 떨어지면 어쩌지 하는 불안감

불안감은 우리의 합격 가능성을 좀먹는 아주 나쁜 습관이다. 나도 인간인지라 시험공부에 돌입하면 불합격에 대한 불안을 느꼈다. 또 주변 사람들의 평판에 불안해하기도 했다. 그러나 이런 생각을 오래 하는 것은 공부에 전혀 도움이 되지 않는다. 수험생활 동안은 합격할 수 있다는 생각으로 무장할 필요가 있다.

실제로 나는 수험생활을 함께한 사람들과는 매번 합격할 수 있다는 자신감을 교류했고, 결과적으로 이런 '멘탈 관리'의 혜택을 톡톡히 보았다. 스트레스를 최소화하면서 빠르게 합격했으니 말이다.

자신이 최고라고 떠벌리는 행동

자신이 최고라고 떠들고 다니는 사람들이 많은데, 그런 사람들을 멀리하거나 그런 사람이 되지 않는 것이 수험생활을 단축하는 데 도움이 된다. 나도 한때 '내가 최고'라고 생각하는 영역이 있었다. 바로 회계학이었다. 이런 생각으로 더 열심히 공부하면 상관이 없지만, 이런 생각은 항상 실수를 유발한다. 최고라고 생각하는 과목은 다른 과목에 비해 신경을 덜 쓰게 되고 그러면 그 과목의 성적이 떨어진다.

어쨌든 시험은 공정하다. 성적은 내가 공부한 양에 비례해 오르게 되어 있다. 내 노력이 줄어드는 순간 성적도 폭락한다. 그래서 노력이 줄어드는 행동을 경계해야 하는 것이다.

다른 사람들과 정보를 공유하지 않는 폐쇄적 행동

수험생들이 수험공부에서 가장 많이 저지르는 오류가 다른 사람들을 모두 경쟁자로 생각해서 어떤 정보도 공유하지 않는 행동이다. 이는 명백한 오류이고 실수다. 다른 사람들에게 먼저 내 것을 공개해야 나도 좋은 정보나 자료를 얻을 수 있다.

수험은 정보 싸움이라고 할 수도 있다. 최신 트렌드가 시험에 자주 출제되기 때문이다. 따라서 스터디를 하게 되면 적극적으로 내가 가진 것을 다른 사람들과 나눠야 한다. 그래야 나도 도움을 받을 수 있다.

수험생활
비용부터 계산하기

이것만은 꼭 기억하자!

인강 + 교재 월 50만 원 이상

월세 월 50만 원 이상

독서실 또는 스터디카페 월 15만 원 이상

식비 월 45만 원 이상

최소비용: 약 160만 원

수험생활 비용은 어떻게 준비하느냐에 따라 천차만별이다. 나는 대학생 때 장학금을 받으면서 아르바이트로 자금을 조달해 공인회계사 시험준비를 해서 합격했다. 이때 처음 계산했던 최소비용보다는 비용이 더 많이 들어갔다. 단순하게 인터넷 강의와 교재비용만 계산해서는 안 된다. 그것은 정말 최소비용이다. 학원종합반이나 단과를 다니면 비용이 그보다 몇 배로 늘고, 여기에 생활비를 추가하면 1년에 1,000만 원이 넘게 들어간다.

　수험생에게 수험생활 비용은 현실적 문제이므로 공부를 시작하기 전부터 자신이 준비하려는 시험의 추정비용을 계산해보고 이를 어떻게 조달할지 고려해 공부예산을 짜보자.

최소비용 : 교재비 + 인터넷 강의

요즘에는 학원마다 프리패스라고 하여 시험을 마칠 때까지 무제한으로 전 과목을 공부하도록 저렴한 가격에 종합반을 온라인으로 들을 수 있게 인터넷강의를 제공하는 것 같다. 그렇다고 하더라도 기본이론 강의와 문제풀이 강의에 들어가는 비용은 만만치 않다. 최소로 잡는다 해도 총 200만 원 내지 300만 원은 들어가며, 어려운 시험일수록 비용은 생각보다 많이 든다.

최소 생활비

이처럼 교재비와 인터넷강의비가 만만치 않은데 여기에 최소 생활비도 고려해야 한다. 최소 생활비는 월세와 독서실 또는 스터티카페 비용, 식비 정도로 약 110만 원 정도가 되므로 시험을 준비할 생각이라면 자금 형편을 철저하게 계획하고 시작해야 한다.

스터디그룹 200% 활용하는 방법

스터디그룹의 조직	스터디그룹의 운영방식
1. 스터디 구성원 중 적어도 두 명은 2년 이상 공부한 사람일 것 2. 조장은 전업수험생으로 할 것 3. 운영방식은 모두 모여서 정할 것 4. 고집이 세거나 소극적인 사람은 제외할 것	1. 시간을 재고 문제를 풀고 답을 맞힌 뒤 서로 해설해주기 2. 우수한 답안은 공유해서 연구해보기 3. 교재를 정해서 함께 말로 떠들면서 회독 수 높이기

　　스터디그룹이라면 나는 전문가에 가깝다. 스터디그룹을 조직해 공부해서 단기간에 고시급 시험에 여러 개 합격하고 난 뒤 혼자 공부하는 것보다 스터디그룹을 활용하는 것이 얼마나 중요한지 체득했기 때문이다. 다음에는 스터디그룹의 조직과 운영, 시험 직전에 시너지를 내는 방법까지 설명한다.

스터디그룹의 조직

스터디그룹을 만들 때는 시험을 치기 직전까지 함께 공부할 사람들을 모으는 것인 만큼 신중해야 한다. 무턱대고 초심자들만 모아놓으면 공부에 열의가 있는 사람은 잘 따라가지만 대부분은 분위기만 흐리고 떠난다. 그래서 이왕이면 공부를 2년 이상 한 사람을 두 명 이상 포함시켜야 스터디그룹을 지속적으로 운영할 수 있다. 또한 전업으로 공부하는 사람일수록 스터디에 정신적으로 몰입할 수 있어 조장은 전업수험생이 맡는 것이 좋다. 스터디그룹의 장점은 공부를 오래 한 사람은 초심자에게 가르쳐주면서 실력이 늘고 초심자는 고수에게 공부법을 배울 수 있다는 것이다. 한마디로 윈윈win-win 전략이다. 그렇기에 구성원이 모두 장수생일 필요는 없다. 다만 모든 멤버가 성실하고 반드시 합격해야 한다는 의지가 있어야 한다. 그리고 혼자 공부하는 것을 선호하거나 대인기피증세가 있는 사람, 지나치게 오래 공부해서 고집이 센 사람, 타인을 무시하거나 성격적 결함이 있는 사람은 제외하는 것이 좋다.

스터디그룹의 구성은 3~5명이 적당하다. 인원이 너무 많거나 처음부터 2명밖에 없으면 운영하기 어렵다. 인원이 너무 적으면 한 명이 사정이 생겨서 빠지거나 준비를 해오지 않으면 스터디 자체가 의미가 없어진다. 아울러 모임 횟수와 공부 범위, 스터디용 교재나 자료, 목표로 하는 회독수, 스터디 진행방식 등은 다 같이 모여서 결정해야 한다.

스터디그룹의 운영방법

스터디그룹은 매주 일정한 시간에 모여 진도를 얼마나 나갈지 정해야 한다. 나는 스터디에서는 함께 시간을 재고, 문제를 풀고, 답을 맞혀보고, 생각을 공유하는 공부와 교재 하나를 선택해서 함께 떠들며 회독수를 높이는 것을 병행하는 것이 좋다고 생각한다.

혼자서 시간을 재고, 문제를 풀고, 답을 맞혀보는 것은 사실 부담스럽기도 하고 귀찮은 일이다. 그런데 스터디에서 하면 강제로라도 주기적으로 답안작성 연습을 하는 효과가 있다. 틀린 문제는 서로 알려주고 더 좋은 답안은 공유하며 연구해볼 수 있으므로 이 방법은 스터디에서만 가능한 최고의 공부방법이 아닌가 생각한다.

또한 교재를 하나 정해서 같이 말로 설명하면서 진도를 나가고 회독수를 늘리는 공부방법도 매우 좋다. 말로 떠들면서 공부하면 그 내용이 머릿속에 빠르게 구조화되는 효과가 있다. 강의를 하면 더 빨리 실력이 는다고 하지 않는가. 게다가 강제로 진도를 나가므로 나태한 사람은 억지로라도 진도를 빼는 효과도 있다.

스터디그룹의 막판 활용법

시험 막바지에는 시험 전날 한 바퀴를 돌릴 수 있게 내용이 추려져 있어야 한다. 즉, 하루 안에 전 범위를 볼 수 있게 내용을 압축해야 하며, 이는 기출문제로 하는 것이 가장 효과적이다. 스터디그

룸에서 이런 압축작업을 하면 혼자 할 때보다 훨씬 빠르게 해낼 수 있다.

각자 한 과목씩 맡아서 기출문제마다 최적의 해답을 만들고, 기출에는 빠져 있지만 최근 중요하게 대두되는 이슈는 추가해서 서브노트를 만든다. 이렇게 하면 그 과목에 최적화된 교재를 만들 수 있으며, 한 명당 한 과목씩 만들면 집중도도 높고 시간도 절약할 수 있다.

이렇게 정리한 서브노트로 막판 한 달 동안 5회독 정도를 하면 엄청난 효과를 경험할 수 있다.

문제집 많이 풀기 vs
한 권만 여러 번 보기

나는 과목당 문제집을 5권 푸는 것보다는 문제집 한 권을 5번 이상 푸는 것이 더 낫다고 본다. 이것은 내 실패 경험에서 찾은 소중한 깨달음이다.

시험은 '남들보다 잘하면' 붙는다. 남들보다 정확하게 풀고, 빠르게 풀고, 게다가 답안지의 체계까지 갖추어 풀면 그것만큼 좋은 게 없다. 그렇다면 남들보다 빠르고 정확하게 푸는 방법은 뭘까? 나는 뇌에 근육이 생길 때까지 연습하고 반복하는 것이라고 생각한다. 헬스트레이닝을 해본 사람들은 잘 안다. 보통 운동기구 하나당 3세트에서 5세트를 반복한다. 너무 많은 기구를 골고루 하다가는 근육을 집중적으로 만들기 어렵다. 공부도 마찬가지다. 문제집을 여러 권 푼다고 해서 그 내용이나 풀이방법이 내 것이 되지는 않는다. 적어도 10번 정도는 반복했을 때 내 몸에 체화體化되어 비로소 내 것이 된다. 그래서 문제집을 여러 권 푸는 것보다는 한 권을 반복하는 것이 중요하다.

나도 2008년부터 공인회계사 시험을 공부하면서 세 번이나 떨어진 경험이 있다. 가장 큰 실패요인은 시중에 있는 문제집을 모두 풀려고 했던 내 욕심이었다. 나는 당장 손에 잡은 문제집도 제대로 풀지 못하면서 남들보다 많이 공부해야 한다는 욕심에 수험가에 있는 문제집을 한 권씩 풀고 버렸다. 돈이 많이 들고 남는 것은 없는 공부방법이었다.

문제집을 한 권씩 풀고 버릴 때마다 풀었다는 사실 외에 구체적인 내용은 머릿속에 남지 않았다. 적어도 두세 번을 반복하고 버렸다면 조금 나았을 것이다. 그렇게 과목당 문제집을 5권 이상 풀었지만 성적은 오르지 않았다. 왜 성적이 제자리를 맴돌았을까? 돌이켜보면 그때 나는 '밑 빠진 독에 물 붓기'를 하고 있었다. 근육은 키우지 않고 뇌에 살만 찌우고 있었다.

만약 시중에 나와 있는 문제를 많이 풀고 싶다면, 가장 기본이 되는 문제집을 10번 이상 본 뒤 모의고사 차원에서 보기 바란다. 처음부터 여러 권을 사서 덤벼들면 뇌의 공부근육이 자라지 못한다.

시험준비를 시작하기 전 체크할 것들

시험준비의 본질

시험에는 두 가지 부류가 있다. 하나는 시험의 난이도는 보통이지만 경쟁률이 매우 높아서 합격하기 힘든 시험이고, 다른 하나는 시험의 난도가 높고 공부량이 어마어마하게 많아서 절대량을 채우기도 버거운 시험이다.

경쟁률이 높은 시험

난이도는 높지 않지만 경쟁률이 높은 시험은 경쟁자가 지나치게 많아서 상대평가의 속성이 강하다. 우리나라 공무원 시험이 이런 유형에 해당한다. 경쟁률이 높은 시험은 100점에서부터 누가 덜 깎이는지를 경쟁하게 된다. 대부분 한두 문제에서 당락이 갈리기 때문에 실수를 최소화하는 전략을 짜야 한다. 이런 유형의 시험은 처음에는 공부에 대한 접근성이 높고 개념학습이 쉬울 수 있지만 시험 막판에 불확실성이 커지는 특성이 있다.

객관적인 난도가 높은 시험

난도가 매우 높고 공부량이 많은 시험은 커트라인이 45점에서 60점 정도에서 형성된다. 회계사시험은 1차 시험에서 평균 60점을 넘기면서 한 과목이라도 40점 아래인 과목이 없어야 합격이며, 2차 시험도 마찬가지다. 그러나 60점을 넘기는 것 자체가 매우 어려울 뿐만 아니라 만점자는 한 해에 한 명도 없다. 또한 감정평가사 2차 시험의 경우 커트라인이 45점 정도로 모든 과목이 과락인 40점만 넘으면 합격이라는 말도 지나친 게 아니다.

이렇게 공부량이 많은 시험은 0점에서 시작해서 40점을 넘길 정도의 실력이 되면 합격을 바라볼 수 있다. 그러나 전 과목에서 평균 40점을 받을 정도로 공부량을 채우는 것이 결코 쉬운 일은 아니다. 즉, 하루에 15시간씩 꾸준히 공부해도 모자랄 만큼 어렵다.

경쟁률이 높은 시험은 공부가 수월한 만큼 만점에 가까운 점수를 내기가 어렵고, 경쟁률이 낮은 고시는 공부의 절대량을 채우는 데 몇 년을 투자해야 한다. 이미 2~3년씩 투자한 사람들도 수두룩하기 때문에 경쟁률이 5 대 1이라고 해도 이미 공부량을 채운 수험생들 간 경쟁이 되는 것이다. 신규 진입자들이 시험의 난도 때문에 40점 과락점수를 넘기지 못하고 탈락하는 이유가 여기에 있다.

시험에 도전하려면

공무원 시험은 9급, 7급, 5급 공개채용시험이 있고 민간경력자 채용고시가 따로 있다. 자격증이 따르는 전문직 시험은 공인회계사 시험, 변호사 시험, 변리사 시험, 감정평가사 시험, 세무사 시험, 노무사 시험, 법무사 시험, 손해사정사 시험, 보험계리사 시험, 경영지도사 시험 등 종류가 다양하다.

이런 시험은 빨리 합격하는 사람은 1년 만에도 하지만 늦으면 10년 이상 걸리기도 하는 만큼 많은 노력과 인내를 수반하는 공부다. 어찌 보면 수능이나 학점, 내신에 비해 훨씬 공부방법이 중요한 시험이 고시일 수 있다.

수험생활에 입문하려면 많은 것을 따져보아야 한다. 무엇보다 먼저 목표로 하는 시험과 내 적성이 잘 맞는지부터 따져보아야 한다. 사실 시간은 어떻게든 만들면 되고 비용은 벌어서라도 충당할 수 있다. 그런데 자신과 맞지 않는 공부를 하게 되면 시간과 돈을 낭비할 뿐 아니라 청춘을 다 날리고 폐인이 될 수도 있다. 수험생활을 시작하려면 먼저 그 시험에 대해 알아보아야 한다. 그렇다면 어떻게 자료를 수집해야 할까? 인터넷 검색엔진으로 내가 보려는 시험을 검색한 다음 관련 인터넷 커뮤니티에 가입해서 기본 정보를 수집한다. 예를 들어 공인회계사 시험을 생각한다면, 시험제도와 절차를 인터넷으로 검색해보고 다음카페인 '회계동아리'에 가입해 자유게시판 등에서 궁금한 것을 물어보거나 시험 관련 글을 살펴보고 참고하는 것이다.

고시에 도전할지를 고려할 때 구체적으로 따져보아야 할 항목이 몇 개 있다. 앞서 말했듯이 내가 그 시험에 맞는지를 따져봐야 한다. 이를테면 대학 전공과 연계성, 시험에서 요구하는 최소기준 충족 여부, 공부를 하루 종일 할 수 있는지 등을 종합적으로 따져야 한다. 다음에 제시하는 체크리스트를 활용하면 더 좋다.

이 체크리스트는 수험생활을 시작하려는 사람에게 매우 유용한 항목만 추린 것이다. 이 질문에 대해 '예'가 8개 이상인 사람은 공부를 시작하면 승산이 있다. 반면 '예'가 5개도 안 되는 사람은 공부를 해도 오랫동안 합격하지 못할 수 있다.

이 체크리스트 가운데 1번 항목은 해당 시험에 대한 관심 정도를 나타내고, 2번 항목은 시간자원, 3번 항목은 자신의 적성, 4번 항목은 주변 사람의 지지도를 나타낸다. 5번 항목은 금전자원이 있는지를 묻는 것인데, 비용이 많이 드는 공부의 특성상 안정적 경제력은 중요한 요소다.

6번 항목부터 8번 항목까지는 의지력에 관한 것인데, 나는 이것이 다른 요소보다 우선돼야 한다고 생각한다. 이 정도 마음가짐 없이는 아무리 다른 자원이 풍부해도 합격을 기대하기 힘들기 때문이다. 9번과 10번 항목은 공부능력과 체력에 관한 것으로 잘 갖출 수록 어느 시험에서나 유리하게 작용하는 요소다.

수험공부 시작 전 체크리스트

핵심 질문	예	아니요
1. 해당 시험제도, 과목, 학원, 교재 등을 조사해보았는가?		
2. 공부하기에 충분한 시간(하루 8시간 정도)을 확보할 수 있는가?		
3. 해당 시험이 내 전공과 관련 있거나 대학에서 들어본 과목이 다수 포함돼 있는가?		
4. 주변에 나의 공부를 정신적으로 지지해주는 사람이 있는가?		
5. 학원비, 교재비 등에 투자할 금전적 여유가 있는가?		
6. 정말 미친 듯이 공부할 자신이 있는가?		
7. 대인관계를 끊을 수 있는가?		
8. 수험공부를 위해서 다른 즐거움을 포기할 수 있는가?		
9. 이미 다른 공부에서 두각을 나타내본 적이 있는가?		
10. 쉬지 않고 공부하며 1년 이상을 버틸 수 있는가?		

이렇게 자신의 상태를 점검해본 뒤 공부를 시작할지를 결정하기 바란다. 막연히 변호사나 회계사가 멋있어서, 공무원은 안정적이라는 이유만으로 공부를 시작했다가는 비참한 결과를 낳을 수도 있다. 시작이 반이라는 말이 있듯이 수험공부를 시작할 때도 신중하게 따져봐야 한다는 것을 명심하자.

수험생활을 위해
명심해야 할 것들

> 수험공부는 철저히 알아보고 시작하자.
> 합격과 불합격은 모두 내 책임이라고 생각하자.
> 겸손해지자, 배우는 상황에서는 모두가 스승이다.
> 연습 또 연습! 내공보다는 외공이 합격을 만든다.

사실 꿈이 확실한 사람은 가만히 두어도 어떻게든 그 꿈을 이루기 위해 고민하고 실천하게 돼 있다. 그래서 자신의 꿈이 고시합격과 관련이 있는지, 그리고 그에 대해 확신이 있는지 자문해볼 필요가 있다. 고시급 전문직 5과에 합격한 선배로서 공부할 때 꼭 기억해야 할 것을 다음에 소개한다.

수험공부는 철저히 알아보고 시작하자

일반적으로 고시에 합격하기까지 3년 이상이 걸린다. 사람마다 시작하는 시기는 다르지만 대부분 청춘의 가장 아름다운 날들을 투자해야 하는 것이 고시다. 인생에서 가장 소중한 시기를 공부에 투자하고, 가치 있는 것들을 많이 포기해야 하므로 고시에서 실패한다는 것은 엄청나게 고통스러운 일이다. 그래서 합격 후의 진로, 소화해야 할 공부량, 예상되는 수험기간, 공부에 들어가는 비용, 최적의 공부법 등을 모두 따져보고 수험생활을 시작해야 한다.

합격과 불합격은 모두 내 책임이라고 생각하자

대체로 고시를 준비하는 수험생들 중에는 한때 공부를 잘했던 사람들이 많기 때문에 자기 자신을 맹신하는 경우가 많다. 이들은 고시에 맞는 방법으로 공부하지 않고 오래전에 자신이 공부했던 방법으로 계속하려고 한다. 그렇게 해서 고시에 합격하지 못하면 자신의 공부법이 잘못되었다고 생각하기보다는 시험이 이상하게 출제되었다고 비난하기 일쑤다. 이런 마음가짐으로는 합격하기 힘들다.

　일단 합격하지 못하면 모두 내 책임이라고 생각해야 한다. 시험장에서 너무 긴장해서 실수했다면 떨지 않는 방법을 강구해야 하고, 공부량이 적었다면 공부를 더 많이 해야 한다. 또 문제 푸는 연습이 부족했다면 스터디라도 조직해서 문제를 많이 풀어보아야 하고, 시간이 부족하면 공부시간을 늘릴 방법을 고민해야 한다. 이렇게 자기 책임이라 생각하고 노력해야 더 발전할 수 있고 합격의 열매를 맛볼 수 있다.

겸손해지자, 배우는 상황에서는 모두가 스승이다

수험생에게 공부는 생활이자 일상이다. 잠에서 깨는 순간부터 공부가 시작되어야 정상이다. 하루 동안 배울 내용을 생각하고 어제 배운 내용을 수시로 떠올려야 한다. 모르는 게 있으면 선생님에게 물어보는 것이 가장 좋지만, 후배나 동생들에게도 적극적으로 물어보아야 한다. 자존심 때문에 질문을 꺼려서는 안 된다. 겸손해져야 내게 필요한 부분을 다른 사람들에게 최대한 많이 배울 수 있다.

공부를 하다 보면 지나치게 자존심이 강한 사람을 많이 본다. 수험공부의 세계에서는 더욱 그렇다. 보통 5년 이상 수험생활을 하면 '내가 모든 지식을 알고 있다'는 착각에 빠지게 된다. 겸손이라는 미덕을 잃게 되는 것이다. 겸손을 잃고 자만심이 생기는 순간, 더 이상의 발전은 없다. 내가 옳다는 생각으로 좋은 공부법이나 필요한 내용을 아는 사람을 무시하면 내 스승을 잃게 된다. 이런 사람은 필연적으로 노장이나 장수생, 심각하게는 합격 불가능자가 되고 만다.

공부를 할수록 겸손해지면 모든 게 배울 거리가 된다. 공부를 하면서 내공이 쌓이면 과감하게 다른 친구들에게 알려주고 나도 그들에게 좋은 것을 배워야겠다는 생각을 해야 한다. 같이 공부하는 사람들에게 하나라도 더 배우려고 할 때 내 실력도 일취월장한다.

연습 또 연습! 내공보다는 외공이 합격을 만든다

나는 2개월 만에 감정평가사 1차 시험에 합격하고 10개월 정도 공부를 더 해서 2차 시험에 최종합격을 했다. 그것도 일을 하면서 하루에 4시간씩만 공부해서 이뤄낸 성과로, 이는 내공보다 외공에 집중한 결과였다.

지식을 많이 쌓는 것을 수험공부라고 착각하는 사람이 많은데, 이는 내공에만 집중하는 부류의 오류다. 물론 내공이 없으면 시험장에서 써먹을 콘텐츠가 부족해서 답안지가 다소 부실하거나 두루뭉술해질 수도 있다.

그러나 내공만으로는 고시에서 요구하는 답안지를 정해진 시간 안에 멋지게 작성해낼 수 없다. 사실 시험에서는 내가 아는 것보다 훨씬 더 좋은 답안지를 써내야 합격할 수 있다. 답안의 형식을 갖추고 제약된 시간 안에 물음에 맞는 답안지를 작성해야 기본점수라도 건질 수 있다. 여기에 자신의 내공이 더해질 때 풍부한 답안을 제출할 수 있는 것이다.

지식을 쌓는 것만큼이나 연습도 중요하다. 나는 내용적인 지식은 부족했지만 답안 형식을 고민하고 기출문제로 최대한 연습한 결과 생각보다 좋은 점수를 받았다. 답안지 내용은 핵심적 부분을 추려서 반복한 후에는 이해의 깊이가 많이 드러나지 않는다. 연습과 반복으로 절도 있는 답안작성을 많이 할수록 답안지에 티가 난다는 점을 명심하자.

직장인과 대학생을 위한 수험생활 조언

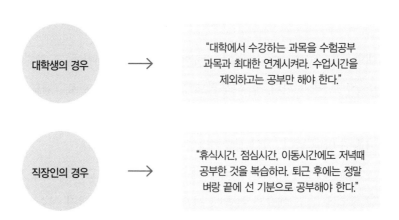

대학생의 경우 →
"대학에서 수강하는 과목을 수험공부 과목과 최대한 연계시켜라. 수업시간을 제외하고는 공부만 해야 한다."

직장인의 경우 →
"휴식시간, 점심시간, 이동시간에도 저녁때 공부한 것을 복습하라. 퇴근 후에는 정말 벼랑 끝에 선 기분으로 공부해야 한다."

다른 스케줄을 잡고 공부는 남는 시간에 해야겠다고 생각하는 순간 공부하지 않는 자신을 발견하게 된다. 수험공부를 시작한 이상 공부가 최우선순위가 되어야 한다. 사실 시간이 없다는 것은 일종의 핑계다. 공부가 최우선순위가 된다면 밥 먹는 시간도 아끼고 친구들과의 모임이나 수다도 미루게 된다. 가족들에게도 양해를 구하고 공부에만 전념하게 될 테고, 명절에도 공부하게 된다. 심지어 걸어 다니면서도 공부할 것이다. 수험생에게 공부는 직업이고 의무다. 스스로와 약속한 계약이기도 하다. 공부시간을 확보하기가 어려울 정도로 다른 데 관심이 많다면 수험공부를 하면 안 된다. 합격도 어려울 뿐만 아니라 수험생 본인도 비참해진다. 그러나 어쩔 수 없이 다른 일을 병행해야 하는 상황이고 합격이 진실된 꿈과 목표라면 최대한 상황에 맞게 공부해야 한다.

휴학을 하지 않은 대학생의 경우

대학생은 공부만 할 수 없다. 학교에서 수업도 들어야 하고 과제와 조모임도 해야 한다. 또 의무적으로 참석해야 하는 프로그램도 있기 때문에 그런 행사에도 참석하다보면 앉아서 공부할 시간이 줄어들 수밖에 없다. 이런 상황이라면 어떻게 해야 할까?

나도 회계사 시험을 준비할 때 휴학을 하지 않고 공부했다. 학교 수업을 듣고 예습과 복습에 시간을 쓰고 나면 나머지 시간에는 죽어라 수험공부에 매달려야 했다. 적어도 하루에 4시간 이상은 꾸준히 공부해야 하기 때문에 어떻게든 공부시간을 확보하려고 노력했다. 그래서 수험공부를 하기로 작정했다면 대학 수업도 최대한 내가 준비하는 시험의 과목과 연계해서 듣는 것이 좋다. 예를 들어 회계사 시험을 준비할 경우 1차 시험에 회계학, 세법, 상법, 경제학, 경영학이 있으니 대학에서 개설된 과목과 적절히 연계해서 들으면 된다. 회계학은 경영학과 수업에서 많이 개설되고 상법과 세법은 법학과 수업에서 개설되므로 수강신청 기간에 이를 고려해서 시간표를 짜면 된다.

사실 휴학할 생각이 아니라면 학교 수업과 수험공부를 최대한 맞추는 것이 현명하다. 그러지 않으면 둘 중 하나를 포기해야 한다. 나는 공인회계사 시험을 준비하기 위해 일부러 경영학 이중전공을 택했지만, 사실 그렇게까지 할 필요는 없다. 고시에 합격하면 학점이 필요 없는 경우도 많기 때문에 학교 수업시간에 그냥 수험공부를 해도 상관은 없다. 다만, 유학을 준비 중이거나 대학원에 갈 생각이 있다면 나중에 학점 때문에 불이익을 받지 않도록 조금은 성의를 보이는 것이 좋다.

수험공부를 병행하는 직장인의 경우

나도 직장생활을 하면서 전문직 고시를 치러본 경험자다. 직장과 고시를 병행하는 것은 두 가지 이외의 생활은 모두 포기해야 한다는 뜻이다. 고시에서 합격하고 싶다면 그렇게 해야 한다. 대부분 직장인은 아침에 출근해서 저녁 6시에 퇴근하지만, 야근이나 회식 등이 잡히면 밤늦게 퇴근할 수도 있다. 게다가 주말에도 쉬지 못하고 하루 종일 수험공부에 시간을 쓰게 되면 나를 위한 휴식시간은 전혀 없다. 이렇게 체력적으로, 정신적으로 지치지 않고 완주할 자신이 있다면 수험공부를 해도 좋다.

　하루 24시간 중 잠자는 시간 7시간을 제외하면 17시간이 남는다. 여기에서 직장에 있는 시간 11시간을 제외하면 6시간만 남는다. 그리고 저녁식사나 이동하는 시간을 감안하면 6시간 이하로 줄어든 시간에 공부해야 한다는 뜻이다.

　그래서 직장생활과 수험공부를 병행하려면 독해져야 한다. 밥 먹는 시간에도 공부할 수 있어야 하고, 퇴근 후 잠드는 시간까지는 최대한 집중해서 공부해야 한다. 그리고 자투리시간, 즉 휴식시간이나 점심식사 직후, 산책시간 등을 최대한 활용해서 전날 저녁에 공부한 내용을 복습이라도 해야 한다. 부족하면 이동시간에도 공부해야 한다.

　이렇게 주중에 빠듯하게 공부하고 주말에 충분히 모의고사 등을 풀면 합격이 가까워진다. 물론 운도 따라줘야 하지만, 이 정도로 하루도 쉬지 않고 버틸 의지가 있는 사람은 얼마가 걸리든 반드시 붙게 되어 있다.

공부계획은
최대한 단순하게 짜라

"공부계획을 자세히 세우는 것은 그 자체로 낭비다. 어차피 세세하게 시간 단위, 분 단위로 계획을 세워봤자 지키지 못할 게 뻔하다."

계획을 아주 꼼꼼히 그리고 자세히 세우는 사람은 공부로 톱클래스에 가기 힘들다. 자세한 계획이 나쁘다는 말은 아니니 오해하지 말기를 바란다. 다만 공부는 지속할 때 합격이라는 선물을 우리에게 안겨주는데, 너무 세세하고 꼼꼼한 계획은 공부의 지속을 방해한다는 게 문제다.

나는 '공부 아마추어'일 때는 시간표 그리기를 좋아했다. 초등학교 때는 방학만 되면 시계 모양의 동그란 일일시간표를 그렸다. 아침 8시에 일어나서 9시까지 산수문제풀이, 9시부터 12시까지 영어 암기, 12시부터 1시까지 휴식……. 이렇게 장황하게 계획을 세우고도 나중에는 이 시간표를 지키지 않는 나를 발견했다.

중학교 때도 마찬가지였다. 일주일에 해야 할 일을 작성하고 하루를 12등분해서 시간별로 공부할 내용을 적었다. 그리고 이것을 지키지 못할 때마다 스트레스를 받았고, 결국 '다음 주에는 지켜야지' 하면서 이번 주 계획은 무시하곤 했다. 계획을 너무 자세히 세우면 꼭 이런 문제가 생겼다.

나중에 고등학교 3학년으로 올라가기 전 IT국제자격증을 취득할 때는 아주 단순하게 계획을 세웠다. '1주일에 한 과목씩 문제집 10번 보기'와 같이 계획을 대충 세우고는 행동으로 옮기는 데 에너지를 집중했다. 그렇게 하다보니 1주일 계획을 세운 것보다 더 많이 풀 때도 있었고, 대부분 계획을 지켜낼 수 있었다. 계획을 지킬 때마다 뿌듯한 것은 물론, 시험에도 합격하고 나니 정말 신이 났다. 이처럼 1주일이나 2주일 단위로 한두 가지 큰 계획을 세워 생활을 단순화하니 당연히 계획도 달성할 수 있었고, 동기부여도 되어 참 좋았다.

계획은 세우는 것보다 지켜질 때 의미가 있다. 시간 단위, 분 단위로 계획을 세운다고 생각해보자. 단언컨대 1개월 이상 그대로 지키는 사람은 아무도 없을 것이다. 아니, 지킨다는 것 자체가 잘못일 수도 있다. 큰 틀에서 보면 시험에 합격하거나 성적을 올리는 것이 목표인데, 그 목표와는 상관없이 계획에 매몰돼 공부할 필요가 없는 부분을 파고들 수도 있기 때문이다.

계획은 한 달 단위로 '이달에는 수학 개념원리 문제집 2번 풀기'

또는 '민법 기본서 1회독과 동영상 강의 완강'과 같이 단순하게 짜야 한다. 그리고 그것을 지키기 위해 하루하루를 치열하게 사는 것이 중요하다. 행동으로 이끌어내는 전략을 강구하는 것이 더 현명하다는 말이다.

나는 하루가 지나면 스터디 체크를 하고 일주일 단위로 정산했다. 예를 들면, 달력에 하루에 공부한 양을 체크하고 일주일 동안 공부한 양을 체크한다. 사후적으로 이렇게 정산하면 자신이 남은 3주 동안 얼마나 노력해야 한 달 주기로 세운 목표를 달성할지 가늠할 수 있다. 그리고 또 1주일 동안 치열하게 달리고 난 뒤 다시 2주일 동안 했던 공부 분량을 체크한다. 그러면 남은 2주 동안 해야 할 공부량이 나온다. 이렇게 계획한 목표량으로 접근해가는 것이 가장 현실적이고 동기부여도 잘된다.

만약 내가 계획보다 잘해서 목표를 조기에 달성했다면 스스로에게 보상을 해주고 다음 목표는 좀 더 도전적으로 세우면 된다. 이렇게 계획을 조정하고 4주 정산을 하면 놀랍게도 공부량을 달성하는 것이 습관이 된다. 그래서 나중에는 엄청난 분량의 공부도 즐겁게 소화해낼 수 있다.

공부시간을
확보하는 방법

> "공부시간 활용은 하루 24시간을 어떻게 쓰느냐는 문제로 귀결된다. 정말 공부를 잘하고 싶다면 공부에 모든 에너지와 시간을 쏟아야 한다. 하루 24시간 중에서 자는 시간을 제외하고는 어떻게든 자습하는 시간을 만들어내야 하는 것이다."

공부는 일단 습관이 들어야 하루 종일 해도 지치지 않는다. 사실 사람에게 공부할 수 있는 절대 시간은 동일하다. 하루는 누구에게나 24시간이기 때문이다. 이 중에서 수면을 취하는 7시간을 제외하면 17시간이 남는다. 나는 수면은 절대로 줄여서는 안 된다고 생각한다. 수면을 줄여서까지 공부하겠다는 의지와 태도는 높이 살 만하지만 수면 한 시간을 줄이면 하루 종일 공부에 대한 집중력이 나오지 않는다. 최소한 7시간은 자는 게 전체적인 공부 리듬을 유지하는 데 좋다.

그럼 나머지 17시간을 어떻게 활용해야 할까? 17시간 중에서 나머지 시간을 그야말로 싹싹 긁어모아서 써야 한다. 학교에서 수업을 듣거나 학원강의를 듣는 시간은 공부하는 시간이 아니다. 순수하게 내가 자습하는 시간을 공부시간으로 보아야 한다. 이런 자습시간을 확보하는 것이 중요한 과제인데, 나는 하루 자습시간을 최소 8시간 이상 확보하려고 무진장 애를 썼다.

나는 등굣길 버스나 지하철에서 문제집을 풀거나 단어를 암기하고 학교에 도착해서 자리에 앉자마자 문제집을 풀었다. 하루에 7시간 정도인 수업시간에도 최대한 집중해서 수업을 듣고 수능과 관계없는 수업은 과감하게 영어나 수학 복습에 사용했다. 하루 8시간을 자습시간으로 확보한 뒤에는 그 시간 안에 내가 약한 과목을 집중적으로 공부했다. 내가 못하는 과목에 최우선순위를 두고 자신감을 회복하면서 다른 과목으로 넘어간 것이다.

어찌 보면 공부시간 확보도 자기 의지에 달렸다. 하루 17시간 중 수업시간이 8시간이라면 나머지 9시간은 최대한 자습에 사용해야 한다. 밥을 먹으면서도 공부하고, 심지어 이동시간에도 할 수 있는 공부를 해야 한다. 시간이 부족하다는 것은 일종의 핑계다. 이렇게 생각하고 스스로 생활패턴을 공부에 맞추길 바란다.

24시간 - 수면 7시간 - 수업 8시간 = 최소한 자습에 투자해야 할 시간

공부를 점화하는
나만의 장소 만들기

"이상하게 집중이 잘되는 곳이 있지 않은가? 어떤 사람은 화장실에 가서 변기에 앉으면 집중이 잘된다고 하는데, 그렇다고 화장실에서 공부를 하기는 힘들지 않겠는가. 다만, 자신이 어디에서 공부가 저절로 되는지를 아는 것은 중요하다. 왜냐하면 그곳에서 공부를 시작하고 그 느낌으로 공부를 지속하면 되기 때문이다."

내게는 공부를 점화하는 곳이 여러 군데 있다. 그곳에만 가면 이상하게 그냥 공부를 하고 있다. 공부를 하지 않더라도 글을 쓰거나 건설적인 일을 하게 된다. 대표적인 곳이 바로 침대다. 남들은 이상하게 생각할지 모르지 만, 나는 학교를 마치고 집에 오면 줄곧 침대에 누워서 공부를 했다. 어릴 때는 살이 쪄서 오래 앉아 있기 힘들어 그랬지만, 나이를 먹고 나서도 침대가 공부하기에 가장 좋았다. 침대에 누워서 책을 보면 몸도 마음도 편하고 지루함도 덜하다.

　나는 대학 때도 침대에 엎드려서 공부하다가 뒹굴다가를 반복하면서 공부하곤 했다. 침대는 나만의 공부를 시작하는 점화장소인 것이다. 이런 장소가 있으면 공부하기 싫거나 슬럼프에 빠졌을 때도 그 장소에서는 저절로 공부를 시작할 수 있다는 점이 좋다. 그런 장소가 두 군데 더 있는데, 하나는 식사를 하는 거실 테이블이고, 다른 하나는 화장실에 붙어 있는 욕조다. 나는 어릴 때부터 식사시간에 책 보는 것을 좋아했다. 그러다 보니 가족들은 내가 밥 먹을 때 말을 걸지 않는다. 나는 식탁에 앉아서 책을 다 볼 때까지 천천히 밥을 먹곤 했다. 또한 아침식사를 하면서부터 공부하다 보니 자연스럽게 하루를 공부로 시작할 수 있었다.

　욕조는 사람들이 의아하게 생각할 만하다. 보통 내가 목욕하면서 책을 보는 버릇이 있다고 하면 변태라고 놀린다. 그런데 변태라고 하기 전에 한번 해보라. 반신욕을 하면서 가볍게 프린트나 책을 보면 정말 집중이 잘된다. 고대 그리스의 철학자 아르키메데스의 이야기를 들어보면 아주 오래전 욕실을 연구실로 사용한 사람도 있다는 것을 알게 될 것이다. 아르키메데스가 그 유명한 원리를 발견한 곳도 욕실이었다. 이상하게 욕실에서 목욕하는 동안에는 시간이 멈춘 것 같다. 그곳에서 책을 보면 시간과 공간의 방 안에서 나 혼자 지식의 세계를 지배하고 있다는 느낌이 든다.

　'공부를 시작해야지' 하면 바로 공부할 수 있는 자신만의 공부 점화장소를 만들면 쉽게 공부를 시작할 수 있다. 그리고 슬럼프가 오거나 괴로운 일이 있을 때도 그 장소를 이용하면 된다.

합격으로 가는 지름길,
거꾸로 공부법

"왜 같은 시간을 공부해도, 똑같은 교실에서 공부해도 성적 차이가 날까?

왜 같은 양을 공부했고 똑같이 노력했는데 누구는 합격하고 누구는 합격하지 못할까?"

같은 책으로 같은 강의를 들어도 성적과 합격 여부가 달라질 수 있다. 시험에 합격하려면 무조건 시험 성적이 좋아야 한다. 성적을 잘 받으려면 공부시간이 많을수록 유리하고 공부시간 대비 효율이 좋아야 한다. 그렇다면 공부시간은 어떻게 측정할까? 하루의 대부분을 공부하더라도 짜투리 시간을 활용하면 그 효과를 극대화할 수 있다. 그런데 공부시간을 확보하는 것은 의지의 문제이고 뒤에서 설명하는 요령을 활용하면 좋겠다.

그럼 같은 시간을 공부하더라도 남들보다 좋은 성적을 받는 비결은 어디에서 올까? 그것이 바로 공부 효율이고 그 비법은 '거꾸로 공부법'에 있다.

하루 종일 공부해도 성적이 바닥인 친구들이 주변에 있을 것이다. 나도 한때 그런 부류였다. 이런 사람들의 특징은 시험에 나오지 않는 부분에 지나치게 많은 시간을 투자하다가 시험에 나오는 부분에 에너지를 집중하지 못한다는 것이다. 이러한 문제에 빠지지 않으려면 시험에 나오는 부분을 먼저 파악하고 그 부분에 공부시간 대부분을 투자하여 효율을 극대화해야 한다.

그래서 내가 생각해낸 것은 시험에 나오는 부분을 최대한 빨리 파악하는 것이다. 시험에 나오는 부분을 가장 잘 확인할 수 있는 방법은 기출문제를 보는 것이 최선이다. 사실 새롭게 창작한 문제는 거의 없다. 있더라도 이러한 문제는 다른 사람들도 풀지 못한다. 이렇게 어려운 문제에 시험장에서 시간을 투자하는 것은 바보짓이다. 틀리라고 낸 문제에 시간을 투자할 필요가 없고 그런 문제를 풀다가 정작 맞혀야 하는 문제를 풀지 못하는 것이 더 큰 손해다.

그래서 거꾸로 공부법이 합격이나 고득점에서 필수다. 기출문제를 보고 미리 나올 만한 부분을 추려내 그 부분을 10회독 이상 해내는 것이 시험에서 관건이다. 그렇다. 시험에 무조건 나올 부분은 어떠한 상황에서도 가장 빠른 속도로 푸는 것이 시험의 당락을 좌우한다. 거꾸로 공부법은 시험에 나오는 부분을 먼저 추리고 시험에 나올 만한 내용만 공부하는 방법이다.

나는 실제로 많은 시험에서 합격하거나 고득점하면서 기본서를 보지 않고 합격한 경우가 많다. 시험에 나올 부분만 기출문제로 추려내거나 처음부터 요점정리 강의로 핵심을 파악하고 기본서 중 시험에 나오지 않는 부분은 과감하게 보지 않는 방법으로 시간을 철저히 아낄 수 있었다.

다음으로 시험에 나올 만한 부분을 추리는 방법은 교수님이나 강사님이 시험에 나올 거라고 강조한 부분은 추려내는 것이다. 학교 내신시험의 경우 교수님이나 강사님의 말이 곧 법일 수 있다. 강의하는 분이 나온다고 강조한 부분에서 시험이 나올 수밖에 없으므로 그 부분을 추려서 에너지를 집중하는 것이 필요하다.

거꾸로 공부법의 핵심은 기출분석

기출이 왜 중요한지는 시험의 목적에 그 답이 있다. 시험은 합격할 만한 사람을 가려내는 데에 그 목적이 있다. 문제 출제는 제대로 된 합격자를 가려내려는 작업이다. 그만큼 출제자가 공을 들여서 만드는 문제가 기출문제다. 출제하는 분들도 역대 기출문제를 토대로 새로운 문제를 변형하거나 심지어 그대로 낼 때도 있다. 물론, 최신 트렌드나 최신판례 등을 기초로 문제를 만들 수도 있으므로 그 부분은 별도로 챙겨야 하는 것이기는 하다.

기출문제는 난이도가 적절하면서 가장 질 좋은 문제다. 기출문제를 반복하더라도 성적이 나오지 않을 때도 있긴 하다. 기출을 풀면서 기출에 대한 분석이 있어야 거꾸로 기본서나 교과서를 보면서 공부해나가는 데 도움이 된다. 기출분석을 할 때 단순히 기출문제를 반복해서 푸는 데 그쳐서는 안 된다. 기출문제가 얼마나 자주 출제되는지 분석해야 한다. 작년에 나온 문제가 재작년에도 나왔는지 살펴보아야 하는데, 그런 문제는 정말 중요한 문제다. 그래서 작년에 나온 문제가 똑같이 나올지 분석하기 위해서라도 출제 빈도를 체크해서 자주 나오는 문제는 그 내용을 완벽하게 암기해야 한다.

출제 유형이 어떤지도 분석할 필요가 있다. 기출문제가 어떤 유형으로 나오는지, 출제자가 어떻게 변형하는지 분석하는 것도 도움이 된다. 동일한 개념이라도 그림으로 출제하거나 글로 출제하는 등 유형을 바꾸면 새 문제로 받아들이는 경향이 있다. 그렇기에 문제가 어떻게 변형될 수 있는지 역대 기출문제들의 변형을 분석하여 파악해두면 도움이 된다.

기출문제를 풀다가 틀렸다면 내가 어떤 과정에서 틀렸는지 철저하게 찾아내야 한다. 왜 틀렸는지 분석해 그 문제에 대한 강의 또는 해설을 여러 번 반복하여 내 것으로 만드는 것이 필수다.

기출문제를 분석했다면 어떤 내용이 중요한지 알 수 있다. 기출문제 중 내가 틀린 부분이 있다면 시험 전날에도 해당 부분을 볼 수 있도록 오답노트를 만들어두는 것이 필요하다. 시험 전날에는 틀린 부분만 보고 시험 치는 것이 효과적이기 때문이다. 계속 맞히는 문제는 시험에서도 맞히게 되어 있다.

거꾸로 공부법은 모르는 내용을 없애는 것

기출문제는 한 번만 봐서는 안 된다. 1회독을 할 때는 대충 보고 2회독부터는 핵심 개념이 무엇인지 생각하면서 보고, 3회독부터는 기본서에서 해당 파트가 어디 있는지 생각하면서 보아야 한다. 합격률이 높은 쉬운 시험은 기출만 공부해도 합격이 가능한 경우가 있다. 그러나 어려운 시험일수록 기출문제보다 깊이 있는 내용을 기본서와 함께 공부해야 하고, 지엽적인 부분도 어느 정도 공부해야 한다. 이 부분을 효율적으로 해결하려면 모의고사 문제나 학원 강사의 요약강의를 활용하는 것도 좋다.

이렇게 시험의 난이도에 상관없이 기출문제를 먼저 분석하고 기본서로 돌아가는 것이 중요한 부분에 에너지를 집중할 수 있으므로 효율적인 공부법이고, 이것이 거꾸로 공부법의 핵심이다.

거꾸로 공부법을 오해하는 경우가 있다. 기출문제만 암기하고 시험 보는 것이 거꾸로 공부법이라고 착각하는 것이다. 기출문제의 회독을 높이고 중요한 부분을 추려 가면서 기본강의나 핵심요약강의 등을 들으며 시험에 나올 부분을 좀 더 깊게 공부하는 것이 거꾸로 공부법의 활용법이다. 결국 기본서, 기본기를 무시하자는 것이 아니라 기본기 중 시험에 정말 나오는 기본기를 제대로 공부하자는 것이 핵심이다.

또 하나 중요한 사실은 시험마다 공부법이 달라져야 한다는 것이다. 객관식 시험과 주관식 시험은 준비과정이 다를 수밖에 없다. 계산문제와 서술형 문제는 풀이방법과 공부방법도 달라야 한다. 이를 위해서 강의를 듣고 꾸준히 연습해야 한다. 모든 공부의 기본은 노력과 기본기에 있는 것은 같다. 기본기 없이 합격할 수 있는 시험은 없다. 그리고 문제풀이 요령 없이 시간 안에 문제를 푸는 것도 어렵다. 따라서 거꾸로 공부법을 적용하더라도 학원이나 스터디, 기본서를 자신만의 방식으로 적극 활용하기 바란다.

3장

모든 시험의 노하우

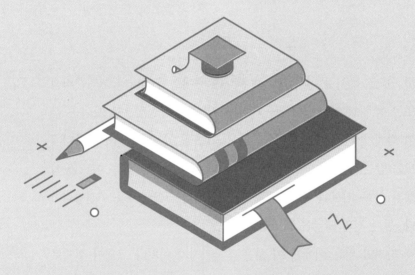

이번 장에서는 어떻게 하면 시험에 좀 더 효율적으로, 제대로 합격할 수 있는지 구체적으로 소개한다. 내가 사용한 방법과 시험에 대한 노하우를 밝히는 것인 만큼 각자가 스스로 판단해서 공부에 적용해보기 바란다. 모두 자신만의 효율적인 공부법을 찾아 합격의 기쁨을 맛보게 되기를……

독서실 원시인이
되고 싶은가

몇 년 전 '독서실 원시인의 하루'라는 주제로 우리나라 취업준비생 또는 공무원 시험 준비생들의 힘든 일상을 사실적으로 보여준 글이 화제가 된 적이 있다. 오전 6시 30분에 일어나고부터 잠자리에 드는 밤늦은 시간까지 식사는 대충 때우고 공부만 하는 어느 공시생의 하루 기사를 본 독자들이 "비참하다", "불쌍하다", "절망적이다" 등 동정의 댓글을 달았다.

하지만 많은 이에게 이 삶은 신문기사가 아니라 그들이 실제로 이겨내야 하는 현실이다. 이 생활이 언제 끝날지 한숨만 나오는 끝이 보이지 않는 지옥 같은 생활……. 수험생들은 시험장에서 좋은 성적을 거둘 때까지 끝없는 고뇌와 고통 속에서 이런 수험생활을 다람쥐 쳇바퀴 돌 듯 반복해야 한다.

독서실 원시인 이야기의 결말은 합격이어야 한다

아무도 이야기의 결말이 시험의 포기가 되길 원치 않는다. 그만큼 수험생들은 합격을 위해서 노력하고 스스로를 구속해가며 하루라도 낭비하지 않기 위해 달린다. 나도 그랬다. 누구나 자신을 단련하면서 수험생이라는 고치를 깨고 나와 나비가 되어 훨훨 날아가고 싶을 것이다.

나도 지금의 자격증들을 얻기까지 많은 시간 공부했다. 매번 수험생활이라는 것에 진저리를 쳤다. 수능을 세 번 치르면서 '원하는 대학에 가면 다시는 이런 공부를 하지 않을 것'이라고 다짐했다. 그리고 대학 때 공인회계사 수험생활 기간에는 '이것만 붙으면 다 끝'이라는 생각으로 이를 악물고 공부했다. 그런데 합격하고 법인에 취업한 뒤에도 일하면서 시간을 쪼개어 공부를 계속했다.

각각의 수험생활을 돌이켜보면, 순간순간이 고통의 시간이었다. 예를 들어 직장과 공부를 병행할 때는 스스로 사람이기를 포기한 것 같은 느낌이었다. 새벽 6시에 일어나 출근하면서도 책을 펼쳐 보고, 점심시간에도 시간을 내 틈틈이 공부했다. 일과가 끝나면 곧바로 카페에 가서 책을 보고 밤 12시가 돼서야 침대에 눕는 날이 많았다. 그런데 시험이 끝나고 나면 어느새 이런 고통을 다 잊은 듯 새로운 목표를 향해 또다시 도전을 시작하곤 했다.

주변 사람들은 내가 공부를 좋아해서 그러는 줄 안다. 공인회계사 시험에 합격하고도 다른 시험들을 준비한다고 하자 어떤 이들은 그 힘든 걸 왜 또 하느냐고, 공부가 취미인 모양이라고 했다.

하지만 그 시간들을 나는 정말 목숨을 건 사투를 벌였다. 경험이 쌓이면서 조금 나아지기는 했지만, 쉽게 생각하고 대충 공부해서 합격할 수 있는 시험은 이 세상에 없다.

그렇게 수험생활이 힘들다는 것을 경험으로 잘 알면서도 하나의 시험이 끝나면 다른 목표를 세워 시험을 준비할 수 있었던 이유는 무엇일까. 첫째, 과거의 수험생활을 겪으면서 지금의 수험생활이 비록 힘들더라도 합격이라는 결과를 얻는다면 모두 지나가는 과정일 뿐이라는 것을 진심으로 알게 되었기 때문이다. 둘째, 수많은 시행착오를 거쳐 좀 더 효율적인 공부법을 개발하고 활용하게 됨으로써 그만큼 자신감이 붙었기 때문이다.

나는 독서실 원시인들을 존경한다. 지금 독서실에 틀어박혀서 하루하루를 버티는 수험생들은 미래에 위대한 일을 할 준비를 하는 것이다. 똑같이 힘든 과정을 경험한 동지로서 그들에게 지금의 고난도 지나갈 뿐이라는 말을 꼭 해주고 싶다. 그리고 내가 조금이라도 도움을 주는 길은 그동안 내가 경험을 바탕으로 얻은 노하우를 공유하는 것이라고 생각한다.

이번 장에서는 어떻게 하면 시험에 좀 더 효율적으로, 제대로 합격할 수 있는지 구체적으로 소개한다. 내가 사용한 방법과 시험에 대한 노하우를 밝히는 것인 만큼 각자가 스스로 판단해서 공부에 적용하기를 바란다. 모두 자신만의 효율적 공부법을 찾아 합격의 기쁨을 맛보게 되기를…….

합격의 공식,
공부의 삼박자!

> "나는 고시라고 불리는 여러 개 시험을 패스하면서 시행착오도 많이 겪었다. 결국 가장 빨리 합격하는 방법은 딱 세 가지를 충실히 이행하는 것밖에 없다는 결론을 내렸다. 기본서나 요약집을 반복해 내용을 최대한 흡수하고 문제집을 반복, 숙달하면서 근육을 키우는 것은 기본이다. 그리고 가장 중요한 것은 기출문제로 방향을 잘 잡으면서 위 두 가지를 지속하는 것이다."

대학교 3학년 2학기에 공인회계사 시험에 합격했을 때 합격수기를 의뢰받은 적이 있다. 합격수기를 쓰면서 3년 6개월을 돌아보니 세 가지 활동으로 합격이라는 열매를 맺었다는 것을 알 수 있었다. 그 뒤로 다른 공부를 할 때도 이 활동을 반복해서 좋은 결과를 내곤 했으니 이는 내 합격의 비결이기도 하다.

먼저, 기출문제와 모의고사문제를 구해서 분석해보는 작업이다.

처음에 기출문제를 본 이유는 나를 알고 적을 알아야 시험에서 이길 수 있다는 생각 때문이었다.

기출문제는 지금까지 출제자가 시험에서 묻고자 한 것들의 기록이자 시험의 큰 방향이라고 볼 수 있다. 기출문제를 분석한다는 것은 앞으로 나올 문제를 예측하고 대비한다는 의미가 크다. 한마디로 기출문제는 수험생활에서 가장 좋은 전략집이다. 기출문제를 분석하고 자주 나오는 주제와 문제유형, 패턴을 가지고 공부전략을 세우는 게 수험생활을 단축하는 지름길이다.

많은 학생이 기출문제의 중요성을 간과한다. 또는 좀 더 지식을 쌓은 뒤에 보겠다고 미뤄두거나 시험 볼 준비를 마치고 마지막에 체크하기 위해 '아껴두는' 이들도 많다. 나는 기출문제를 가장 먼저 풀어보고 분석하는 방법을 추천한다. 그리고 공부하면서 여러 번 반복할 것을 권한다. 만약 시간이 없다면 기출문제와 해답, 해설집의 풀이를 이해하고 외우는 데 집중하라. 기출문제가 외워져 이후 감각이 떨어질까 봐, 시험 직전 내 위치를 정확히 평가하지 못하게 될까 봐 걱정인가? 그렇다면 쓸데 없는 걱정이다. 설사 그런 문제가 있다고 해도 초반부터 기출문제를 여러 번 보고 적절한 방향을 잡아 공부하는 편이 훨씬 이득이 크다.

어떤 이들은 기출문제를 직접 보지 않아도 학원이나 여러 공부 서적으로 방향을 설정할 수 있다고 한다. 그런데 본인이 직접 기출문제를 확인해보지 않으면 자칫 쓸데없는 부분에 시간을 낭비하고 먼 길을 돌아가게 될 수도 있다.

둘째로, 기본서의 반복이다. 기본서는 일종의 지식이다. 그리고 지식이 없이는 문제를 풀 수 없다. 기본서는 읽으면 읽을수록 내용이 새롭게 이해된다. 기출문제에서 중요하다고 판단한 주제와 유형들을 기초로 기본서를 반복한다면 방향을 명확히 잡으면서 내용 이해의 깊이 또한 깊어질 수 있다. 기본서는 운동에 비유하면 영양분 섭취와 같다. 운동선수가 시합에서 기량을 발휘하기 위해서는 충분한 영양섭취가 필수다. 너무 먹지 못해서 호리호리해진 선수는 실전에서 힘을 내지 못한다. 주기적으로 양질의 영양분을 섭취하는 것은 전략과 기술 못지않게 중요하다.

셋째로, 문제집을 통한 문제풀이 연습이다. 문제집을 푸는 작업은 지식을 꺼내는 연습이다. 그리고 문제를 자주 풀면서 숙달하는 것은 시험에서 적응력을 높여준다. 기본서로 배운 내용을 시험장에서 상기하고 문제를 적절하게 풀어내는 것은 평소의 연습으로 가능하다.

이는 마치 운동선수가 근육을 키우는 것과 같다. 위에서 기본서를 영양분 섭취에 비유했는데, 영양분만 섭취하고 운동하지 않으면 살만 찌게 된다. 시합에서 제대로 뛸 근육이 없기 때문에 달리지 못한다. 시합에서 달리지 못하면 당연히 실패할 수밖에 없다. 어찌 보면 영양분 섭취보다 더 중요한 작업인 것이다.

맞다. 시험은 사실 연습을 부지런히 했느냐를 평가하는 것이다. 그래서 문제풀이 연습은 필수적인 작업이다.

거꾸로 생각하면
합격이 빨라진다

"수험생활은 일종의 항해와 같다. 무작정 길을 떠나면 길을 잃거나 좌초되어 비참한 최후를 맞게 된다. 지도와 나침반을 가지고 항해를 해야 길을 잃지 않는다. 결국 지도와 나침반은 기출문제다. 여기서 시작해야 시간을 단축할 수 있다. 기본서는 나중에 보는 것이다. 이 사실을 알고 남들과 다른 계획을 세울 때 최단기간에 합격할 수 있다."

수험생은 기본적인 지식을 머리에 입력하는 데서 시작해 시험 문제를 풀어내는 출력까지 일련의 과정을 훈련해야 한다. 이 과정을 효율적으로 해야 시험장에서 겁먹지 않고 남들보다 정확하게 문제를 풀어낼 수 있다. 그래야 합격한다. 이를 위해서는 수험공부에 대한 계획도 효율적으로 세우고 단계별로 공부를 해나가야 한다.

수험생활의 첫 단계는 기출문제를 훑어보는 데서 시작해야 한다고 이미 언급한 바 있다. 기출문제는 그 시험의 나침반과 지도 역할을 해주기 때문이다. 보통 수험생들은 교과서를 충실히 보고 암기와 이해가 충분히 된 상태에서 문제를 풀어보고 숙달이 되면 기출문제를 가장 마지막에 보고 시험장으로 간다는 계획을 세운다.

보통 수험생들의 수험계획

교과서 마스터 → 문제집 풀이 → 파이널 정리
→ 기출문제 분석 → 시험장

그런데 이 순서대로 계획을 세우는 순간 장수생이 될 가능성이 높아진다. 나도 한때 공인회계사 시험공부를 하면서 이런 시행착오를 겪었다. 이 때문에 수험생활을 3년이 넘게 했다. 처음에 기본서만 반복해서 처음부터 끝까지 보는 데 1년이 소요되었다. 학원강의를 이용한다고 해도 양이 워낙 많기 때문에 회계학(회계원리, 중급회계, 고급회계, 원가관리회계)만 300시간을 들어야 하고, 복습과 정리까지 하려면 최소한 600~700시간이 걸렸다. 다른 과목도 이런 식으로 하면 기본서를 마스터하는 데만 거의 1,500시간이 걸린다는 걸 알 수 있다.

더 큰 문제는 문제집을 푸는 것도 기본서를 공부하는 것만큼 오래 걸린다는 점이다. 교과서를 마스터하려고 이미 1년을 사용했어도 문제를 푸는 것은 지식만으로는 잘 안 된다. 문제풀이에는 푸는 연습이 필요하고, 문제를 푸는 데 사용하는 지식이나 노하우는 기본서에 있는 내용 중 일부만 사용한다.

결국 시험문제를 푸는 데 사용하지도 않는 내용까지 공부하느라 시간을 낭비한 셈이 된다. 기본서를 다 본 상태에서 다시 지식의 범위를 좁혀 문제집을 여러 권 풀고 문제풀이 강의를 듣다보면 이것만으로도 6개월 이상 소요된다. 그런데 재미있는 점은 기출문제와 강사들이 만든 문제는 유형과 보는 관점이 다를 수 있다는 사실이다.

이렇게 시간을 이중으로 보내고 기출문제 분석으로 넘어가면 당연히 기출문제의 배경이 되는 기본이론과 문제풀이 방법은 익혔지만 너무나 오랜 시간이 걸려서야 기출문제를 풀 수 있는 상태에 도달하게 된다. 나의 공인회계사 수험생활도 다른 합격생들과 비교해서 짧은 편은 아니었다.

그런데 재미있게도 방법을 바꾸고 나니 다른 시험에서는 4개월 내지 1년 만에 합격할 수 있었다. 물론 회계사 공부를 하며 얻은 지식이 이후 시험에 도움이 되었을 수는 있겠지만 내가 느끼기엔 공부방법의 변화가 가장 큰 차이를 냈다고 생각한다. 내가 처음부터 이와 같은 특별한 방법을 사용했다면 시험에서 합격을 훨씬 앞당겼을지도 모른다.

내가 주장하는 수험계획

기출문제 5번 훑기 → 교과서 챕터별 등급 체크 → 빈출주제 회독수 늘리기
→ 파이널 정리 → 시험 전날 1회독 → 시험장

그럼 단기간에 시험에 합격할 수 있는 수험계획은 어떤 것인가? 나는 먼저 기출문제를 빠른 시간 안에 체계적으로 다섯 번 훑어보고, 문제별로 빈도수를 체크해서 등급을 매긴 뒤 기본서에 챕터별 등급을 매기고 강약을 조절하며 기본서 회독수를 높여가는 순서를 추천한다. 이 계획은 많은 시간을 절약해줄 뿐만 아니라 좀 더 안전하게 합격하도록 도와준다.

나오는 부분만
10번 반복하자

"시험에 나올 만한 내용을 10번 이상 반복하였을 때 최상위권을 놓친 기억이 없다. 그런데 10번 이상 보려면 절대로 양이 많아서는 안 된다. 시험에 나올 만한 내용만 추려서 10번을 보는 것이 기본서를 깊이 있게 한 번 보는 것보다 유리하다. 그래서 기출문제나 교수님들이 강조하는 내용만 추려내는 작업이 필요하며 그 내용만 10번 반복하면 시험에서 고득점할 수 있을 것이다."

보통 고시에 합격하거나 학교를 수석 혹은 차석으로 졸업한 사람들이 공통적으로 말하는 공부법이 있다. 바로 10회독 정도 하면 웬만한 시험에서 초고득점을 한다는 사실이다. 이는 당연하다. 10회독을 하면 당연히 해당 내용은 누구보다 잘 쓸 수 있을 뿐만 아니라 그 내용을 응용할 힘도 생긴다. 이상하게 한 번 볼 때보다 여러 번 볼 때 그 내용과 기존의 다른 내용을 융합하여 창의적으로 서술하거나 객관식 시험에서 응용된 지문도 쉽게 풀리는 경험을 많이 해본 나로서는 이것이 매우 좋은 방법이라 생각한다.

그러면 10회독을 과연 할 수 있을까? 결론적으로 말하면 나는 거의 대부분 시험에서 10회독을 하고 시험을 봤고 대학에서 만점에 가까운 성적을 얻거나 자격증 시험 등에서 고득점을 할 수 있었다.

그렇다면 어떻게 10회독 아니, 그 이상을 공부할 수 있었을까? 그 비결은 바로 나오는 부분만 추려서 최대한 양을 줄인 후 공부했기 때문이다.

우리가 기본서 또는 교과서를 처음부터 끝까지 공부한다고 생각해보자. 당연히 기본서와 교과서를 모두 보면 대부분 시험범위를 커버할 수 있다. 그러나 처음부터 끝까지 보는 데는 생각보다 많은 시간이 소요된다. 시험기간까지 시간은 한정되어 있는데 교과서를 처음부터 끝까지 그 기간 안에 보려면 내 경험상 2번 보기도 벅찰 것이다.

그래서 내가 생각한 것이 앞서 말한 거꾸로 공부법이다. 처음부터 끝까지 책을 보지 않고 시험에 나올 부분을 먼저 추려냈기 때문에 당연히 기본서 내용의 5분의 1도 안 되는 분량이고 해당 분량은 기본서를 처음부터 끝까지 볼 정도의 노력이면 10번은 볼 수 있다. 그리고 5번 정도 반복한 다음부터는 관성이 붙어서 읽고 반복하는 것이 훨씬 쉬워진다. 그렇다. 사람은 습관대로 하면 뭐든 쉽게 할 수 있는데 매일 보던 것을 한 번 더 반복하는 것이므로 공부가 쉬워진다.

이런 방법으로 나는 로스쿨 중간고사와 기말고사에서 항상 최상위권을 유지할 수 있었고, 변호사 시험, 회계사 시험, 감정평가사 시험 등 고시급 시험에서도 한번에 좋은 결과를 얻을 수 있었다.

　그렇다면 시험에 나올 만한 부분을 어떻게 추려낼 수 있을까? 이는 간단하다. 학교 시험의 경우 교수님들께서 강조하는 부분이 있는데 그 부분을 철저하게 메모 또는 표시해두었다가 최대한 반복하는 것이다. 두 번째로 수업을 듣기 전부터 미리 기출문제를 보면서 책에 어떤 문제가 나왔는지 표시하거나 나올 만한 부분만 별도로 모범답안처럼 정리해두는 것이다. 이때 정리만 해두면 안 되고 기출문제와 해설을 미리 반복하여 눈에 익히는 것을 추천한다. 문제와 해설을 반복해두면 머리가 이미 자주 나오는 시험과 답안을 기억하게 되고 그 내용에 대한 이해는 차차 수업을 듣거나 그룹스터디를 하면서 채워나가면 된다.

　결국 회독수를 늘리는 비결은 시험에 최대한 나오는 부분을 추려내 양을 줄이고 그 좁힌 범위만큼만 반복하여 가능한 한 버릴 부분을 늘려 시험에 나오는 부분만 깊게 공부하는 데에 있다. 나도 미리 족보나 기출문제를 구해서 정리하거나 눈으로 읽어 익숙하게 한 후 공부를 본격적으로 시작한 다음부터 시험 성적이 급상승하는 경험을 하였다.

공부 속도를
높이는 방법

"나는 공부 속도를 높이기 위해서 타이핑을 하거나 말로 떠들면서 아웃풋하는 것을 즐겨했다. 사실 머릿속에 한번 넣고 나서 꺼내보는 습관은 매우 중요하며 그 속도를 높이기 위해서 손으로 쓰는 것보다 즉각적으로 반복할 수 있는 방법을 고민해보는 것이 효율적이다."

공부를 잘하려면 정확도와 속도 모두 중요하지만 속도를 늘려서 공부의 효율을 늘리는 것이 더 쉽게 정확도를 높이는 방법이기도 하다.

암기하는 것도 중요하지만 머릿속에 있는 내용을 자주 되새기면서 꺼내는 반복을 하는 것이 공부 속도와 정확도를 모두 높여주는 방법이기도 하다. 우리는 암기하는 것은 익숙하지만 머릿속의 내용을 꺼내는 것은 익숙하지 않다. 그런데 정말 고득점을 하는 사람들은 머릿속 공부내용을 자주 인출하곤 한다. 특히 서술형 문제나 주관식 문제는 암기한 내용을 자주 인출하여 꺼내보는 연습을 하는 것이 필요하다.

그렇다면 많은 분량을 어떻게 빠르게 꺼내어 검증하는 과정을 거칠 수 있을까? 손으로 써 내려가는 것은 매우 비효율적이기 때문에 말로 꺼내어 떠드는 방법을 선호했다. 그리고 스터디그룹에서 공부하면서 말로 공부한 내용을 꺼내는 과정을 쉽게 반복할 수 있었다.

물론, 컴퓨터를 이용하여 기억나는 내용을 컴퓨터에 타이핑하는 것도 좋은 방법이다. 오늘 공부한 내용을 자기 전까지 한 번은 반복해볼 필요가 있는데 남에게 설명하는 것만큼 좋은 방법은 없고, 혼자서 남에게 설명하듯이 컴퓨터로 타이핑하면서 복습하는 것도 좋다.

로스쿨에서 공부할 때 컴퓨터실을 이용하여 공부한 내용을 목차도 써보고 개념을 떠올리며 타이핑해보는 과정을 거치곤 했는데 시험기간에 이를 활용하면 불안감도 줄이고 암기한 내용을 실제 시험에서 정확하게 써내는 데 도움이 되곤 했다.

물론, 이렇게 타이핑하거나 홀로 말로 떠드는 공부방법은 주관식 시험에 더 효과적이다. 객관식 시험은 잘 찍어서 정답을 맞히는 시험이기 때문에 눈으로 바르는 것을 반복하는 것이 더 쉬운 방법일 수 있다. 그러나 주관식 시험은 시험에 나오는 부분을 추려서 반복하면서 그 개념을 완벽하게 써내도록 내 상태를 만들어야 하므로 타이핑을 빠르게 해보거나 빠르게 말로 떠들면서 내가 부족한 부분을 확인해나가는 과정이 큰 도움이 된다.

스터디그룹을 만들 수 있다면 서로 공부한 내용을 답안지에 쓴다는 생각으로 떠드는 것을 추천하며, 스터디그룹을 만들기 어려운 상황이라면 컴퓨터를 켜고 글로 옮겨 쓰는 작업을 반복해보거나 혼잣말로 떠들면서 공부한 내용을 복기하는 과정을 거치기 바란다.

기출문제와
기본서를 보는 방법

"기출문제와 기본서를 그냥 아무렇게나 보는 것은 비효율적이다. 기출문제를 빠르게 먼저 반복해 잔상을 남기고, 중요한 부분만 찾아서 기본서를 읽고 뇌에 새기는 과정을 몇 번 반복하면 금방 실력이 상승한다. 구체적으로 내가 사용했던 방법을 소개할 테니 참고하기 바란다."

기출문제부터 다섯 번 보는 방법

일단 5년에서 10년 치 기출문제를 구한다. 서점에서 기출문제만 따로 모아둔 책을 구입하는 게 효과적이다. 책은 기출문제와 해설이 한눈에 보이는 것을 선택하는 게 좋다. 그렇지 않으면 기출문제에 답을 일일이 체크해야 하는 번거로움이 있다. 그리고 과목별로 기출문제와 답을 그냥 훑어본다. 처음 3회독은 무조건 기출문제와 답을 훑어보는 데서 시작해야 한다. 이때 해설은 보지 않는다. 다만 계산문제의 경우 답만 보는 것은 아무 의미가 없기 때문에 해설도 간단히 훑어본다. 이 작업을 적어도 1주일 이내에 끝내야 한다.

머릿속에 기출문제에서 물어보는 물음과 답이 박혀 있다면, 그 다음에는 해설을 본다. 해설은 손을 사용하는 것이 효과적이다. 말문제는 해설에 밑줄을 긋는 방식을 사용하고, 계산문제는 문제의 빈칸에 해설을 옮겨 적거나 노트에 옮겨 적으면서 2번 정도 반복한다. 이렇게 하면 문제와 답, 해설이 그물처럼 연결될 것이다. 문제와 답이 노드$_{node}$라면 해설은 그 노드를 연결해주는 네트워크$_{network}$가 된다. 앞선 단계에서는 가볍고 빠르게 반복했다면, 이 단계에서는 좀 더 집중력 있게 접근해서 이러한 네트워크가 머릿속에 유기적으로 형성되도록 하자.

이 작업도 최대한 속도감 있게 진행하는 게 좋지만, 2주 정도는 투자해도 나쁘지 않다. 그 뒤 기출문제별로 자주 나오는 챕터와 주제 등을 검토한다. 2년에 한 번 이상 반복되는 주제는 A등급으로 표시하고, 3~4년에 한 번 출제되는 주제는 B등급으로 표시한다. 어쩌다 한 번 나온 주제는 불의타('불의의 타격'이라는 뜻으로, 미처 생각지도 못하게 사고를 당했을 때 쓰는 표현) 문제이므로 버려도 된다.

기본서에 주제별 빈도 표시하기

기출문제 정리가 완료되었다면 이제 과목별로 기본서 또는 참고서를 한 권 구하자. 범위가 정해져 있는 객관식 시험을 준비하는 경우 기본서는 최대한 요약정리가 잘되어 있고 연습문제와 해설이 한눈에 보이는 책을 고른다. 그렇다고 두꺼운 책을 고르면 안 된다. 시험은 범위를 좁히고 반복해서 반응속도를 높여야 승리하는 싸움이다. 따라서 두꺼운 책을 고르면 공부하는 내내 고통스러울 뿐만 아니라 시험을 위한 반복학습이 매우 어렵다.

주관식 논술형 시험은 주제별로 목차와 내용이 간결하고 잘 정리된 책을 사는 게 좋다. 논술형 시험은 목차와 키워드를 가지고 답안지를 작성하는 게 유리하므로 목차와 키워드 표시가 잘되어 있는 책이 좋은 책이다. 그리고 키워드별 설명이 간략하게 가시적으로 되어 있는 책, 레이아웃이 눈에 잘 들어오게 되어 있는 책을 고르면 된다. 이왕이면 기출문제와 기출 연도 표시가 돼 있는 책이면 더 좋다.

그다음 해야 할 작업은 기출문제에서 했던 빈도수 체크를 토대로 과목별 기본서에 챕터마다 등급을 정하는 일이다. 그리고 기출에서 답으로 제시된 내용이 보인다면 그것도 본문이나 제목에 별표 등 중요 표시를 하는 것이 좋다.

내가 학원강사를 하면서 책을 만들고 모의고사를 출제해보니 문제 출제의 패턴을 파악할 수 있었다. 대부분 시험이 기존에 냈던 것을 다시 내는 경향을 보였고, 자주 나오는 주제는 다시 나오게 되어 있었다. 그래서 기출에서 자주 나오는 부분만 잘 표시해두고 자주 읽어서 암기해두는 것이 시험장에서 득점하는 데 유리하다.

하루에 과목별 기본서 1회독하기

이미 앞에서 기출문제를 5개년 이상 구해서 다섯 번 이상 훑어봤고, 기본서에 빈도별 등급표시를 해두었다. 이제 과목별로 하루를 잡고 기본서 전체를 훑어보는 작업을 해야 한다. 양이 방대한 과목은 이틀이 걸려도 좋지만 3일을 넘기면 안 된다. 처음 1회독은 속도가 생명이고 머릿속에 이해보다는 잔상을 남기는 게 중요하다. A등급 표시를 한 챕터를 먼저 훑어본다. 자세히 읽을 필요는 없다. 기출문제와 답을 떠올리면서 이해가 안 되면 그냥 넘기며 한 번 훑어본다. 대충 읽어보는 수준이지만 중요한 것은 기출문제를 상기시켜야 한다는 점이다. 자세히 떠올릴 필요도 없고, 그냥 기출문제를 봤던 느낌만 떠올려도 된다. 이렇게 하면서 문제로 출제되는 느낌과 내용을 연결한다.

그다음에는 B등급으로 표시한 챕터를 훑어본다. 이 부분을 훑어볼 때 주의해야 할 점은 뇌를 비우고 빠르게 눈으로 보고 넘긴다는 점이다. 절대로 시간을 끌거나 멍하니 있어서는 안 된다. B등급은 A등급을 읽을 때와 달리 눈으로만 읽고 아무것도 떠올리지 않아도 된다. 1쪽당 30초를 넘기지 않을 정도로 빠르게 해야 한다. 집중력을 높이고 최대한 짧은 시간 내에 끝낸다는 심정으로 훑어나간다.

　이렇게 한 번 책을 읽어나가는 데 하루에서 이틀이 소요되면 성공한 것이다. 과목수에 따라 걸리는 시간이 다르겠지만, 보통 이 작업도 1주일에서 2주일 사이에 끝내야 한다.

다시 기출문제로 돌아가기

기본서의 중요 주제를 한 번 훑어보았으니 이제 다시 기출문제로 온다. 기본서를 보면서 기출 때 봤던 주제의 스토리를 맛만 봤으니 이제 다시 문제와 답 그리고 해설을 보면서 그것을 떠올려본다. 이 작업에서는 기본서를 빠르게 훑어보면서 보았던 키워드나 도표 또는 기억나는 느낌 정도만 상기해도 좋다. 자세히 떠오르지 않으면 넘어가도 된다. 절대로 내용에 집착해서 찾아보면 안 된다. 그럴 경우 시간이 지체되면서 목표한 잔상을 남기기가 어려워진다.

　이 작업은 굉장한 효과를 나타낸다. 기본서에서 대충 보았던 내용들을 문제와 답으로 확인하면서 내용과 느낌이 떠오르거나 기억 속에서 연결되는 느낌을 받을 것이다. 또한 집중하면 할수록 재미를 느낄 것이다.

　기출문제를 다시 보는 과정에서 자세히 풀어보는 것도 나쁘지는 않지만 시간을 너무 많이 할애해서는 안 된다. 풀리지 않으면 바로 해설을 보고 넘어가는 게 좋다. 최근 5년 치 기출을 1주일 안에 보면서 해설도 읽어보고 밑줄을 긋는다. 이번엔 표시를 확실하게 하면서 낙서하듯 보아도 좋다. 이렇게 문제와 답, 해설을 꼼꼼하게 읽어보려고 노력한다.

기본서 2회독은 좀 더 자세히 읽기

앞에서 기출문제를 다섯 번 보았고, 기본서에 챕터별로 등급을 체크한 후 강약을 조절하며 기본서를 훑어보았다. 그리고 기출문제를 간단히 풀어본 상태라 자주 나오는 주제에서는 뇌 속에 큰 줄기와 살이 붙었을 것이다. 나도 자격증 시험을 치를 때나 고시공부를 할 때 이 작업을 하고부터는 신기하게 어떤 내용이 문제로 나올 것 같다는 감과 확신이 들었다. 어렴풋이 자신감이 생기면서 공부를 더 자세히 해보고 싶다는 생각이 들기도 했다. 이제부터는 기본서를 조금 더 자세히 읽는다.

A등급이라고 표시한 부분은 예제와 연습문제도 풀어본다. A등급 표시를 한 챕터는 읽으면서 중요하다고 생각하는 부분에 연필로 밑줄도 긋고 표시하면서 따라 읽는다. 처음 읽을 때와 달리 읽는 속도도 빨라졌을 것이다. 그리고 문제도 풀어보고 안 풀리면 해설을 바로 읽어도 좋다.

B등급의 경우에는 문제를 풀지 않는다. 빠르게 읽어내려 가면서 중요하다고 생각하는 부분에 밑줄 정도를 표시하면서 훑어본다. 너무 자세히 읽거나 이해가 되지 않는다고 깊이 생각하지는 말자. 아직 그럴 단계가 아니다.

기본서 3회독은 챕터별 리뷰로 머리에 새기기

기본서 3회독부터는 고득점으로 가는 한 가지 요령을 알려주겠다. 이제 다시 챕터별로 중요도를 표시한 것과 별표시한 것을 기준으로 강약을 조절해가면서 앞으로 나올 내용을 상상하며 읽어내려 간다. 그리고 챕터에 있는 연습문제와 예제를 한 번 풀어보고 해설도 읽어보면 된다. 여기서 반드시 해야 할 일이 하나 있다.

각 챕터가 끝날 때 바로 다음 챕터로 넘어가지 말고 5분을 할 애해서 방금 끝낸 챕터의 핵심 키워드와 중요한 내용을 말로 떠들 어보자. 이왕이면 휴식시간을 내서 방금 공부한 내용을 가지고 10분쯤 떠들어도 좋다. 같이 공부하는 사람을 대상으로 해도 좋고 혼자 떠들어도 좋다.

나의 경우 이 방법의 효과를 엄청나게 느꼈다. 심지어 3회독 단계에서 챕터 한 장을 끝낼 때마다 주요 내용을 주변 사람들에게 설명해주거나 혼잣말을 하다 보니 그 내용에 대해 강의를 할 수 있을 정도로 빠삭해졌다. 그리고 시험장에 가서도 이때 요약했던 내용에 대해 빠르게 답할 수 있었다.

3회독 단계에서 이 작업을 시작하는 이유가 있다. 처음부터 챕터를 끝낼 때마다 이렇게 요약 리뷰를 하면 오히려 고통스럽고 좌절감만 느끼게 된다. 처음부터 이렇게 요약해서 떠드는 건 불가능하고, 뭐가 중요한 내용인지 모르는 상태에서 이렇게 하는 건 혼란 속에 빠지는 지름길이다.

3회독 단계에서 이 작업을 하면 서브노트를 만들지 않아도 저절로 요약을 반복하는 효과를 얻을 수 있다. 그것도 나의 언어로 요약하는 습관이 들어 주관식 시험에서 더 큰 위력을 발휘한다. 이렇게 하다보면 3회독부터는 시간이 오래 걸릴 수 있지만 이미 회독 수를 올려놓은 상태라서 살을 붙이고 근육을 만드는 과정으로 효과적이다.

나는 크로스핏이라는 운동을 좋아하는데, 30분 폭발적으로 운동하고 5분간 리뷰하고 또 30분 폭발적으로 하는 과정에서 근육량이 엄청나게 늘어난다. 3회독 단계는 크로스핏을 하는 과정과 비슷하다고 보면 맞다.

기본서 4회독부터 문제집과 병행하기

이렇게 기본서를 3회독 하고 나서 4회독에 돌입한다. 지금부터는 B등급의 주제도 꼼꼼히 살핀다. 이왕이면 B등급의 문제도 한 번 풀어보고 깊이 생각해보면 좋다. 이 단계에서는 학원에서 하는 문제풀이 강의와 병행하는 게 좋다. 굳이 강의를 듣지 않더라도 문제집을 한 권 정도 사서 푸는 것을 추천한다. 문제를 푸는 작업은 머리에 입력된 지식을 출력하는 연습이다. 시험장에서는 이런 작업을 짧은 시간 내에 지치지 않고 해내야 하므로 이 연습을 많이 할수록 시험에 대한 반응속도와 적응도도 높아진다. 그리고 이미 3회독을 거치면서 중요한 내용은 머릿속에 입력한 상태이다. 이 단계에서 시험을 위한 출력연습을 꾸준히 해야 시험에 적응할 수 있다.

어려운 시험일수록 응용문제의 비중이나 난도가 높기 때문에 문제를 푸는 스킬이 중요할 수도 있다. 따라서 지식이 어느 정도 정리된 상태에서는 문제 푸는 연습을 다각도로 해보는 것이 좋다. 나는 보통 이 정도 단계에서 문제집을 한두 번 풀어보면서 스스로 반응속도를 체크했다. 중간중간 전국 모의고사나 학원 모의고사를 더한다면 이런 대응력을 더 올릴 수 있지만 혼자서도 충분히 할 수 있다.

만약 강의를 듣는다면 문제풀이 강의 선택은 수험생들이 가장 많이 듣는 강사의 강의를 듣자. 문제집도 마찬가지로 가장 인기 있는 문제집을 푸는 것이 좋다. 나만 특별해지겠다고 아무도 듣지 않는 강의를 듣거나 특이한 문제집을 푸는 것은 매우 위험한 태도다. 수험생이 많이 보는 책이나 강의에는 그 나름대로 이유가 있다.

시험 전날 모든 과목을 한번에 보도록 정리하기

시험에서 안정적으로 합격하려면 시험장에서 시험 범위의 내용이 모두 떠오르게 하는 것이 좋다. 이것은 주관식 시험의 경우 더 분명하다. 시험장에서 나올 만한 주제에 대해 어떤 것을 물어봐도 빠르게 답할 수 있다면 무조건 합격이다. 다만, 그렇게 되기 위해서는 시험 전날 한 번 머릿속에 모든 범위의 내용을 팝업해야 한다. 이러려면 시험날 모든 범위를 한 번 보도록 양을 줄이고 또 줄여놔야 한다.

어느 정도 기본서 반복이 되고 나면 요약집이나 서브노트를 별도로 구해서 반복하는 것도 하나의 방법이다. 아니면 보고 있던 기본서나 문제집에서 불필요한 부분을 뜯어버리고 자주 나오는 A등급과 B등급 주제만 미리 10회독 이상 해두어 시험 전날 순식간에 훑어볼 수 있으면 된다. 어떻게든 자신에게 유리한 방법으로 준비하면 된다.

공부한 내용을
말로 떠들어라

> "공부한 내용을 말로 떠들고 또 떠들자. 글로만 읽고 문제집이나 모의고사를 푸는 방식으로는 내가 제대로 이해했는지 알 수 없고, 맞고 틀리는 정도의 확인밖에 할 수 없다."

자기가 공부한 내용을 출력하는 게 시험이다. 이런 출력을 훈련하는 방법은 여러 가지다. 객관식 문제를 풀면서 쌓은 지식을 머릿속에서 순간순간 꺼내보는 게 대표적인 방법이다. 그리고 손으로 써보는 것도 출력의 전통적인 방법이다. 내가 주로 출력하는 데 쓰는 방법은 입을 사용하는 것이다. 이상하게 남에게 들은 내용보다 내가 떠들어본 내용은 기억에 오래 남는다. 학원강사를 할 당시 강의에서 다룬 내용은 지금도 그대로 떠들 수 있을 정도로 생생하게 기억하고 있다.

배운 내용을 말로 떠드는 것은 자기 실력을 체크하는 수단으로도 의미가 있다. 보통 사람들은 책을 몇 번 읽으면 자기가 완벽하게 안다고 착각하는 경향이 있다. 그런데 그 내용을 설명해보라고 하면 말을 하지 못한다. 책에서 방금 보았던 내용을 말해보라고 해도 잘 대답하기 어렵다.

확실히 글로 쓰는 것보다 말로 표현하는 게 배운 내용을 더 오래 기억하게 만드는 것 같다. 말로 표현하는 과정에서는 더 즉각적으로 출력해야 하므로 순발력이 필요하다. 게다가 대답이 막히는 부분은 다시 찾아보고 공부하면 내가 모르는 부분을 촘촘하게 메워나갈 수 있다. 지식의 공백을 없애는 효과도 있는 것이다.

그럼 누구를 상대로 떠들어야 할까? 나는 주로 나와 실력이 비슷한 상대를 스터디 메이트로 선택했다. 물론 실력이 좋은 사람과 그렇지 않은 사람도 상대로 괜찮다. 나보다 잘하는 사람과 스터디를 하며 떠들면 그 사람에게서 배울 수 있고 더 열심히 따라가려는 동기부여가 되어서 좋다. 반대로 나보다 못하는 사람과 스터디를 하면 내가 아는 내용을 가르쳐주면서 지식을 정교하게 다듬을 수 있어서 좋다.

스터디를 구하기 힘들다면 가족처럼 이야기를 잘 들어주는 사람에게 하루에 한 시간 정도씩 강의를 해보는 것도 좋은 방법이다. 나는 그 대상을 어머니와 할머니로 삼기도 했다. 공부한 내용을 떠들면서 처음 듣는 사람이라도 이해되게 설명하려고 노력했다. 이 과정에서 나만의 쉬운 용어로 바꾸었고, 내용을 깊이 이해하게 되기도 했다.

어디서 공부하는 게
좋을까

> "가끔 카페나 식당에서 공부하는 수험생을 볼 수 있다. 카페에서 공부하는 수험생을 비난하는 사람들도 있지만, 그것은 지나치게 협소한 사고방식에 갇혀 있는 것이다. 나도 대학을 졸업하기 직전부터는 카페에서 주로 공부했고, 오히려 그 분위기가 좋아서 공부가 잘되는 것을 느꼈다. 이를 백색소음 효과라고 한다. 공부장소는 어디든 자신에게 맞으면 그곳이 최적이라고 생각하자."

　요즘 수험생들과 이야기해보면 공부장소가 가지각색이다. 학원에서 공부하는 사람, 강제적인 분위기가 좋아 독서실에서만 공부하는 사람, 집에서 집중이 잘돼 집에서만 공부하는 사람, 카페에서 공부하는 사람 등 다양하다. 사람마다 공부와 집중이 잘되는 장소가 다르기에 공부가 잘되는 장소를 알고 몇 군데를 번갈아 가면서 공부하는 것이 좋다. 일단 자기가 어떤 유형에 해당하는지 생각해 보고 공부장소를 몇 군데 정해두자.

도서관 공부 학파

도서관에서 공부해야 집중이 잘되는 사람들은 조용한 분위기에서 다른 사람들이 열심히 하는 모습을 볼 때 '열공'하게 된다고 한다. 책장 넘기는 소리와 숨소리만 들리는 도서관에서 공부하다보면 뿌듯한 마음에 심리적으로 동기부여가 되는 유형이 대부분 도서관 학파다. 이런 사람들은 조용한 곳에서 공부하고 있다는 느낌이 들 때 안정감을 얻는다.

이런 도서관 학파에게 추천해줄 만한 도서관은 서울대학교 도서관, 각종 국공립도서관, 남산도서관 등이다. 나는 용산에 있는 고등학교를 다녔기 때문에 대학입시를 준비할 때 남산도서관을 자주 이용했다. 그리고 너무 조용한 분위기에서 오래 있으면 지루해서 친구들과 삼삼오오 도서관 휴게실에 모여 공부하기도 했다.

기말고사 기간에는 서울대학교 도서관에 가서 열심히 공부하는 사람들의 기운을 느끼고 오곤 했다. 도서관은 단시간에 극도로 집중하고 싶을 때나 시험기간에 주로 이용했다.

집 공부학파

집에서 공부할 때 집중이 잘된다고 하는 사람들은 편한 분위기에서 공부하는 것을 좋아하는 유형이다. 이런 사람들은 옷을 벗고 공부하거나 편한 옷을 입고 릴렉스한 자세로 공부해야 집중이 잘된다. 집은 남의 시선을 의식할 필요도 없고 내가 원하는 패턴으로 공부하기에 좋은 장소다. 하지만 집에는 텔레비전처럼 공부에 방해되는 유혹이 많다. 공부를 시작하기 전 너무 편한 나머지 군것질을 한다든지 뒹굴뒹굴하며 공부 외적인 생각에 빠지기도 한다. 하지만 어릴 때부터 집에서 공부하는 것이 습관이 되어 있거나 공부할 의지가 충만한 사람에게는 집도 효과적인 공부장소다.

나는 주로 낮시간에는 도서관이나 학교의 빈 강의실 등을 찾아다니며 공부했고, 저녁시간에는 집에 와서 바닥에 방석을 깔고 앉아서 공부하거나 침대에 누워서 공부를 했다. 대학에 가서는 욕조에 물을 받아놓고 반신욕을 하며 노트를 암기하곤 했다. 이렇게 하면 몸이 편하기 때문에 공부내용에 대한 이해가 깊어지는 느낌이 들었고 지루함 없이 공부에 집중할 수 있었다.

카페 공부학파

카페에서 공부하는 것을 좋아하는 사람들은 너무 조용한 분위기를 싫어하는 유형이다. 백색소음white noise이라는 말이 있듯이 사람들은 아주 조용한 환경보다는 어느 정도 소음이 있는 상태에서 더 집중을 잘한다는 연구결과가 있다. 주변에서 음악소리나 사람들의 가벼운 대화가 일정한 패턴으로 들릴 때는 금방 익숙해져서 집중력을 높여주기 때문이다.

나도 회계사 시험에 합격하고 난 뒤로는 도서관에 가지 않고 주로 카페에서 공부했다. 이상하게 너무 조용한 환경에서는 잡생각이 많이 드는데, 카페처럼 주변에 어느 정도 소음이 있으면 오히려 잡생각이 들지 않았다. 그리고 카페에 머무르는 3~4시간 동안 한번에 많은 양을 공부할 수 있었다. 그 시간 동안 정해진 양을 끝내자고 생각하면 훨씬 집중이 잘되었기 때문이다.

장소를 바꿔가며
공부해도 될까

> "자리를 옮기면서 공부하는 것은 집중력을 높일 뿐만 아니라 기억력 향상에도
> 도움이 된다고 생각한다. 나는 오히려 산책하면서 공부가 더 잘되었고, 주기적
> 으로 자리도 옮기면서 집중력을 유지했다."

공부는 한군데 앉아서 진득하게 해야 한다고 생각하는 사람들
이 많다. 그러나 책상에 오래 앉아 있다고 해서 공부가 잘되는 것
은 아니다. 공부는 책상 앞에 앉지 않아도 할 수 있어야 한다. 오히
려 다양하게 장소를 옮겨 다니면서 공부하는 것이 시험장에서 적
응하는 데 도움이 될 수도 있다. 한 장소에서 오랜 시간 공부하면
금세 질리고 집중력도 떨어진다. 공부는 장소와 분위기를 바꿔가면
서 하는 것이 효율적이다.

뇌는 지루함과 따분함을 느끼면 자극에 잘 반응하지 않는다.

한곳에 오래 있으면 뇌에 신선한 자극을 주지 못할 가능성이 크다. 이때 장소를 바꾸면 지루함이 줄어들 뿐 아니라 새로운 자극과 함께 기억력을 좀 더 입체적으로 만들 수 있다. 이것은 각종 뇌연구에서 증명된 사실이다.

고등학교 3학년에 올라가는 방학 때의 일이다. 나는 학원에 등록할 돈이 없어 그 대신 문제집을 하루에 한 권씩 풀자는 계획을 세웠다. 그런데 한군데서 4시간 이상 앉아 있으면 집중이 잘 안 되는 것을 느꼈다. 독서실에 가서도 이상하게 3시간 넘게 책상에 앉아 있으면 잡생각이 났다. 그럴 때는 산책하면서 공부하거나 돌아다니면서 공부했다.

어느 날은 너무 공부하기가 싫어 지하철을 타고 4호선 종점인 오이도까지 가면서 문제집을 풀어봤다. 그냥 지하철 구석자리에 앉아서 연필로 되는대로 풀었다. 그렇게 집으로 다시 돌아오는 길에 문제집을 풀었고, 결국 하루 종일 이리저리 옮겨 다니며 책 한 권을 끝냈다. 이렇게 하니 중간에 잡생각이 들지 않았고 오직 공부에만 집중할 수 있었다. 그때부터 3시간 단위로 자리를 옮겨 다니며 쉬지 않고 공부했고, 이 방법은 집중력을 유지하는 데 도움이 되었다.

대학에서 공부할 때도 자리를 바꿔가면서 공부했다. 특히 산책하면서 공부하는 것을 좋아했다. 걸으면서 그날 공부한 내용을 떠올리다가 갑자기 어려운 내용이 이해되는 순간도 경험했다. 아리스토텔레스도 걸어 다니면서 어려운 철학을 정립하지 않았던가. 인간의 뇌는 걸으면 활성화된다는 말도 있듯이 가끔은 걸으면서 공부하는 것도 나쁘지 않다.

기한에
집중하자

"시간과 장소를 따지면서 공부하다 보면 매우 심각한 오류에 빠지게 된다. 즉,
그 장소나 시간이 아니면 공부를 안 하게 되는 말도 안 되는 오류다. 공부는
언제 어디서든지 할 수 있어야 한다. 수험생은 공부가 의무다. 누워서도 서서도
할 수 있는 것이 공부여야 한다."

우리는 어릴 때부터 시간과 장소로 공부계획을 세우는 데 익숙
하다. 어릴 때부터 방학만 되면 시간표를 아침 7시 기상, 오전 8시
부터 10시까지 도서관에서 수학 인터넷 강의 수강, 10시부터 11시
까지 집에서 복습 후 점심시간 등 시간과 장소, 해야 할 공부를 확
정해 계획을 세우곤 했다. 그런데 이렇게 세운 계획은 절대로 지킬
수 없다.

오전 8시에 도서관에 갔는데 마침 도서관이 휴무라면? 그럼 우

리는 하늘을 저주한다. 내가 공부를 하려고 하면 매번 이런 일이 일어난다고 자책한다. 다른 공부를 하려고 해도 의욕이 나지 않는다.

이렇게 시간과 공부를 확정해 계획을 세우면 스트레스만 받고 계획을 달성하지 못하게 된다. 그러면 공부하고 싶은 의욕도 생기지 않는다. 서울대학교에 다니는 학생들이나 고시에 합격한 사람들 이야기를 들어보면 그들의 공부 패턴은 의외로 단순하다. 민법책 하루에 200쪽 보기, 수학문제 하루에 500문제 풀기 등 하루나 이틀 단위로 데드라인을 정하고 해야 할 공부에 집중한다.

단순하게 계획을 세우면 장소나 시간은 중요하지 않다. 따로 계획한 장소가 없으므로 어디서든 공부할 수 있다. 길거리에서 공부하거나 카페에 가서라도 그날 할 분량을 끝내면 된다. 그렇기 때문에 마음이 편하고 계획을 달성하기도 쉽다. 기한 내에 목표치를 달성하면 스스로 뿌듯하고, 이런 성취감을 느끼다보면 공부의 재미를 알게 된다.

기한 내에 끝낼 공부량을 정할 때는 너무 느슨하게 세워도 안되고, 달성하기 불가능할 만큼 빡빡하게 세워도 안 된다. 즉, 자기가 도전적으로 달성할 수 있는 분량을 설정해야 하는데, 그 분량은 하루 종일 쉬지 않고 공부해서 끝낼 정도면 충분하다. 그리고 이 분량은 스스로 공부해보면서 찾는 것이 좋다.

모의고사는
많이 볼수록 좋다

"모의고사 보는 것을 두려워하는 학생들이 많다. 자신의 실력이 들통날까 봐 그럴 수도 있고, 시간을 재며 푸는 것이 고통스러워서일 수도 있다. 그러나 모의고사를 치면 칠수록 실전감각은 늘게 되어 있다. 연습을 통한 실전 근육은 시험에서 공부보다 훨씬 더 큰 위력을 발휘한다. 이론만으로는 절대로 전쟁에서 승리할 수 없듯이 모의고사를 기피해서는 시험에서 좋은 점수를 받기 힘들다."

어떤 사람은 모의고사를 볼 시간에 공부를 더 해야 한다고 생각한다. 그런데 잘 생각해보면 시간이 남는다고 더 공부하는 것도 아니다. 모의고사나 중간점검을 하지 않는 사람의 심리는 간단하다. 그냥 공부가 부족한 게 들통나는 게 싫은 것이다. 성적이 잘 안 나올까 봐 두렵기도 하다. 모의고사 성적이 잘 안 나오면 슬럼프에 빠진다고 착각하기도 한다.

그러나 잘만 활용하면 모의고사는 어떤 공부보다 좋은 공부가 된다. 모의고사를 주기적으로 보면 매일 공부할 목표가 생긴다. 모의고사 성적을 올리는 게 하나의 단기적인 과제가 된다. 그리고 모의고사를 보는 범위를 공부하다 보면 해당 범위에 대한 공부에 완전히 몰입할 수 있다. 잡생각이나 고민으로 인한 에너지 낭비를 줄일 수 있는 것이다.

나는 수험생활을 할 때면 모의고사를 적어도 두 달에 한 번은 칠 수 있게 일정을 짜두었다. 물론 난도가 높은 시험은 모의고사가 필요 없었다. 그냥 기출문제와 요약서만 반복하고 시험장에 가도 붙을 수 있었기 때문이다. 그런데 난도가 높은 시험이나 고시의 경우에는 모의고사가 필수적이다. 범위도 넓을 뿐만 아니라 수험생활이 길어서 중간에 동기부여가 필요하기 때문이다.

출제자의 의도를 파악하는 연습과 빈출지문 암기

"출제자는 문제를 그냥 만들지 않는다. 시험 응시자의 특정한 능력을 측정하기 위해 시험을 출제하게 돼 있고, 너무 쉽게 맞히지 못하게 하려는 의도에서 지문을 구성하게 된다. 이러한 의도를 파악하면 문제의 반은 맞힌 것이다. 출제자의 의도는 기출문제에 자주 나오는 지문에 모두 있다."

군대에서 가르친 교육생 중 한 명이 회계관리 시험에 합격했다고 연락을 해왔다. 내가 가르쳐준 방법이 시험에 쉽게 합격하는 데 큰 도움이 되었다는 것이다. 신기하게도 내게 3일 동안 강의를 들은 사람들 가운데 80%가 합격했다. 그것도 시험을 5일 앞둔 상황에서 강의를 듣고 이틀 동안 정리하고 시험을 치렀는데도 말이다. 나는 첫 강의시간에 교육생들에게 곧장 모의고사 40문제를 시간 안에 풀어보라고 지시한다. 우리 반 교육생의 절반은 사전에 아무 공부도 하지 않은 채 '족집게 교관'이라는 소문만 듣고 온 사람들이었다. 그러니 시간 내에 문제를 다 푼 사람도 별로 없었고, 다 풀었다고 해도 점수가 매우 낮았으며, 평균점수가 30점이 안 되었다. 그 뒤 챕터별 요약 강의와 기출문제 풀이를 이틀 동안 해주었다. 그리고 이틀째 되는 날 기출문제에서 자주 나오는 문장을 외워오라는 숙제를 내주었다.

다음 날, 첫날 보았던 모의고사를 다시 치르게 했다. 물론 답을 알려주지도 않았고 같은 모의고사를 다시 치른다는 사전고지도 없이 한 일이었다. 그런데 놀랍게도 평균점수가 80점이 넘게 나왔다. 점수가 50점 이상 상승하자 교육생들은 놀라서 멍하니 나를 바라보았다. 비결은 전날 내준 숙제에 있었다. 기출문제에 계속 나오는 문장을 암기하고 나니 모의고사 문제가 저절로 풀린 것이다. 교육생들은 시험장에 가서도 대부분 80점 이상의 점수를 받고 합격했다.

기출문제를 자세히 분석해보면 자주 나오는 문장이 똑같이 또는 뉘앙스를 살짝 바꿔서 계속 출제되는 것을 알 수 있다. 출제위원들은 시험문제를 출제할 때 기출문제를 참고해서 만든다. 그리고 중요하다고 생각하는 것을 답으로 만드는데, 그 답은 주요 주제에서 벗어날 수 없다. 출제의도 자체가 사실 해당 주제에 대한 요점을 잘 알고 있는지를 파악하는 것이기 때문이다.

이렇게 지식형 객관식 문제는 기출문제에 자주 나온 지문을 암기하면 문제 적중률을 획기적으로 높일 수 있다. 그리고 답으로 제시된 문장과 관련된 이론을 철저히 정리하면 응용문제도 쉽게 맞힐 수 있다. 지식형 객관식이 아닌 수능이나 PSAT, 각종 적성시험은 풀이 과정과 논리에 대한 이해가 필요하지만, 그런 시험도 나름대로 출제자 의도가 정해져 있다.

시험에서 고득점을 얻는 가장 좋은 방법은 출제자 입장에서 문제를 바라보는 훈련을 하는 것이다. 사실 나처럼 문제를 많이 출제해보면 저절로 훈련이 되겠지만, 현실적으로 일반 수험생이 문제를 만들기는 어렵다. 그렇다면 출제자들이 그동안 내온 문제를 뜯어보고 출제위원의 출제 평이나 후기를 읽어보는 것이 큰 도움이 된다.

시험문제를 출제하는 사람은 저마다 의도가 있기 마련이며, 그의도대로 풀지 않으면 함정에 빠질 수도 있다. 어떤 사람은 자기만의 논리에 함몰돼 스스로 함정을 파는 경우도 있다.

출제자의 의도를 파악해서 따로 정리해두는 것도 시험준비에 도움이 될 것이다. 하지만 그것이 귀찮거나 어렵다면 기출문제를 보고 문제마다 어떤 의도로 출제했을지 옆에 메모하고 자주 떠올려보라. 이런 습관을 들이고 기출문제 회독수를 높이면 시험장에 가서 출제자의 시각에서 문제를 정확히 풀어낼 수 있을 것이다.

기억을 산출하는 다양한 시도

"시험은 인풋보다는 아웃풋을 측정하는 제도다. 머릿속에 지식을 집어넣더라도 시험장에서 꺼내지 못하면 아무 소용이 없다. 시험장에서 아웃풋을 잘하려면 평소에 기억을 되살리는 다양한 노력을 해보아야 한다."

시험에서는 암기를 하는 것보다 암기된 지식을 꺼내는 연습이 더 중요하다. 아무리 많은 지식을 외우고 있어도 기억을 꺼내는 연습이 되지 않으면 시험장에서 시간 안에 많은 문제를 정확히 풀어내지 못할 것이다.

우리의 뇌는 저장하는 프로세스와 꺼내는 프로세스가 구분되어 있다. 생김새는 알겠는데 어떤 용어로 부르는지 기억나지 않는다거나 용어는 생각나는데 구체적으로 어떻게 생겼는지 기억나지 않는 경험을 봐도 알 수 있다. 이는 생김새와 용어 간의 정보가 단단히 결합되지 않았거나 기억을 꺼내는 연습을 의식적으로 많이 하지 않아서일 수도 있다.

대체로 기억을 잘 출력하는 사람일수록 시험에서 좋은 성적을 거둔다. 무작정 많이 공부하는 것만이 능사는 아니다. 공부한 시간에 비례해 시험성적이 나오지는 않기 때문이다. 공부라고 하면 인풋 과정만 떠올리는 사람들이 많지만, 지식을 꺼내는 연습인 아웃풋 과정을 간과해서는 안 된다. 그리고 이 아웃풋 과정을 무의식중에 할 수 있는 다양한 수단을 마련해야 인풋과 더불어 아웃풋하는 연습을 빠뜨리지 않게 된다.

앞에서도 말했지만 아웃풋하는 습관 가운데 가장 좋은 것이 말로 떠들어보는 것이다. 그런데 그것만으로는 부족해서 나는 아웃풋 과정으로 매우 다양한 수단을 사용했다.

주관식 시험을 준비할 때는 연습장이 키높이만큼 쌓일 때까지 쓰는 연습을 하기도 했고, 일부러 공부한 내용으로 인터넷 블로그에 글을 쓰거나 논문을 써보기도 했다. 또 걸어가면서도 배운 내용을 손끝으로 허공에 그림 그리듯 쓰면서 중얼거리기도 했고, 잠자리에 들었을 때 순간적으로 키워드와 내용을 떠올리는 연습도 했다.

이렇게 순식간에 기억을 꺼내는 연습을 자주 하면 할수록 시험장에서 문제에 대한 반응속도를 높일 수 있다. 그리고 지식형 시험을 볼 때는 갑자기 기억이 나지 않는다거나 당황하는 경우를 줄일 수 있다.

시험 칠 때와
가장 비슷한 상태로 연습하기

"시험장에만 가면 평소와 다른 낯선 분위기에 당황하게 된다. 더 긴장되고 돌발적인 일도 많이 일어난다. 이는 당연한 현상이다. 평소 실력만큼 발휘되기 어려운 것이 시험이다. 그런데 평소 실력을 100% 발휘하는 방법이 있다. 바로 시험 칠 때와 비슷한 상태로 연습을 거듭하는 것이다."

인간의 뇌는 지식을 저장할 때 학습의 내용뿐만 아니라 학습할 당시 주변 환경과 감정까지도 저장한다. 이 때문에 시험을 볼 때 컨디션과 비슷한 상태에서 공부할수록 기억을 꺼내기가 쉽다. 시험 치는 장소와 공부 장소가 같다면 좋겠지만 이건 현실적으로 어렵다. 게다가 꼭 그래야 할 필요도 없다. 공부 장소가 아니라도 감정 상태나 컨디션을 내용과 연결하는 편이 훨씬 효과가 좋기 때문이다. 시험장처럼 긴장감과 촉박한 감정을 최대한 유사하게 느낄 수 있는 환경에서 연습문제를 푸는 것만으로도 충분히 시험장에서와 같은 컨디션으로 연습할 수 있다.

나는 시험이 다가올수록 실제 시험에서와 같은 감정으로 공부하기 위해 빠른 타임라인 안에 문제 푸는 연습을 지속했다. 그리고 시험 보는 요일과 비슷한 요일, 비슷한 시간에 같은 과목을 치르는 연습을 매주 했는데, 이 연습만으로도 합격에 큰 도움이 되었다. 이렇게 하다 보면 시험장에서 기억이 나지 않을 때 공부할 때의 감정이나 분위기를 떠올리며 내용도 함께 떠올릴 수 있다.

암기력을 높이는
덩어리 공부

"암기력이 높으면 높을수록 시험에 유리한 것은 사실이다. 우리나라의 시험은 대부분 암기력을 테스트한다. 심지어 수능이나 적성시험도 내용 암기가 많이 돼 있을수록 유리하다. 암기력을 높이려면 의미 단위를 덩어리로 묶어서 단순화하는 노력이 필요하다."

무조건 내용을 읽고 암기한다고 해서 공부를 잘하는 것은 아니다. 공부를 잘하는 사람은 뇌가 최적으로 암기할 수 있는 방식으로 암기하는 사람이다.

한 실험에 따르면 인간에게 뒤죽박죽으로 섞인 카드 100장을 기억하라고 제시하면 평균 25개 정도를 기억한다고 한다. 그런데 유사한 분류로 정보를 나누고 카드를 덩어리로 묶어서 기억할 경우 순식간에 50여 장의 카드를 기억할 수 있다고 한다. 기억력이 두

배로 늘어나는 것이다.

이렇게 기억력이 늘어나는 까닭은 뭘까? 지식을 덩어리로 묶어서 기억하면 기억을 해야 하는 묶음의 개수가 줄어 뇌가 더 쉽게 정보를 기억하게 된다는 원리다.

나는 아무 의미가 없어 보이는 화학기호나 경제학 논문 속의 무지막지한 공식들을 암기할 때 덩어리 암기법을 자주 활용했다. 회계 공부를 할 때는 이 방법을 더 많이 사용했는데, 특히 계정과목을 외울 때 이 분류가 자산인지 부채인지 자본인지 등의 큰 분류로 나누고 하위항목으로 묶어서 외우곤 했다.

어찌 보면 공부는 많은 정보를 내가 가장 기억하기 쉬운 분류대로 정리해 머릿속에 저장하는 과정인지도 모른다. 그렇기 때문에 자신만의 방법으로 정보를 분류하고 덩어리 개수를 단순하게 줄이면서 암기하면 훨씬 효과적으로 공부할 수 있다.

암기의 비법,
말족

"이해를 바탕으로 할 때 암기도 잘된다. 그래서 많은 선생님이 암기하기 전에 이해를 하라고 가르친다. 때로는 많은 양의 정보를 단순히 암기해야 할 때도 많다. 이럴 때 쓸 수 있는 것이 '말족'이다. 그것은 단순 나열된 내용의 특성을 따고 특별한 의미를 부여해 더 외우기 쉽게 하는 트릭이다. 나도 이 방법을 즐겨 사용했다."

우리는 새로운 정보를 접했을 때 이와 관련된 기존 지식이 없거나 다른 정보와 연결되지 않으면 금방 까먹는다. 이는 뇌가 그 정보를 의미 없는 것으로 취급하기 때문이다. 뇌는 정보를 접하면 거기에 의미가 있는 경우에만 기억할 것으로 받아들인다. 즉, 먼저 의미를 파악한 다음 암기 단계로 넘어가는 식이다.

이런 이유에서 의미를 부여하거나 어떤 이해의 과정을 거치지 않고 단순히 암기만 하려고 하면 무척 고통스러울 수밖에 없다. 뇌 속에 별도의 암기공간을 삽질해가며 만들어야 하므로 당연히 더 오래 걸리는 것이다. 쉽게 잊어버리려고 하는 기억을 붙잡으려면 그만큼 반복하는 횟수를 늘려야 한다.

그 고통스러운 반복작업을 줄여주는 것이 바로 의미부여다. 암기해야 할 때는 단순히 반복만 할 것이 아니라 그 내용에 특별한 의미를 부여하거나 이해하면 그만큼 효율적이다.

그런데 때로는 단순 나열된 내용을 암기해야 하는 경우가 있다. 이럴 때는 인위적으로라도 이 정보에 의미를 부여할 수 있는 장치를 만들어야 한다.

예를 들면, 세법 중에서 소득세법은 열거주의 과세방식을 취하고 있다. 소득세법에서 열거된 소득에 대해서만 과세를 하므로 거기에 열거된 여덟 가지 소득을 암기해야 한다. 바로 이자소득, 배당소득, 사업소득, 근로소득, 연금소득, 기타소득, 퇴직소득, 양도소득이다.

이것을 무턱대고 외우면 오래 걸리므로 나는 전체를 한 덩어리로 해서 의미를 부여했다. 즉, 앞글자를 따면 '이-배-사-근- 연-기-퇴-양'이므로 "이 배를 사! 근데, 연기하면 안 될까? 퇴양이 뜰 때까지~"하고 암기하면 전체 앞글자를 기억할 수 있고, 하나씩 떠올려보면 금세 기억이 난다.

이보다 더 의미가 없는 것에 의미를 부여해 암기하는 법을 떠올려보자. 이를테면 전화번호 같은 것인데, 이것 역시 번호에 의미를 부여하면 암기하기가 쉽다. 만약 010-5879-7789라는 번호를 암기한다고 치자. 이를 덩어리로 나누면 010(공일공)과 5879(오빠친구)와 7789(칠칠이팔구)로 나눌 수 있다. 이를 "오빠친구 칠칠이는 팡구(팔구)가 지독해" 식으로 의미를 부여해 암기하는 것이다.

이런 트릭은 의대 공부할 때 많이 사용한다고 하는데, 이를 '말로 된 족보(기출 또는 매우 중요한 내용)'라고 해서 '말족'이라고 부른다고 한다. 외울 내용이 많으면 전체 내용으로 하나의 이야기를 만들기도 한다. 예를 들어 얼굴 신경의 주행을 외우기 위해서는 얼굴 신경이 처음 나오는 위치부터 머리뼈를 지나며 통과하는 구멍들, 작은 신경들이 분지하는 위치 등을 외워야 한다. 이 방대한 양의 내용을 '빠샤facial nerve의 모험'이라는 말족으로 만들 수 있다. 여기서 몇 가지 팁을 추가하면, 말족이 조금 더럽거나 성적인 경우 암기력을 배가할 수 있다고 한다. 또는 노래처럼 음을 부여해 외운다든지 하는 등의 트릭을 이용하면 아무리 많은 내용도 암기할 수 있다.

이와 같이 무의미한 것들을 의미화하면 암기가 빨라지고, 우리가 보려는 시험에서 최대한 많은 정보를 기억할 수 있다.

이미지로
공부하기

"글보다는 시각적인 이미지가 더 기억이 잘된다. 그래서 이미지맵이나 그림으로 암기하는 방법이 각광받는지도 모른다. 소리와 글은 연상하는 데 시간이 오래 걸리지만 이미지는 즉각적으로 떠오르므로 이를 잘만 활용하면 시험 성적을 획기적으로 올릴 수 있다."

인간은 정보를 글자나 소리로만 기억하기보다 그림이나 이미지로 상상하면서 정보를 떠올리면 훨씬 오래 기억한다. 그리고 우리가 흔히 알고 있는 마인드맵mind map이라는 기법으로 기억하면 더 쉽게 기억을 만들 수 있다. 암기는 정보가 그냥 글자로 머릿속에 들어오는 작업이 아니라 특정한 느낌과 이미지가 텍스트와 결합해 뇌에 박히는 작업이다.

나는 회계학을 공부할 때 그림을 활용해 내용을 풀이하곤 했는데, 그 덕분에 개념적으로 다른 이론을 간단히 구분해서 암기할 수 있었다. 예를 들면, 원가모형은 자산의 가치가 매년 말 원가 그대로 유지된다는 모형인데, 그림으로 나타내면 수평선이라고 볼 수 있다. 말하자면 일정한 금액인 100원으로 유지되기 때문이다. 반대로 공정가치모형은 매년 자산의 가치를 공정가치로 업데이트해주는 방법이다. 그림으로 나타내면 오르락내리락하는 블록 모양이다. 이렇게 머릿속으로 상상하면서 개념을 정리하면 더 쉽게 암기할 수 있다. 그래서 나는 회계학을 비롯해 공식 등을 사용하는 학문의 경우에는 그래프나 그림으로 시각화해 정리한다. 다이어그램diagram이나 플로차트flowchart 등으로 시각화해 정리된 책을 글만 있는 책보다 선호하는 것도 이런 이유에서다.

만약 기본서가 글로만 되어 있다면 표나 그래프로 요약해 책의 여백에 가필하는 습관을 들이자. 이렇게 해두고 시험이 임박할수록 그림으로 정리하면 시간이 훨씬 단축될 것이다.

스마트폰으로
쉬는 시간에도 공부하기

"스마트폰은 수험생들에게는 공부를 방해하는 최대의 적이다. 스마트폰은 그 중독성 때문에 계속 들여다보게 하는 힘이 있는데, 이를 역으로 이용하면 시도 때도 없이 공부할 수 있다. 그냥 게임을 하듯 공부를 쉬지 않고 어디서든 하게 되는 것이다."

요즘 사람들을 보면 쉬는 시간에 스마트폰을 들여다보느라 정신이 없다. 심지어 일하는 중에도 게임을 켜놓거나 스마트폰으로 뉴스를 보느라 시간을 허비하는 사람들이 매우 많다. 학생들도 예외는 아니다. 어디를 가든 카카오톡 메시지를 주고받고, 페이스북에 댓글을 달며, 인터넷 서핑을 한다. 하루라도 스마트폰이 없으면 죽을 것처럼 다들 스마트폰에 중독돼 있다.

나는 오히려 여기서 발상의 전환을 했다. 스마트폰으로 쉬는 시간에 게임하듯 공부하면 '공부에도 중독될 수 있겠다'고 생각한 것이다. 그리고 그 생각은 적중했다. 내가 자격증 공부를 하고 최단기간에 공백 없이 합격하는 데 이 방법이 상당히 유용했다. 요즘에는 책을 PDF로 스캔해주는 업체도 많고, 사진을 찍으면 PDF로 변환해주는 앱도 많아졌다. 내가 공부하려는 내용을 스마트폰에 넣을 수 있는 것이다. 나는 이런 프로그램을 이용해서 주말에 배운 내용을 스마트폰에 저장해두었다가 이동시간에 보거나 쉬는 시간에 보면서 지속적으로 공부할 수 있었다. 남들이 스마트폰으로 게임을 하거나 인터넷 검색을 할 때 나는 책을 본 것이다.

이 방법을 공부에 사용한 것은 그리 오래되지 않았다. 나는 2011년 공인회계사 시험에 합격하고 나서 스마트폰을 처음 구입했다. 그전까지는 스마트폰이 공부에 방해가 될까봐 살 엄두를 내지 못하다가 선배들이 들고 다니는 것을 보고는 덩달아 구입했다. 이때가 대학교 4학년 때였는데, 처음에는 인터넷 검색과 통화 용도 외에는 일절 사용하지 않았다.

그러던 어느 날 학교 수업에서 한 친구가 교수님이 칠판에 판서하는 것을 스마트폰으로 찍는 것을 보게 되었다. 그래서 나도 무의식중에 그 친구처럼 스마트폰에 찍어서 가지고 다니며 보게 되었다. 또 내가 정리한 노트도 스마트폰으로 찍어서 이동시간에 짬짬이 보기 시작했다. 종이 노트를 들고 다니면서 볼 때는 남들이 이상하게 생각했는데, 스마트폰을 보면서 다니니 누구도 이상하게 여기지 않았다.

이후로는 대학생활 내내 스마트폰에 책도 노트도 넣어 가지고 다니며 틈틈이 공부했다. 당연히 회독수가 늘어났고, 그러다보니 성적도 날이 갈수록 올랐다. 물론 액정이 작아서 시력이 나빠지는 것은 감수해야 했지만, 이동 중 공부하는 게 무척 재미있었다. 집이나 도서관에서 공부할 때는 당연히 종이로 했지만 그 외에는 스마트폰으로 즐겁게 공부했다.

이 버릇은 직장에 가서도 이어졌다. 화장실에 가거나 산책할 때 스마트폰으로 공부하면 재미있었다. 그러다보니 공부에 중독되다시피 해서 시험에서 좋은 결과를 낸 것 같다.

시험장에 가기 전날
숙면을 취하는 비결

"시험장에 가기 전날 잠을 얼마나 잘 자느냐에 따라서 시험의 당락이 좌우된다고 해도 지나친 말이 아니다. 나도 실제로 잠을 못 자고 간 날 한 과목에서 과락을 맞아 떨어졌고, 잠을 잘 자고 가서 컨디션이 좋은 날엔 시험을 평소보다 잘 보았다. 내가 주로 사용하는 숙면의 비밀을 말해보겠다."

시험 당일의 컨디션은 당락을 좌우할 정도로 중요하다. 보통 시험 날의 컨디션은 잠을 잘 자느냐 못 자느냐와 관련이 있다. 그렇다고 무턱대고 많이 자는 것보다는 평소보다 2시간쯤 더 자는 것이 최상의 컨디션을 만들어주는 것 같다.

보통 친구들은 시험 전날 잠을 잘 자려고 수면제를 먹거나 격렬한 운동을 하거나 사우나에 가서 땀을 빼기도 한다. 그런데 평소 안 하던 것을 시도하면 그 부작용이 더 클 수 있다. 나도 그런 부작용 때문에 시험에 떨어진 경험이 있고, 이후 다시는 이상한 방법을 시도하지 않았다.

회계사 1차 시험 전날, 너무 불안한 나머지 새벽 2시까지 잠을 이루지 못했다. 그날따라 너무 잠을 자고 싶어서 전날 사놓은 수면 유도제를 먹었다. 그리고 간신히 3시에 잠들어 아침 7시에 비몽사몽 중 깨어났다. 그런데 문제는 시험장에 가서 터졌다. 수면유도제의 기운 때문에 시험시간 내내 졸고 말았다. 그해에는 경영학 과락과 더불어 최악의 점수가 나왔다.

내가 시험에 붙었던 해마다 쓰는 전략이 있다. 바로 이틀 전 수면 줄이기 전략이다. 시험 당일 컨디션은 전날 잠을 푹 자는 데 달려 있기 때문에 전날 깊은 잠을 자고 싶은 상태로 만들어야 한다. 그러려면 가장 좋은 방법이 전전날 잠을 줄이는 것이다.

나는 평소 7시간 잔다. 이 상태는 딱 보통 성과를 낼 정도 컨디션인 것 같다. 그리고 시험이 다가올수록 불안감 때문에 잠이 줄어드는 경향이 있다. 그래서 D-2일에는 일부러 3시간만 잤다. 그러면 그다음 날에는 공부에 집중이 잘 안 됐지만 그래도 절대 커피를 마시지 않았다. 커피를 마시면 숙면을 취하지 못하기 때문이다.

시험 보기 전날에는 공부를 더 하기보다는 다음 날 컨디션에 신경을 써야 한다. 그래서 오전에만 집중해서 공부하고 오후에는 공부를 하지 않고 쉬었다. 피곤한 상태에서 일부러 산책을 하거나 많이 걸었다. 그리고 집에 일찍 와서 반신욕을 하는 등 몸을 최대한 피곤하게 만들었다. 이렇게 하면 저녁 8시쯤 졸리기 시작했다. 그러면 누워서 잘 준비를 했고 적어도 9시에는 잠들 수 있었다. 결국 다음 날 새벽 6시쯤 일어나도 9시간 이상 자는 효과를 얻을 수 있었다.

전날 잘 자고 일어나면 시험장에 일찍 도착해서 문제를 풀어보며 감을 끌어올릴 수 있다. 시험을 치를 최고의 준비가 되는 것이다. 이런 방식으로 나는 여러 시험에서 평소보다 높은 점수를 얻어 합격했다.

시험 보기 한 달 전부터
해야 할 것들

> "시험이 한 달 앞으로 다가왔을 때는 기출문제를 적어도 다섯 번 이상 본다는
> 생각으로 기출문제 반복에 최선을 다해야 한다. 자신감이 떨어져도 합격할 수
> 있다는 생각으로 달려야 한다. 주말에는 모의고사를 풀며 실전감각을 키우는
> 것도 게을리해서는 안 된다."

기출문제집을 적어도 5회독 하기

어떤 시험이든 기출문제는 반복된다. 문제는 새로 탄생되는 것이
아니라 기출문제에서 파생돼 출제되거나 기출문제가 거의 그대로
출제되기도 한다. 그렇기 때문에 기출문제집은 암기가 될 정도로
풀어야 한다. 최소한 남은 한 달 동안 기출문제집을 다섯 번 이상

은 풀어야 한다. 그리고 가능하면 자주 출제되는 문제와 답을 암기하는 것도 좋다.

이번엔 합격한다고 자신감 가지기

시험에서 빠르게 합격하는 비결 가운데 하나는 이번엔 무조건 합격한다고 마인드컨트롤을 하는 것이다. 나중에 붙어도 괜찮다는 생각을 하면 절박감이 떨어진다. 사람은 절박하지 않으면 그에 따라 노력도 줄어든다.

사실 시험은 시간에 쫓겨서 절박하게 공부하다가 치르는 것이다. 누구도 완벽한 상태에서 시험을 보지는 않는다. 그렇기에 좀 부족하더라도 이번엔 반드시 붙는다고 생각하고 자신감이 생길 때까지 열심히 공부해야 한다.

주말마다 실전연습 하기

사실 실전연습을 매일 하는 것은 힘들다. 매일 일정 시간을 떼어서 연습하면 더 좋지만, 내용정리와 문제풀기를 반복해서 숙달하는 데만도 시간이 모자랄 수 있다. 따라서 주말마다 시험 보는 시간을 따로 만들 필요가 있다.

일단 시험유형과 같은 모의고사나 기출문제를 프린트해서 시간을 재고 풀어본다. 다 풀고 난 뒤 채점하면서 나름대로 해설도 적어보고, 가능하면 오답노트도 만들면 도움이 된다. 이렇게 실전연습과 분석을 한 번씩 하면서 실전감각을 키워두는 것이 중요하다.

시험 보기 일주일 전부터 해야 할 것들

"시험이 일주일 앞으로 다가왔을 때일수록 자신감 유지에 힘써야 한다. 자신감에 따라서 시험 당락이 좌우된다. 실제로도 될 것 같다고 생각하고 끝까지 열심히 공부하는 수험생들이 일찍 합격하는 것을 많이 보았다. 시험이 일주일 남았을 때부터는 공부범위를 줄여나가야 한다."

부족해도 포기하지 말자

막판이 될수록 자신감이 떨어지고 불안해지는 것이 시험이다. 수많은 시험에 합격한 경험이 있는 나도 시험 직전 일주일이 가장 힘들다. 의외로 많은 사람이 막판 일주일을 버티지 못해서 포기한다. 핑계거리도 가지각색이다.

"공부가 부족하기 때문에 내년에 다시 치는 게 좋겠다."

"시험 생각만 해도 울렁거려. 그냥 떨어졌다고 생각할래."

"요즘 갑자기 다른 일이 생겨서⋯⋯. 다음에 여유 있을 때 붙어야지."

나도 이런 유혹에 빠진 적이 있다. 돈도 벌어야 하고, 챙겨야 할 가족도 있고, 당장 실력도 부족하고⋯⋯. 이렇게 핑계를 대다보면 당연히 열심히 하기가 어렵다.

내가 처음 치른 회계사 1차 시험이 그랬다. 그러니 시험 직전에 필사적으로 공부했을 리 없고, 당연히 시험결과도 과락이었다. 이처럼 포기는 가장 안 좋은 선택이다. 끝까지 열심히 해서 실력이 오르면 설사 떨어지더라도 다음번 시험에는 도움이 된다. 그러니 마지막까지 포기하면 안 된다.

할 수 있는 한 최대한 반복한다는 생각으로!

지금까지 꾸준히 공부해왔다면 막판 일주일 동안은 그동안 추리고 추린 내용을 반복하는 것이 최고다. 이때 절대로 공부범위를 넓히거나 새로운 자료를 찾아서 공부해서는 안 된다. 그냥 그동안 했던 것들을 반복하고 최대한 머릿속에서 날아가지 않도록 지식을 꽉 붙잡는다는 심정으로 공부해야 한다. 시험이 얼마 남지 않은 시점에서는 반복만이 살길이다.

다른 방해 요인을 미리 제거해두자

시험 직전 일주일은 시험을 위해서 미리 비워두어야 한다. 대학생이라면 친구들과 약속 등을 최대한 시험 이후로 미뤄야 하고, 직장인은 휴가를 내서라도 시간을 확보해야 한다. 시험 직전 일주일은 그동안의 1년보다 더 중요한 시기다. 그동안 공부한 것을 머릿속에 새기는 시기이고, 컨디션 관리를 하면서 시험장에서 실수할 가능성을 줄이는 시기다. 그렇기에 무슨 수를 써서라도 시험 전 일주일은 공부만 할 수 있는 환경을 만들어야 한다.

과감하게 버리기!

시험 직전에는 양을 줄이고 또 줄여야 한다. 정말 필요하고 시험에 자주 나오는 부분만 반복해서 암기해야 하고, 중요하지 않은 부분은 암기를 방해하는 요소이므로 과감히 버려야 한다. 지난번에 출제된 주제가 아니면서 가장 기본적인 주제일수록 출제 가능성이 높으니 이런 것부터 먼저 챙기자. 또한 지엽적이고 시험에 나와도 어차피 수험생 대부분이 찍게 되는 부분은 과감히 버리자.

간혹 출제 가능성이 낮은 문제를 막판에 붙잡고 있는 사람들을 본다. 이 경우 시험장에서 중요한 주제에 대한 기억이 희미해져 좋은 결과를 얻을 수 없다.

시험 보기 전날
해야 할 것들

"시험 전날에는 공부를 더 하겠다는 생각으로 달리면 절대 안 된다. 그냥 쉰다는 생각으로 편하게 마음먹고 전 범위를 가볍게 훑어주는 것이 좋다. 시험장에 한 번 가보거나 준비물을 챙기는 등 다음 날 시험을 위한 최종점검을 끝내야 한다."

시험 당일 컨디션 관리하기

자격시험이 코앞일 때 마인드와 컨디션을 관리하는 방법을 이야기해보겠다. 그동안 모의고사 성적이 아무리 좋았어도 시험날 컨디션이 좋지 않으면 좋은 점수를 받을 수 없다. 반면 시험날 컨디션이 좋으면 자신감도 생기고 시험성적도 좋게 나올 가능성이 크다.

우선, 시험날 컨디션 가운데 가장 중요한 요소는 수면이다. 시험 전날에는 막판 몰아치기 또는 벼락치기를 해야 하므로 밤을 새워야 한다고 말하는 사람이 있다면 무시하라. 전날 하루를 공부해서 붙을 수 있는 시험은 어디에도 없다. 그동안 공부한 것을 믿고 좀 쉬어야 한다.

차라리 밤 8시부터 잠자리에 드는 것이 좋다. 적어도 잠은 8시간 이상 자야 한다. 시험 전날의 컨디션 관리는 앞에서 구체적으로 언급했으니 그 부분을 확인하기 바란다.

시험 전날 전 과목 훑어보기

시험 전날 전 과목을 한 번 훑어보느냐 마느냐는 시험의 당락을 좌우할 정도로 중요하다. 지금까지 정리한 서브노트나 기출문제집을 처음부터 끝까지 한 번 훑어보는 것이다. 그렇다고 너무 집중해서 파고드는 것은 좋지 않다. 그냥 기억을 되살릴 정도로 빨리 훑어보고 전체 그림을 그리는 것이 필요하다. 이 작업을 하다가 늦게 자는 것은 최악의 상황이므로 수면에 지장을 주지 않는 선에서 가볍게 훑어본다는 생각으로 공부하기 바란다.

준비물 챙기기

나는 처음 회계사 2차 시험을 칠 때 너무 긴장되고 초조해서 잠을 이룰 수 없었다. 새벽 3시까지 뜬눈으로 있다가 가까스로 잠이 들어 겨우 3시간 정도를 자고 시험장으로 향했다. 그런데 시험장에 가는 길에 수험표와 계산기를 집에 두고 온 것을 알고는 얼른 다시 집으로 갔다.

이렇게 우왕좌왕했으니 아침에 기분이 좋았을 리 없다. 다행히 실력으로 나쁜 컨디션을 간신히 극복하기는 했지만, 시험을 치르고 결과를 기다리는 3개월 동안 밥도 잘 못 먹을 만큼 불안에 시달려야 했다.

시험장에 가져갈 준비물은 전날 미리 챙겨두자. 보통 수험표, 필기도구, 계산기, 스테이플러(시험지가 찢어지지 않도록 한 번 찍어주면 좋다), 시계, 시험장에서 막판에 복습할 서브노트, 커피와 초콜릿 등을 준비한다. 생각보다 준비물이 많으니 전날 미리 확인하고 챙겨두어야 한다.

시험장에서
주의할 것들

"시험장에서는 평소보다 당황할 가능성이 크다. 따라서 답안지에 수험번호와 인적사항을 기입할 때 실수하지 말아야 하며, 시험지를 받자마자 시간배분을 하고 쉬운 문제부터 풀어야 한다. 또한 한 문제에서 지나치게 시간을 끌지 않도록 문제당 최대 점유시간을 잘 계산해 문제를 풀어야 하고, 돌발상황을 예상해 당황하지 않도록 대비해야 한다."

답안지에 수험번호와 인적사항을 정확히 기입하자

시험장에서 긴장하면 평소 하지 않던 실수도 한다. 그중 가장 주의해야 할 사항은 답안지에 인적사항과 수험번호를 누락하거나 잘못 적는 것이다. 시험이 시작되면 인적사항과 수험번호부터 챙기자.

시험지를 받자마자 시간배분을 고민하자

시험에서는 최대한 많은 문제를 풀어야 하므로 시험지를 받으면 시간배분부터 고민해야 한다. 받자마자 순서대로 문제를 풀기보다는 전체적으로 쉬워 보이는 문제나 자신 있는 주제의 문제부터 푸는 것이 좋다. 계산문제보다는 말문제를 먼저 푸는 것이 유리하고, 말문제 가운데서도 사례문제보다는 개념문제를 먼저 푸는 것이 시간관리상 유리하다.

한 문제당 최대시간을 설정하자

시험은 시간싸움이다. 출제원리상 정말 풀리지 않을 만큼 어려운 문제가 곳곳에 배치되는데, 이때 이런 극상의 난도를 자랑하는 문제 때문에 시간을 허비해서 쉬운 문제도 못 풀고 찍어서 내는 경우가 많다. 이런 사태를 방지하려면 한 문제당 최대시간을 정하고 그 안에 풀지 못하면 과감하게 넘어갈 필요가 있다. 보통 객관식의 경우 3분이 넘게 풀리지 않는 문제는 찍고 넘어 가는 것이 좋다. 이를 염두에 두고 시간관리를 하자.

돌발상황이 발생해도 침착하자

시험장에서는 종종 황당한 일이 발생한다. 나는 회계사 2차 시험을 볼 때 둘째 날에 설사가 나는 바람에 1교시부터 여러 번 화장실을 들락거렸다. 너무나 힘든 가운데서도 끝까지 답안을 작성했고, 비록 한 문제를 풀지 못하고 제출했지만 끝까지 포기하지 않았다. 이렇게 침착하게 평소에 하던 대로 행동하고 답안을 끝까지 마무리한 것이 합격의 원동력이었다.

시험장에서 어떤 일이 생겨도 당황하지 말자. 만약 옆 사람이 코를 쿵쿵대서 신경 쓰인다면 미리 준비한 이어플러그를 꽂고 문제를 풀면 된다. 또 답안 마킹을 잘못했다면 수정테이프를 빌려서 수정하면 된다.

4장

객관식 시험

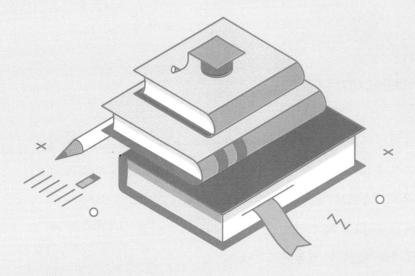

객관식 시험은 시험장에 갈 때까지 계속 볼 책을 선택하는 것이 매우 중요하다. 촉박한 시간에 많은 문제를 풀어내려면 그만큼 뇌에 지식을 체계적으로 넣어두고 문제를 풀며 그 지식을 꺼내어 사용하는 연습을 해야 하기 때문이다.

객관식 시험의
본질이 뭘까

"객관식, 네가 뭔데?"

우리가 아는 객관식 시험은 4지선다, 5지선다 등 여러 가지 선택지 가운데 하나 또는 두 개를 답으로 고르는 것을 말한다. 이것은 미국형 시험에서 아주 잘 발달하였고, 멀티플 초이스 테스트_{multiple} _{choice test}라고 해서 여러 가지 대안 가운데 하나를 선택하게 해 사고력을 평가하는 것을 의미한다.

객관식 시험은 말 그대로 채점자의 주관이 개입되지 않는다. 그렇기 때문에 객관적이다. 그런데 시험을 치르는 응시생의 고도의 사고과정을 제대로 시험해보기에는 한계가 있는 것이 사실이다. 우리나라 시험체계를 보면 객관식 시험이 주관식 시험보다 많다. 수능, 9급·7급 공무원 시험, 각종 자격증 시험, 전문직 1차 시험, 행정고시 1차 시험 등 기본적인 지식이나 소양을 물어보는 시험은 대부분 객관식 형태로 치러진다. 수험생들은 다양한 전략으로 그 문제를 풀어내며, 채점결과에도 쉽게 승복한다. 문제가 잘못된 것에 대해서는 이의제기를 할 수 있지만, 채점이 잘못되었다고 이의제기를 하기는 힘든 것이 객관식 시험이다.

객관식을 준비하는 수험생의 자세

나는 객관식 시험이 결코 주관식 시험보다 쉽다고 생각지 않는다. 간혹 어떤 수험생은 "선생님, 객관식 시험은 찍을 수라도 있잖아요!" 하면서 주관식보다 객관식을 대비하는 것이 쉽지 않으냐고 말한다. 일부 동의하지만, 사실 공부를 많이 하면 할수록 어려운 것이 객관식이고 공부하면 할수록 합격하기 쉬운 것이 주관식 시험이다.

우리가 흔히 아는 객관식 시험의 경우 찍어서 답을 맞힐 수 있는 확률은 5지선다의 경우 5분의 1, 즉 20%이고 4지선다의 경우는 4분의 1, 즉 25%로 이 또한 쉽지 않다. 찍는다는 것은 결국 상대적으로 합격자를 가려내는 시험의 특성상 자살행위에 가깝다. 그 시험을 포기하는 행위가 될 수도 있다. 물론 100점을 맞아야 하는 시험이 아니기 때문에 몇 문제는 찍을 수 있겠지만, 그것도 전략적으로 접근해야 할 문제다.

공부가 얼마 안 되어 있는 단계에서는 객관식 시험이 쉬울 수 있다. 왜냐하면 시험문제를 받아서 선택지 가운데 옳지 않은 것과 옳은 것만 판단하면 되므로 정확히 암기하지 않고도 풀 여지가 많기 때문이다.

나도 그랬다. 어설프게 기출문제만 10번 보고 감각만 익혀두어도 어느 정도 답을 골라낼 수 있는 시험이 많았다. 다만, 정말 난도가 높다고 말할 수 있는 수능, 법학적성시험, 변호사 시험, 공인회계사 시험 등은 얄팍하게 공부해서 답을 골라내기에는 사고과정이 매우 복잡하므로 좀 더 논리적인 공부와 훈련이 필요하다. 어쨌든 난도가 높은 시험의 객관식에서는 오히려 주관식보다 합격이 어려워질 수 있다. 정말 여러 번의 사고과정을 거쳐야 답이 도출되도록 문제를 다중으로 출제하면 속수무책으로 선택지에서 헤매다가 찍고 틀리기를 반복할 것이기 때문이다. 이런 극상 난도 시험에서는 객관식 공부의 편의성과 강점이 사라진다. 그런 시험에서는 오히려 문제풀이 훈련과 정확한 기본기를 다지는 노력이 필요하다.

치르는 시험의 수준에 따라 공부법이 다르다

그렇다면 공부하는 쪽에서 어떻게 해야 할지 명확해진다. 시험 수준이 그냥 지식만 물어보는 객관식 시험이라면 기출문제를 반복하고 문제집에서 자주 출제되는 부분을 암기하며 답을 골라내는 연습을 반복하면 된다. 공무원 시험이나 자격증 시험은 지식을 물어보는 시험이므로 이 방법이 잘 통한다.

그런데 지식이 아닌 논리적 사고과정이나 수학능력, 적성 등을 평가하기 위해 개발된 객관식 시험이라면 이야기가 달라진다. 단순히 반복하거나 많은 문제를 푸는 것을 넘어 자신의 사고과정을 교정하는 훈련이 추가로 필요하다. 이 부분은 따로 공부법을 소개하기가 참 모호하다.

수능을 예로 들어보자. 영어와 수학처럼 지식을 물어보는 시험은 많은 공부량으로 승부를 볼 수 있지만, 국어처럼 사고과정을 물어보는 과목은 기출과 모의고사 문제를 풀고 자신의 오답이 '왜 틀렸는지' 철저히 분석할 필요가 있다. 공무원 시험의 국어도 그렇고, 행정고시의 PSAT 시험도 그렇다. 단순히 많이 하기보다는 내 약점을 정확히 분석하고 똑같은 사고과정의 오류를 범하지 않게 하는 것이 바람직한 공부다.

객관식 시험의 고수가 되고 싶으면 일단 공부부터

나에게 시험의 왕도가 있느냐고 물으면 어느 정도 방법론은 있지만 만병통치약은 없다고 대답한다. 누구나 공부경험이 다르고 지식수준이 다르다. 뇌는 쓸수록 똑똑해지고 공부는 하면 할수록 늘며, 객관식 시험도 치면 칠수록 요령이 생긴다.

일단 첫 단추를 잘 꿰어야 하기에 이번 장에서 충분히 조언을 하겠지만, 여러분 스스로 공부하면서 자신만의 방법을 찾아가는 것이 중요하다. 이 책을 참고로 일단 공부부터 해보고 이야기하자.

내용요약과 문제정리가
잘된 책 고르기

> "요즘에는 객관식 문제집에 내용요약까지 잘된 책이 많이 나와 있다. 문제집은 줄글로 내용이 되어 있기보다는 핵심 키워드와 내용이 간결하게 요약돼 있고 문제로 구체적인 내용을 익힐 수 있게 구성돼 있어야 한다."

객관식 시험은 시험장에 갈 때까지 계속 볼 책을 선택하는 것이 매우 중요하다. 촉박한 시간에 많은 문제를 풀어내려면 그만큼 뇌에 지식을 체계적으로 넣어두고 문제를 풀며 그 지식을 꺼내어 사용하는 연습을 해야 하기 때문이다.

첫째로, 책을 고르는 포인트는 내용요약이 잘되었느냐이다. 내용이 구구절절 길거나 목차로 세분하지 않고 줄글로 읽어야 하는 책은 사지 않는 것이 좋다. 사실 세부내용은 문제로 익히는 것이 더 좋기 때문에 내용요약은 최대한 간결하고 보기가 좋아야 한다.

둘째로, 기출문제 표시가 잘되어 있는 책을 골라야 한다. 객관식 시험의 특징은 기출문제의 주제와 유형이 일정한 패턴을 보이며 반복된다는 것이다. 그리고 작년에 나왔던 주제는 안 나오지만 2년 전에 나왔던 주제는 그대로 나오는 경우가 많다. 그래서 기출문제 연도 표시가 되어 있는 책을 사면 작년에 나온 주제는 여유롭게 보고, 작년에 나오지 않은 주제를 집중적으로 파고들 수 있다.

셋째로, 챕터별로 내용요약이 있다면 바로 그다음에 연습문제가 나오는 책이 좋다. 인간의 뇌는 새로운 지식을 받아들이면 그것을 바로 활용할 때 오래 기억한다. 따라서 요약된 내용을 보자마자 문제를 풀어보게 하는 형식의 책이 좋다.

넷째로, 연습문제의 해설이 풍부해야 한다. 사실 대부분 참고서 저자는 '옳지 않은 것은?'이라는 물음에 대해서 옳지 않은 지문에 대한 해설만 해놓는다. 나도 회계학 문제집을 내면서 귀찮기도 하고 어차피 강의에서 설명할 것이라는 생각에 답으로 제시된 지문만 해설한 경우가 많았다. 그런데 이렇게 해설이 짧으면 문제로 학습을 하는 데 한계가 있고, 나머지 지문을 공부하려면 다른 책을 찾아보거나 강의를 들어야 하므로 비효율적이다. 해설이 꼼꼼하고 자세한 책을 사야 하는 이유가 여기에 있다.

마지막으로, 무엇보다 중요한 것은 내가 보기 편해야 한다는 점이다. 기본서나 참고서는 계속 가지고 다니면서 볼 책이다. 만약 내가 보기 싫게 디자인되어 있다거나 종이재질이 눈부셔서 보기 힘들다거나 책을 펼 때마다 기분이 나쁘다면 그 책은 좋은 책이 아니다.

공부는 즐거워야 한다. 책을 보고 좋다는 생각이 들어야 공부가 하고 싶어진다. 이것이 직접 서점에 가서 내가 보기 편한 책을 골라서 사야 하는 이유다.

객관식 시험을 위한
암기방법

"객관식 시험은 완벽하게 토씨 하나 안 틀리고 암기할 필요가 없다. 이해를 토대로 옳고 그름을 가릴 수 있을 정도만 내용 숙지가 되어 있으면 된다. 정확히 구분해야 하는 부분은 두문자를 따서 암기하고, 대부분 내용은 눈으로 반복하면서 전체 내용을 암기하면 된다."

객관식 시험은 암기한 지식을 바탕으로 연습이 필요하다고 앞서 말했다. 일단 암기가 되어야 시험문제를 풀 수 있다. 다음에 암기를 효과적으로 하는 몇 가지 방법을 소개하겠다.

첫째로, 내가 자주 사용하는 방법인 '두문자頭文字 따기' 방법이다. 이는 앞글자를 따서 최대한 축약해 많은 내용을 한번에 암기하는 방법이다. 예를 들어 이자소득, 배당소득, 사업소득, 근로소득, 연금소득, 기타소득, 퇴직소득, 양도소득을 순서대로 외워야 한다면, '이배사근연기퇴양'으로 앞글자만 따서 외우는 것이다. 빨주노초파남보(빨강, 주황, 노랑, 초록, 파랑, 남색, 보라)도 이와 같은 원리다.

둘째로, 암기에서 반복은 필수다. 매직 넘버 7이라는 말도 있듯이 적어도 일곱 번은 반복해야 뇌에 오래 기억된다. 처음 단계에서는 공부한 내용을 대충 훑고 반복하면서 세부적으로 암기하는 방식으로 하면 힘들이지 않고 많은 내용을 암기할 수 있다.

셋째로, 복습은 최대한 빨리 해야 한다. 반복을 나중에 하면 할수록 다시 머릿속에 기억하는 데 더욱 노력이 필요하다. 강의가 끝난 직후 복습해야 하는 이유도 이것이다. 적어도 그날 잠자리에 드는 순간까지는 복습해야 한다. 복습에도 요령이 있다. 일단 강의나 공부를 마치고 5분 동안 빠르게 복습한다. 그리고 잠자리에 들기 전, 다음 날, 일주일 후 등 주기적으로 간격을 두고 복습하면 효과적으로 장기기억을 형성할 수 있다.

마지막으로, 즐거운 심리상태에서 공부해야 기억이 오래간다. 기분이 나쁘거나 우울한 상태에서 공부하면 인간의 뇌는 그 기억을 지우고 싶어 한다. 스트레스를 받은 상태에서 암기한 내용을 자주 잊어버리는 이유도 여기에 있다. 스트레스를 해소하는 방법으로는 산책, 커피 마시기, 가벼운 운동 등이 있으니 자신에게 맞는 방법을 선택하자.

단순히 많이 보는 것은
무의미하다

"회독수를 이용한 공부법이 많이 나오고 있다. 회독수를 높이면 높일수록 머릿속에 내용이 각인되고 시험장에서 이를 활용하는 속도도 빨라지는 것이 사실이다. 그러나 회독수를 늘리는 것만이 공부는 아니다. 의식적으로 암기하고 이해하는 과정도 중간중간 들어가야 한다. 고득점을 하려면 사고력을 요하는 문제도 맞혀야 하기 때문이다."

10회독 공부법, 7번 읽기 공부법 등 많이 보는 게 답이라는 공부법 책이 시중에 많이 나와 있다. 틀린 말은 아니다. 암기하려면 반복이 생명이기에 회독수를 높이는 것은 필수적 작업이다. 그런데 고득점을 바란다면 단순히 회독수만 늘리는 것은 의미가 없다.

인간의 뇌는 많이 보고 듣는 것만으로는 세부적으로 암기가 되지 않는다. 내가 좋아하는 마이클 잭슨의 노래 '빌리진'을 예로 들어보자.

나는 이 노래를 하루에 두 번 이상 듣기 때문에 지금까지 백 번은 넘게 반복했다. 그런데 가사와 내용을 아느냐고 물어본다면, 창피하지만 그렇다고 대답하지 못한다. 가사를 암기하려고 의식적으로 시간을 들여 노력한 적이 없기 때문이다.

나는 공부할 때 처음 3회독까지는 정말 대충 보기만 한다. 한마디로 회독수를 늘리는 데만 집중하는 것이다. 하지만 네 번째부터는 한 챕터를 읽고 난 뒤 그 내용을 혼자 되새김질한다. 즉, 요약해서 떠들어보거나 의식적으로 암기하는 과정을 거친다. 앞서 3회독을 하면서 큰 밑그림은 그려두었으니 이제는 세밀하게 살을 붙여나가는 작업을 하는 것이다.

의식적으로 암기하는 과정은 분명 고통스럽다. 그냥 아무 생각하지 않고 보는 것보다 높은 집중력이 필요하기 때문이다. 하지만 이런 과정을 언젠가는 거쳐야 한다. 이렇게 해야만 시험장에서 구체적으로 내용을 떠올려 정답을 맞힐 확률이 높아진다.

한 과목씩
보기

> "한 과목씩 보는 것과 하루에 여러 과목씩 보는 것 가운데 어느 쪽이 낫다고 단정 지을 수는 없다. 그러나 진도를 빨리 빼고 회독수를 늘려야 하는 객관식 시험의 공부에서는 한 과목을 끝낼 때까지 그 과목만 보는 것이 좋다고 생각한다. 한 과목씩 보는 것이 전체 틀을 머릿속에 각인하는 효과가 더 좋기 때문이다."

그 나름대로 공부를 잘했던 친구와 논쟁을 벌인 적이 있다. 공부할 때 한 과목을 끝내고 다음 과목으로 넘어가면서 공부하는 게 좋은지, 한 번에 여러 과목을 보는 게 좋은지에 대한 이야기였다. 나는 둘 다 해보았고 두 방법으로 모두 합격을 맛보았기 때문에 그 차이점이 큰 의미가 없다고 생각했지만, 그래도 한 과목씩 보는 게 더 낫다고 주장했다. 왜냐하면 객관식 시험이니까!

주관식 시험을 준비하는 사람들에게는 지루함을 극복하기 위해 하루에 두 과목 정도를 번갈아 공부해도 좋다고 이야기한다. 그런데 객관식 공부는 내용을 단순화해서 많이 기억할수록 유리하다. 그래야 무의식중에 찍을 수라도 있다. 이런 유형의 시험에서는 '부챗살 효과'가 적용된다.

부챗살 효과의 원리는 간단하다. 공부할 때 한 가지 주제에 대해 완벽하게 암기하고 이해를 형성하면 다른 공부를 할 때도 훨씬 수월하게 이해하게 도와준다는 것이다. 즉, 기억할 주제가 산발적으로 많으면 기억에 남지 않는다는 말이다. 예를 들어 수학을 공부하다가 전혀 관련이 없는 국어의 개념을 공부하면 뇌에서 체계적으로 지식을 저장할 수 없는 것과 같은 이치다.

특히 지식형 객관식 시험을 준비할 때는 한 과목을 최대한 빠르게 이해하고 다른 과목으로 넘어가는 게 좋다. 한 과목을 한 달 이상 끌면 효과가 없다. 빠르게 보고 넘어간 과목은 다음 과목을 이해하는 밑거름이 된다. 초반에는 이 효과를 이용해서 공부한다. 그리고 막판에 스퍼트를 올려야 할 시점에는 하루에 여러 과목을 동시에 볼 수 있다. 이미 여러 번 반복하면서 지식이 머릿속에 저장돼 있어 출력하는 연습만 하면 되기 때문이다.

절대로 서브노트는
만들지 말자

"객관식 시험은 속도가 생명이다. 그리고 정확히 써야 하는 주관식과 달리 많은 양을 효율적으로 빠른 시간에 반복해야 한다. 그러려면 서브노트를 만드는 시간도 최소화하는 것이 좋다. 요즘에는 서브노트를 학원에서 만들어 제공하거나 핸드북을 발간하는 강사도 많으니 그런 자료를 활용하는 것도 좋다."

객관식 시험을 준비할 때 가장 큰 시간낭비는 서브노트 만들기 또는 노트 정리다. 차라리 주변 친구들이 정리한 노트를 빌릴 수 있다면 그것을 복사하는 게 낫다. 객관식 시험은 주관식과 달리 쓰는 능력을 테스트하지 않는다. 그렇기에 체계적으로 목차를 잡아서 서브노트를 만드는 것만큼 비효율적인 공부도 없다. 그래도 만들 생각이라면 용어 카드처럼 들고 다니면서 볼 수 있는 정도로 간단히 만드는 게 좋다. 절대로 여기에 시간을 많이 투자하면 안 된다.

서브노트를 만드는 작업은 회독수 늘리기를 방해한다. 그래서 만들지 말라고 말하는 것이다. 공부의 흐름이 끊기면 시험장에 갈 때까지 충분히 내용을 숙지하기 위해 반복하는 것이 어려워진다. 그래서 처음부터 기본서나 참고서를 잘 선택해야 한다고 하는 것이다. 최대한 서브노트처럼 요약이 잘돼 있는 책을 사서 그 책에다 덧칠하면서 공부하는 것이 시간을 절약하는 길이다.

요즘에는 문제집이 잘 나와 있다. 특히 자격증 시험의 1차 시험 객관식 문제집을 보면 내용요약이 나와 있고, 바로 기출문제와 연습문제가 수록돼 있다. 이런 문제집을 사서 보면 요약된 파트를 눈으로 공부하고 곧바로 문제를 풀어볼 수 있어 객관식 시험을 대비하기에 좋다. 공무원 시험 준비생들의 문제집을 본 적이 있는데, 강사마다 다르긴 하지만 내용요약과 기출문제, OX문제 등이 아주 효율적으로 수록되어 있었다.

노트 정리를 할 시간에 이렇게 잘 정리된 책을 한 번이라도 더 보자. 그렇게 회독수를 늘리는 것이 시험에 더 유리하다.

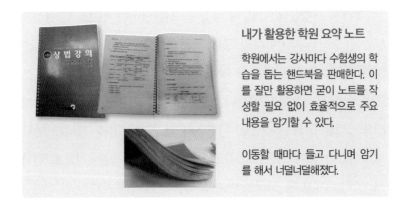

내가 활용한 학원 요약 노트

학원에서는 강사마다 수험생의 학습을 돕는 핸드북을 판매한다. 이를 잘만 활용하면 굳이 노트를 작성할 필요 없이 효율적으로 주요 내용을 암기할 수 있다.

이동할 때마다 들고 다니며 암기를 해서 너덜너덜해졌다.

인터넷 강의를
선택하고 듣는 요령

> "객관식 시험은 시험장에서 문제를 얼마나 빨리, 정확하게 푸는지가 관건이다. 내용을 많이 넣거나 다른 사람의 풀이를 모방하는 것으로는 이러한 부분을 잘 해결하기 어렵다. 오히려 죽이 되든 밥이 되든 스스로 문제집을 많이 풀어보며 자신만의 방법을 빨리 만드는 것이 좋다."

인터넷 강의를 들어야 할지 고민하는 사람들이 많다. 나는 객관식 시험을 준비하는 사람들에게 인터넷 강의는 의무가 아니라고 말한다. 만약 듣는다면 부연설명이 많은 기본강의를 듣지 말고 핵심 요약정리를 해주는 강의를 빠르게 두 번 정도 반복하라고 권한다. 그것이 훨씬 남는 장사다.

내가 처음 공부를 시작할 때는 인터넷 강의가 막 보급되고 있었다. 그러다가 어느 순간 인터넷 강의가 활성화되고 '인터넷 강의 쇼

핑 중독증'이라는 용어가 생길 만큼 인터넷 강의에 중독된 학생이 많아졌다. 그런데 공무원 시험을 준비하는 사람 가운데 인터넷 강의에 한 번에 100만 원을 투자해놓고 채 10시간도 듣지 않은 사람을 보았다. 이렇게 할 바에는 차라리 현장강의를 듣는 게 낫싶다.

인터넷 강의에서 강사가 아무리 잘 가르쳐도 내가 문제를 풀지 못하면 아무 소용이 없다. 오히려 내가 스스로 고민하고 연습하는 시간을 빼앗기 때문에 독이 될 수도 있다. 실제로 수능을 연구하는 기관들에서 인터넷 강의 수강수와 점수의 상관관계를 분석한 것을 보면 강의를 많이 수강할수록 점수가 떨어지는 과목도 있었다. 이런 사실이 널리 알려져 요즘 수험생들은 인터넷 강의에만 의존하지 않는다.

그런데 공부를 처음 시작할 때는 사실 인터넷 강의만큼 쉽게 접근할 수 있는 것도 없다. 그래서 나는 초심자들에게 인터넷 강의를 들으려면 최대한 요약되고 압축된 강의를 빨리 듣고 끝내라고 조언한다. 또 강의를 빠르게 한 번 끝내고 한 번 더 들으면서 복습해도 좋다. 다만, 질질 끌면서 보거나 인터넷 강의를 하루에 몇 시간 듣는다는 계획을 세워서는 안 된다. 강의를 듣는 것은 수단일 뿐인데 자칫 그것이 목표가 되어버리기 때문이다.

학원을 줄이고
회독수에 집중하라

"처음에 기초를 잡기에는 분명 학원이 수월하고 효율적이다. 그러나 기초단계를 넘어 문제풀이 단계에 가서는 스스로 고민할 시간과 회독수를 늘리는 시간이 절대적으로 중요하다. 따라서 기초가 어느 정도 잡혔다면 학원을 줄일 것을 권한다."

객관식 시험을 준비하면서 꼭 학원을 다닐 필요는 없다. 금수저 수험생은 학원비를 감당할 만한 재력이 충분하니 상관없지만, 일반 수험생은 학원비를 감당하느라 스트레스를 받을 필요가 없다. 모의고사만 학원의 도움을 받으면 되고, 굳이 기본강의를 듣기 위해 학원에 출근할 필요는 없다. 객관식 시험은 기본 개념을 빨리 돌리고 나서 빠르게 문제 푸는 연습을 반복하는 것이 훨씬 효과적이다.

나 역시 요령이 생기고 나서부터는 객관식 시험을 볼 때 학원에 전혀 다니지 않았다. 그 대신 기출문제집을 사서 풀어보고 해설을 반복적으로 읽으며 이해하려고 노력했다. 그리고 계산문제는 연습장에 해설을 옮겨 적으면서 반복했고, 학원강의보다는 학원에서 나온 자료나 모의고사 복사집을 구해서 참고하는 식으로 시간을 아꼈다.

객관식 시험은 속도가 생명이고 머릿속에 내용을 팝업하는 데 집중해야 하며, 강의를 통한 심도 있는 이해가 우선은 아니다. 회독수를 늘리고 문제를 반복 숙달하다 보면 나중에 이해가 더 빨라지기 때문에 이 방법이 최선이라고 본다.

객관식 시험은 머릿속에 지식을 최대한 몰아치면서 체계적으로 넣어야 한다. 그리고 스스로 연습하고 회독수를 늘릴 자습시간을 많이 확보해야 한다. 이와는 달리 구조를 잡고 접근해야 하는 경제학이나 회계학, 기본법 과목 등은 강사가 잘 가르치므로 머릿속에 큰 틀을 만들어주는 요약강의 등은 활용해볼 만하다. 공부는 삼박자가 맞아야 잘할 수 있다. 즉, 기출문제를 통한 전략수립, 기본서를 통한 내용 쌓기, 문제를 통한 연습이다. 객관식 시험은 지식을 넓히는 것이 중요한 시험이 아니라 문제 풀기를 연습해서 근육을 키우는 것이 중요한 시험이다.

그래서 학원을 다닐 생각이라면 내용을 구구절절 가르치는 강의보다는 요약해서 줄여주고 문제 푸는 스킬을 알려주는 강의만 들어도 족하다. 그러고는 스스로 회독수를 늘리며 지식을 쌓고, 연습문제를 많이 풀며 반응속도를 높여야 한다.

문제집은 너덜너덜해질 때까지
밑줄 많이 긋기

"문제집은 깨끗하게 봐야 한다고 주장하는 사람들이 많다. 그러나 나는 문제집도 공부의 보조도구라고 생각하므로 밑줄도 긋고 형광펜도 치면서 최대한 지저분하게 보는 게 좋다고 생각한다. 문제집은 적어도 5번 이상 볼 것이므로 들고 다니기 편하게 분철해서 표시하고 싶은 대로 표시하며 편하게 공부하자. 깨끗하게 보려고 망설이다가 시간을 허비하면 오히려 그것이 손해다."

문제집을 소중하게 다루라는 사람들이 많은 것으로 알고 있다. 문제를 풀 때마다 답을 보지 않고 푸는 연습을 해야 하기 때문에 문제집에 표시를 하지 말라는 것인데, 나는 이 주장에 반대한다. 정말 돈이 없어서 문제집을 다시 살 수 없는 경우가 아니라면 문제집은 지저분해질 때까지 최대한 표시를 해가며 공부해야 한다. 나는 문제집을 사면 분철해서 스프링으로 제본하고, 문제를 풀 때마다

내가 본 객관식 문제집

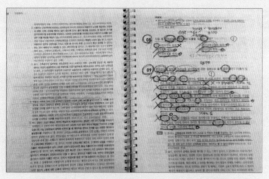

회독수를 늘릴 때마다 밑줄을 그어 깜지가 되었다.

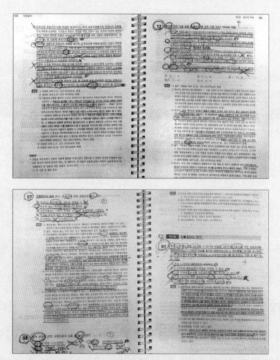

해설에서는 필요한 부분을 반복해서 읽고 밑줄을 친다.

연필이나 볼펜으로 밑줄을 그으면서 지저분하게 공부한다. 나중에 밑줄을 너무 많이 그어서 시꺼멓게 되어 글씨가 안 보이면 문제집을 다시 산다. 그리고 그 작업을 반복한다. 이렇게 하면 안 좋은 점은 문제가 외워진다는 것이고, 좋은 점 또한 문제가 외워질 만큼 반복하는 게 재미있다는 것이다.

문제집과 해설은 많이 보면 볼수록 기본적인 내용을 알 수 있을 뿐만 아니라 새롭게 이해하는 것도 많아진다. 그리고 나만의 방법과 더 좋은 아이디어가 부가된다. 또한 풀이를 반복하면 할수록 쉽고 빨리 풀리므로 공부에 가속도가 붙는다. 시각적으로 지저분해진 문제집에서는 그 흔적을 볼 수 있고, 나중에 시험장 가서도 그때의 기억으로 문제를 빨리 풀 수 있다.

나는 이런 방법으로 수많은 시험에서 고득점을 했는데, 이것을 따라 할지 말지는 여러분 선택에 달려 있다.

객관식 시험장에서
점수 올리는 기술

"객관식 시험은 문제에서 물어보는 것에 가장 맞는 답을 고르는 것이 생명이다. 그러려면 배경지식을 최대한 덜 사용하고 문제에서 물어보는 것에만 집중하는 습관을 들여야 한다. 시험장에서는 의도적으로라도 그렇게 해야 한다. 그리고 실수를 줄이는 자신만의 표시나 기호를 개발해서 미리 모의고사 때부터 연습해두어야 한다."

객관식 시험을 출제하는 출제자는 5지선다형 또는 4지선다형을 구성하면서 다양한 함정을 숨겨놓는다. 우리가 가장 많이 빠지는 함정은 문제에서 요구하는 사항이 아니라 내 배경지식으로 짐작해서 푸는 오류다. 이런 실수를 하면 나는 잘 풀었다고 생각하는데 막상 가채점을 하면 다 틀리는 경험을 하게 된다.

객관식 시험에서 실수를 줄이려면 첫째로, 자기의 배경지식을 떠올리기 전에 문제에서 요구하는 물음을 잘 파악해야 한다. 계산 문제는 계산과정에서도 철저히 출제자의 물음에 충실한 답을 도출해야 한다. 나는 문제를 풀 때 주로 문제지의 빈 공간에 풀이과정을 쓰면서 실수를 줄였다. 그리고 쉽고 단순한 문제부터 푼 뒤 복잡한 문제는 더 물음에 집중했다.

둘째로, 시험장에서 점수를 올리려면 자기만의 문제표시가 있어야 한다. 무조건 맞힐 것 같은 문제에는 동그라미를 치고 애매한 문제는 옆에 물음표를 표시해둔다. 또 전혀 모르는 문제는 그냥 X표시를 하고 빨리 넘어가야 한다. 그리고 나중에 물음표를 해둔 문제만 다시 검토하고 X표시를 한 문제는 마킹하기 전에 한 줄로 찍으면 된다.

셋째로, 지문과 답의 구성원리를 알면 찍더라도 정답을 맞힐 수 있다. 주로 "반드시, 모두, 무조건, ~만" 하는 식으로 한정하는 단어가 나오면 그것이 답일 확률이 80%다. 나도 회계학 모의고사를 출제할 때 이런 식으로 해서 답을 만들 때가 많았다. 확실한 답이라고 주장하면서 출제오류라고 이의를 제기하는 것에서 자유롭기 때문이다.

넷째로, 출제자의 의도를 생각하며 문제를 풀어야 한다. 문제를 내는 사람은 문제 푸는 사람이 최대한 틀리기를 바란다. 그래서 답처럼 보이는 매력적인 오답을 하나 정도 만들어서 지문으로 제시한다. 평소에 문제를 풀면서 이 매력적인 오답을 피하는 기술을 생각해보는 연습이 필요하다.

마지막으로, 시험장에서 시험지 전체의 구조를 알고 문제풀이에 돌입해야 한다. 시험지를 받자마자 문제를 푸는 것은 어찌 보면 출제자의 함정에 빠지는 길이다. 어려운 문제를 앞에 배치하는 것만으로도 시험점수를 떨어뜨릴 수 있다는 연구결과도 있다. 그렇기 때문에 문제 순서에 영향을 받지 않기 위해서라도 전체 문제와 주제를 훑어보고 자신 있는 문제부터 푸는 것이 중요하다. 쉬운 문제, 짧은 문제, 계산이 필요 없는 문제부터 푸는 것이 고득점의 비결이라는 사실을 명심하자.

합격을 위한
문제 풀기 전략

"나는 그동안 객관식 시험을 천 번 이상 치르지 않았나 싶다. 시험을 볼 때마다 성적이 잘 나올 때와 안 나올 때를 비교해보면서 다양한 시도를 해본 결과 점수를 올리는 문제풀이 노하우가 생겼다. 시험장에서 써먹을 수 있는 전략을 밝힐 테니 고민해보고 직접 적용해보기를 바란다."

합격을 위해서는 문제를 푸는 전략이 습관이 돼 있어야 한다. 우선 문제지를 받아서 풀 때 다양한 장치를 이용해야 하는데, 다음에 몇 가지를 소개하겠다.

첫째로, 출제자의 물음 속에서 문제의 요구사항을 정확히 파악한다. 문제를 보고 옳은 것을 묻는지 틀린 것을 묻는지 표시하고, 앞에서 언급한 "모든, 무조건, 반드시, 그러나" 등은 동그라미로 표시한다. 만약 제시문이 길면 핵심을 요약하는 연습을 해두고 시험장에서는 그것을 옆에 간단히 키워드로 적는 것도 도움이 된다.

둘째로, 답이 헷갈린다고 해서 시간을 지체한다면 찍는 것보다 못하다. 헷갈리거나 모르는 부분은 과감하게 넘어가거나 표시하는 연습을 해두는 게 좋다.

셋째로, 만약에 제시문이나 사례가 길다면, 물음을 먼저 읽고 제시문이나 사례를 분석하는 것이 현명하다. 제시문에서 필요 없는 부분이 70% 이상인 경우가 많다. 문제의 물음과 오답을 만들 때 해당 부분은 제시문 속에 숨겨놓기 때문에 그것을 찾기 위해 물음을 먼저 읽는 것이 시간을 단축하는 방법이다.

넷째로, 객관식 시험에서는 철저한 암기보다 자기 나름의 이해가 중요하다. 5지선다형의 경우 지문 5개 가운데서 답을 맞히면 되기 때문에 각 지문의 차이만 구별할 수 있으면 된다. 각각의 내용을 완벽히 알아야만 문제를 풀 수 있는 것이 아닌 만큼 내용의 암기보다는 그에 대한 자기 나름의 이해가 중요하다.

다섯째로, 시험장에 가서는 10분 정도 샘플 문제를 풀어보며 머리를 예열하는 것이 좋다. 사람의 뇌가 최상의 상태가 되려면 머리를 쓰는 작업이 필요하다. 시험장에 가서 여유를 두고 문제 풀기 연습을 조금 해두면 실제 시험에서 두뇌 회전을 빠르게 할 수 있다.

마지막으로, 문제를 다 풀고 검토할 시간을 남겨야 한다. 촉박하게 답안을 마킹하느라 허겁지겁 풀어서 내면 좋은 점수를 얻기 힘들다. 반드시 내가 잘 풀었는지 빠르게 훑어볼 시간을 남기는 것이 좋다. 어쩌면 문제를 다 푸는 것보다 이것이 더 중요할 수도 있다. 아울러 완벽하게 풀었다고 표시한 문제는 답을 고치지 말아야 한다. 답을 고치면 틀릴 가능성이 매우 높기 때문이다.

일주일간의
공부법 검증

이 책을 집필하면서 과연 객관식 시험에 내 방법을 적용해 평균적인 시험에서 얼마나 빨리 합격할 수 있을지 의문이 들었다. 모든 사람이 적용하고 좋다고 인정할 수 있는 방법이어야 그 공부법이 사랑을 받지 않겠는가.

타인을 실험대상으로 해서 이미 몇 번 검증을 거친 바 있다. 2016년 교관으로 강의하면서 재무회계 기본과정을 운영해 대다수 수험생을 일주일 만에 회계관리 1급, 2급 시험에 합격시킨 경험이 있다. 교관 연구보고서를 작성하면서 최종적으로 내 수업과 공부법 강의를 듣고 합격한 교육생의 합격률이 80%라는 통계도 냈다. 나머지 20%는 자격증 취득을 목표로 수업을 듣지 않았거나 시험에 응시하지 않았으니 실제로는 90% 이상의 합격률을 보인 것이다.

이번에는 나를 실험대상으로 삼아 다른 외부 요소를 통제한 상태에서 하루 4시간씩 정확히 일주일 동안 공부해 평균적인 자격시험에 합격할 수 있는지 실험해보았다.

실험의 설계: 변수의 설정과 통제

1) 실험대상: 곽상빈

이미 민법과 경영학에 대한 지식은 있지만 시험준비를 하기에 앞서 노무사 시험 준비생들이 공부하는 기출문제를 풀어본 결과 민법은 35점, 경영학은 50점이 나왔다. 게다가 경제법이라고 불리는 공정거래법은 태어나서 단 한 번도 공부해본 적이 없다.

2) 실험과제: 일주일 공부해서 가맹거래사 1차 시험 합격하기

가맹거래사는 객관식 5지선다형, 3과목(경제법·민법·경영학)으로 구성된 시험이다. 과목별로 40문제씩 출제되며, 전 과목을 40점 이상 득점하고 평균 60점 이상 득점하면 합격이다. 일부에서는 1차 시험의 난이도가 공인노무사 1차 시험과 비슷하다고 한다.

해당 시험에서 정확히 7일간 기출문제와 해설요약을 위주로 해서 내 방법인 거꾸로 공부법으로 공부해 합격하는 것을 목표로 삼았다.

3) 구체적 실험 설계: 정확히 7일간 공부

4월 22일(토): 첫날은 종일 전 과목 기출문제 한 번 훑어보기

4월 23일(일): 기출문제집의 경제법 과목(131쪽) 1회독

4월 24일(월): 기출문제집의 민법 과목 기출문제(68쪽) 1회독

4월 25일(화): 기출문제집의 경영학 과목 기출문제(90쪽) 1회독

4월 26일(수): 과목당 문제 100문제씩 1회독

4월 27일(목): 과목당 모든 문제 1회독

4월 28일(금): 과목당 모든 문제 1회독

＊ 집중도를 달리해 전 과목 5회독 달성 완료

교재는 딱 한 권 《가맹거래사 1차 필기 한권으로 끝내기》로 문제집에서도 문제와 해설만 가지고 공부하기로 했다.

4) 내생변수: 실험대상의 지식수준

사실 5회독으로는 웬만한 시험에 합격하기가 어렵다. 회독수는 10회독이 가장 안전하다. 다만, 이미 경제학은 50점을 받을 정도의 지식이 있었고, 민법은 35점을 받을 정도의 기초지식이 있었다.

5) 외생변수: 공부환경

매일 오전 8시에 출근해 4월 24일(월)부터 4월 28일(금)까지 1~8교시(총 8시간) 재무회계 기본과정의 담임을 맡아서 강의해야

하므로 오후 5시 30분까지 일과 중 책을 볼 시간은 한 시간도 없었다. 공부장소는 진주 혁신도시 롯데몰 건너편 엔제리너스 커피숍으로 정했으며, 식사하면서도 책을 보고 오후 6시 30분부터 10시 30분까지 공부하고 숙소에 가서 잠들기 전까지 그날 공부한 내용을 상기하였다.

실제 실험의 진행

1) 1일 차(4월 22일): 기출문제 전 과목 1회독

결혼준비로 여자친구와 만나서 상의하고 책 원고를 다듬은 시간을 제외하고는 오롯이 기출문제를 1회독하는 데 시간을 사용했다. 오전 10시부터 오후 1시까지 경제법 기출문제와 선택지를 읽고 어차피 내용을 모르는 과목이니 바로 해설을 보고 답을 체크했다. 이런 방식으로 총 60쪽가량, 120문제 정도를 빠르게 읽었다. 읽고 나서 다 까먹어도 된다는 생각으로 빠르게 읽었으며, 이해하기 위해 시간을 지체하지는 않았다.

오후에 약속이 있어서 여자친구와 만났고, 책 원고 검토를 도와주는 친구와도 만나 이야기를 나누고 헤어졌다.

이른 저녁식사를 하고 오후 5시부터 9시까지 민법 기출문제를 1회독하려고 책상에 앉았다. 마라톤대회에 출전한 기분으로 중간에 한 번도 멈추지 않고 문제와 제시문을 읽고 해설을 읽고 답을 체크해나갔다. 그런데 민법은 단순암기가 아니라 이해문제도 간혹 있으므로 해설을 최대한 꼼꼼히 연필로 표시하며 읽었고, 집중이 안 되면 소리 내서 한 번 더 읽고 넘어갔다. 총 68쪽, 120문제가량 읽고 넘어가는 데 4시간 이상이 걸렸다.

잠자리에 드는 12시까지 얼마 남지 않았는데 경영학은 이미 절반쯤 공부가 되어 있는 상태였다. 하지만 절반은 문제를 틀리는 수준이므로 기출문제 120문제를 모두 보는 데 시간을 투자했다. 집중력이 흩어질 것을 우려해 최대한 연필로 밑줄을 빠르게 그어가며 책장을 넘겼다. 약 3시간 동안 전 범위를 1회독할 수 있었고, 문제와 해설만 본 상태에서 잠자리에 들었다.

2) 2일 차(4월 23일): 경제법 과목(131쪽) 1회독

일요일이었지만 친한 변호사님과 약속이 있어서 점심식사 시간에는 공부를 할 수 없었다. 또한 6시에는 진주로 내려가는 고속버스를 타야 했으므로 4시간 동안 버스 안에서 부족한 잠을 청할 수밖에 없었다.

아침 8시에 일어나서 공부를 시작했다. 어제까지 전 과목 기출 문제를 훑어보고 나니 자주 나오는 부분이 어느 파트인지 어렴풋이 알 것 같았다. 이제 한 과목씩 진지하게 독파할 차례다. 경제법으로 시작했다. 경제법은 암기과목이므로 기출문제를 다시 한번 읽고 해설을 먼저 보았다. 이렇게 한 번 더 기출문제를 읽고 나니 점심약속 시간이 다가왔다.

변호사님과 점심식사를 하고 이야기를 나눈 뒤 헤어졌다. 다시 공부를 시작했다. 이번에는 조금 시끄러운 카페에서 공부했지만 집중하려고 노력했다. 경제법 기출문제를 두 번 읽은 잔상을 토대로 문제집의 요약된 본문을 훑으며 이해하려고 노력했다. 이미 문제집에는 요약내용에 기출문제 표시가 되어 있었는데, 일부러 이런 표시가 잘되어 있는 문제집을 샀다. 기출표시가 돼 있는 부분을 중심으로 빠르게 읽었다. 생각보다 오래 걸렸지만 6시까지는 본문을 다 읽을 수 있었다.

밤 10시 30분 숙소에 도착해 잠들기 전까지 오늘 공부한 경제법 기출문제와 주요 내용을 말로 떠들었다. 그리고 아직 희미한 부분은 빠르게 다시 기출문제와 해설을 보면서 점검하고 잠자리에 들었다.

3) 3일 차(4월 24일): 민법 기출문제(68쪽) 1회독

수업을 하느라 내내 바빴다. 아침 8시 30분부터 오후 5시까지 쉬지 않고 수업이 이어졌다. 하루 종일 목이 쉴 정도로 수업을 하고 나면 온몸의 힘이 다 빠져 녹초가 되었다. 5시 30분에 퇴근해서 곧장 식사를 했다. 카페에 자리를 잡기 위해 빠른 걸음으로 가서 공부를 시작했다.

민법 기출문제와 해설만 따로 추리면 총 68쪽밖에 안 된다. 6시 30분부터 10시 30분까지 4시간이면 다 볼 수 있는 분량이다. 이미 1회독을 했으므로 이번에는 문제와 해설, 틀린 선택지를 꼼꼼히 분석했다. 그리고 해설은 일부러 두 번씩 밑줄을 그으며 읽었다. 이해가 되지 않던 부분도 해설을 두 번씩 보자 이해가 되는 듯했다.

잠자리에 들기 전에는 여전히 오늘 공부한 것을 의식적으로 떠올렸고, 아직 희미한 부분을 다시 들춰보면서 기출문제를 한 번 빠르게 훑고 잠들었다. 이상하게 아침에 일어나기 전까지 꿈속에서 민법 내용이 떠도는 것 같았다.

4) 4일 차(4월 25일): 경영학 기출문제(90쪽) 1회독

마찬가지로 1교시부터 8교시까지 총 8시간 수업했다. 재무회계를 가르치다보니 일일이 판서해야 했고 목도 아팠다. 5시 30분 퇴근하기 전까지 책을 볼 겨를이 없었다. 퇴근하자마자 곧 저녁식사를 하고 다시 카페로 향했다.

오늘은 경영학 기출문제를 보는 날이다. 경영학은 기출문제를 이미 1회독했으나 벌써 이틀 동안 공부를 쉰 과목이어서인지 기억이 가물가물했다. 이 과목도 마찬가지로 기출문제 120문제를 모두 읽고 선택지와 해설을 분석했다. 해설은 역시 두 번 읽고 중요 부분에 표시를 했다. 경영학은 3시간이면 기출을 모두 분석할 수 있었다. 그래서 남는 시간에 전날 공부한 민법 기출문제 가운데 자신 없다고 표시해둔 문제를 한 번 더 읽고 해설을 이해하려고 했다. 잠들기 전까지 누적적으로 오늘 공부한 경영학 과목과 민법에서 약한 부분을 상기시켰다.

5) 5일 차(4월 26일): 과목당 문제 100문제씩 1회독

오늘도 1~8교시 수업 때문에 체력적으로 매우 힘들었다. 수업을 다 마치고 나니 아무것도 하기가 싫었다. 정말 쉬고 싶다는 생각이 간절했지만, 저녁식사를 하면서 오늘도 버티자고 다짐하고 카페로 향했다. 체력적으로 힘든 상태다 보니 집중력도 많이 떨어졌다. 오늘의 목표를 조금 여유롭게 잡고, 경제법은 120문제를 모두 풀고 민법과 경영학은 어제 공부한 내용만 상기하자는 생각으로 과목당 40문제씩만 보기로 했다.

6시 30분에 공부를 시작했는데, 먼저 경제법을 보았다. 이미 두세 번 본 문제라서 답이 떠올랐지만 이해를 한다는 생각으로 120문제를 빠르게 1회독 하였다. 그 과정에서 해설에서 강조하는 부분을 암기하려고 두 번 정도 읽었다. 나머지 두 과목을 공부하자니 시간이 1시간 반밖에 남아 있지 않았다. 경영학은 최근 기출 40문제만 훑어보았고 민법은 약한 문제 위주로 복습했다. 수요일이라서인지 체력적으로 가장 힘들었다. 숙소에서 눕자마자 11시 전에 잠들었다.

6) 6일 차(4월 27일): 과목당 모든 문제 1회독

마찬가지로 8시간을 강의해야 하는 날이다. 일부러 이렇게 시간 표를 짜기도 힘든데 마침 내가 담임을 맡은 기간에 실험하게 된 것이다. 강의도 하면 할수록 요령이 생겨서 오늘은 그다지 체력이 고갈된 느낌은 아니었다.

퇴근을 하고 간단히 식사를 한 뒤 곧장 공부를 시작했다. 이제 전 과목을 4번 이상 본 셈이다. 따라서 속도를 내서 회독수를 늘려야 한다고 생각하고 최대한 집중해서 과목별로 빠르게 문제와 답을 보고 해설을 떠올리는 방식으로 속도를 내며 읽었다. 이전과 다른 점은 해설을 두 번씩 읽지 않았다는 것이다. 이미 해설을 여러 번 보면서 암기했기 때문에 문제와 답을 보면서 스스로 해설을 하고 넘어가는 식으로 보았다. 이렇게 하면 잠자리에 들기 직전 공부한 내용이 머릿속을 맴돈다.

7) 7일 차(4월 28일): 과목당 모든 문제 1회독

오늘은 수업을 오전에 끝내는 날이다. 4시간 수업을 진행하고 모든 교육생을 수료시킨 뒤 오후에는 교관 연구시간을 즐기면 된다. 나는 지친 몸을 달래려고 오후가 되자마자 자리에 앉아서 지금까지 공부한 내용을 상기하며 휴식을 취했다.

개인시간이 주어졌으므로 그동안 공부한 문제들을 훑어보면서 쉰다는 생각으로 약 3시간을 보냈다. 내일은 시험을 치르는 날이기 때문에 무리를 해서는 안 된다고 생각했다.

　5시 30분에 퇴근해 곧장 고속버스를 타고 서울로 올라왔다. 서울 집에 도착하니 밤 11시였다. 씻고 따뜻한 우유를 마신 뒤 잠을 청했다. 내일은 아침 7시에 일어나야 하기 때문이다.

시험 결과

시험은 총 120분, 3과목, 120문제로 치러졌다. 나는 시간 안에 문제를 모두 풀었고, 가채점 결과 경제법 55점, 민법 70점, 경영학 82.5점으로 평균 67.5점이니 커트라인인 60점보다 높은 점수다.

　문제를 풀 때는 자신 있는 과목인 경영학부터 먼저 풀었다. 그러자 머리가 예열되는 느낌이 들어 경제법, 민법 순서로 풀어 나갔다.

한 번쯤 시도해볼 만한 시험공부 방법

내 방법이 무조건 옳다고 말하려는 것은 아니다. 사람마다 자신만의 공부법과 습관이 있고, 그동안 살아오면서 쌓아온 방법과 배경지식의 차이도 있다. 그러므로 다른 사람의 방법을 맹목적으로 따를 필요는 없다. 다만, 정말 좋은 접근법이나 성과를 낼 수 있는 방

법은 한 번쯤 시도해볼 만하다. 따라 한다고 해서 크게 손해 볼 일도 아니고, 오히려 그렇게 하면서 내 강점을 더 잘 살리는 길도 발견할 수 있다.

이번 실험은 정말 촉박한 일정을 쪼개어 이 책에서 다룬 방법들을 한 번쯤 적용해보려고 고안했다. 내가 주장하는 거꾸로 공부법이나 여러 가지 기술적인 부분이 100% 옳다고는 할 수 없지만 자신 있게 좋은 방법이라고 말할 수 있다.

인생을 위한 지식체계를 쌓는 작업과 시험에 합격하는 것은 조금 다른 이야기일 수 있다. 내 방법으로 공부하면 실력이 부실해지지 않느냐는 비판도 더러 들었다. 그런데 시험에 합격한 뒤 더 실전적이고 깊이 있는 연구를 하는 것은 각자의 몫이라고 생각한다. 적어도 시험에 합격하지 못하는 사태는 막아야 하지 않겠는가. 위대한 뜻이 있더라도 합격한 뒤에야 그 뜻을 제대로 펼칠 기회가 생기는 법이다.

5장

주관식 시험

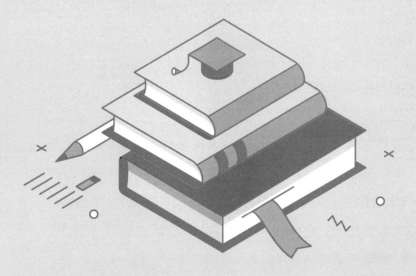

주관식 시험은 우리 생각과 달리 고도의 사고력을 요구하지 않는다. 오히려 진지하게 생각하며 목차를 정하고 논리구조를 짜서 답안지를 작성하는 훈련만 제대로 해두면 객관식에서 보일 수 있는 실수나 오류를 드러내지 않으면서 시험에서 안정적으로 합격할 수 있다.

주관식 시험의
본질이 뭘까

주관식은 객관식보다 쉽다?

공부를 많이 해본 사람들이 공통적으로 느끼는 것은 주관식이 생각보다 쉽다는 것이다. 객관식보다 쉽다고 단언하기는 힘들지만, 주관식 시험은 우리 생각과 달리 고도의 사고력을 요구하지 않는다. 오히려 진지하게 생각하며 목차를 정하고 논리구조를 짜서 답안지를 작성하는 훈련만 제대로 해두면 객관식에서 보일 수 있는 실수나 오류를 드러내지 않으면서 시험에 안정적으로 합격할 수 있다.

주관식 시험은 대학이나 대학원 입시에서는 '논술'이라는 과목으로 접했을 테고, 고등학교나 대학의 내신이나 학점을 위한 중간고사나 기말고사에서도 경험했을 것이다. 각종 자격시험이나 전문직 시험의 2차 시험에서는 논술형이나 약술형 시험으로 주관식 문제를 출제하고 있다.

　우리나라에서 주관식 시험의 역사는 상당히 오래되었다. 조선시대 과거제도의 경우 과거에 급제하기 위해서 오랫동안 공부한 뒤 며칠에 걸쳐 붓으로 답안지를 써 내려가며 시험을 치렀다. 이런 기록을 보더라도 우리나라는 기본적으로 주관식 시험으로 큰 시험의 틀을 갖추었다.

　주관식 시험은 머릿속에 생각의 틀이 정리되지 않으면 절대로 시험장에서 답안을 작성할 수 없다. 그래서 사람들이 어렵게 생각한다. 그리고 기본적으로 글쓰기 능력이 있어야 한다. 글쓰기를 못하면서 주관식 시험에서 좋은 점수를 받는다는 것은 말도 안 되는 이야기다. 그럼에도 주관식 시험이 쉬운 이유는 기본적인 글쓰기와 논리적 훈련만 되면 과목마다 핵심만 암기하고도 출제자가 원하는 답안을 작성할 수 있기 때문이다.

　교과서를 통째로 암기해서 쓰라고 한다면 아마 평생이 걸려도 힘들지 모른다. 그러나 시험의 특성상 다른 사람들보다 조금만 잘 써서 내면 합격할 수 있다. 그렇다면 전략은 간단하다. 기본적인 글쓰기와 논리력을 갖춘 다음 남들보다 내용을 정확히 암기해서 보여주면 된다.

　아울러 답안지 형식을 맛깔나게 구현하고 중간중간 출제자가 좋아할 만한 문구나 그래프, 표 등을 활용해 시각적인 부분에서 추가점수를 획득하면 된다. 시험마다 다소 다르겠지만 큰 틀에서 출제자와 채점자를 만족시키는 방법은 비슷하다.

연습은 완벽한 답안을 만든다!

"연습은 완벽한 답안을 만든다 Practice makes perfect solution." 이것이 내가 가장 좋아하는 수험계의 명언이다. 연습과 반복된 고민이 가장 큰 위력을 발휘하는 것이 주관식 시험이다. 주관식 시험은 출제자의 질문에 짧은 시간에 효율적이고 압축적으로 답해야 한다. 횡설수설하는 답안지는 금세 채점자의 흥미를 잃게 해서 쓰레기통으로 가게 되어 있다.

고민과 연습이 많이 되어 있는 답안지는 목차만 보아도 티가 난다. 목차에 출제자가 물어보는 핵심 키워드가 담겨 있고, 내용을 보아도 그 키워드가 논리적으로 배열돼 있다. 게다가 이런 답안지는 기승전결이 확실하다. 즉, 서론에서 문제제기 및 출제자가 물어본 화두에 대해 어떻게 풀어갈지를 명확하게 제시하고, 본론에서는 다양한 근거와 대립되는 주장으로 이 문제를 풀어 나간다. 그리고 결론에서는 출제자의 질문에 명확한 해답을 제시하게 된다. 더 좋은 것은 결론에 미래에 대한 제언이나 발전적 방향을 제시하는 것이지만, 답안지는 논문이 아니므로 이 부분은 생략해도 좋은 점수를 받을 수 있다.

주관식 시험은 스스로 연습과 노력을 해야 좋은 점수를 얻을 수 있다. 그런데 처음 시험을 준비하는 수험생에게는 방향을 설정해주는 것이 참 중요하다. 이런 시험에서는 길을 잃고 헤매다 보면 1~2년이 훌쩍 지나가기 때문이다. 이번 장에서는 주관식 시험에 대응하는 요령을 소개한다.

답안 형식이 가장 잘 정리된
수험서 구하기

"주관식 시험은 같은 문제라도 답안지를 어떻게 꾸며서 작성하느냐에 따라 점
수가 달라진다. 답안지가 보기 좋고 논리가 정확해야 배점을 받을 수 있으므로
공부할 때부터 이를 염두에 두고 책을 골라야 한다. 기출문제가 잘 분석돼 있
고 답안 형식과 내용이 깔끔한 수험서로 공부하면 합격을 가져오는 형식과 내
용으로 답안을 채울 수 있다."

우리나라에서 고시나 전문직 2차 시험은 주로 주관식 논술형
시험이다. 이런 시험의 특징은 물음에 대해 목차를 구성하고 키워
드로 말을 만들어서 보기 좋게 작성해야 높은 점수를 받을 수 있
다는 점이다. 한마디로 참고자료나 매뉴얼을 전혀 주지 않고 정해
진 시간 안에 보고서를 써서 내라는 것과 같다.

그렇기에 기출문제집과 기본서를 살 때는 문제분석과 모범답안

이 가장 잘 정리된 책을 골라야 한다. 답안 형식이 깔끔하고 그 내용에 키워드 표시가 잘되어 있는 책을 사야 공부할 때 키워드와 형식 위주로 반복할 수 있다.

기출문제집은 기본서의 챕터와 주요 테마별로 나뉜 책을 사면 좋은데, 이것이 별도로 중요도 분류를 할 때 수월하기 때문이다. 이때도 주의해서 봐야 할 부분이 각 물음에 따른 답변의 목차와 키워드다. 그리고 논리는 자신이 만들어가야 하므로 형식이 좋은 책을

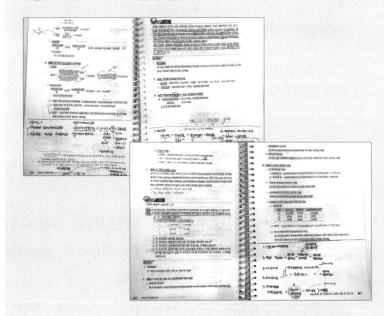

내가 공부한 감정평가실무 문제집

주관식 문제집은 기출문제 표시와 답안이 깔끔해 답안을 따라 옮겨 적기 편해야 한다. 또한 여백에는 답안과 관련된 내용을 요약하여 단권화까지 할 수 있는 책이 좋다. 내가 사용한 문제집 단권화의 예시를 밝혀본다.

고르는 것이 시험장에 갈 때까지 공부하는 데 유리하다. 요즘에는 공인회계사 시험이나 변호사 시험 등에서 물음을 세분해 별도로 목차를 잡지 않고 물어보는 것에만 답하면 되는 추세이기는 하다. 그렇더라도 키워드와 논리가 눈에 잘 들어오는 책이 공부하기에 편하다. 한마디로 해설이 깔끔하고 체계적이어야 한다는 것이다. 여기서 깔끔한 해설을 강조하는 이유는 이후 공부과정에서 해설을 자주 보고 암기하면서 나만의 논리로 살을 붙여나갈 것이기 때문이다.

나는 답안을 암기하기 위해 형광펜으로 미리 표시해두었고, 문제집은 들고 다니면서 암기하기 편하게 스프링 분철을 하였다. 여백은 최대한 활용해서 단권화를 위한 노트 필기를 하여 반복했다.

출처 : http://blog.naver.com/sangbin1

공부를
진행하는 원리

> "주관식 공부는 범위가 있다고 하면 있고 없다고 하면 없다. 기출문제를 가장 명확한 범위로 보고 범위를 늘리려고 하면 한도 끝도 없다. 그렇기 때문에 기출 문제에서 중요하게 반복되는 내용을 어떻게 하면 완벽하게 마스터할지 고민하면서 계획을 세워야 한다."

나는 주관식 공부를 할 때는 아는 것을 늘려야 한다는 생각을 버린다. 그 대신 앞에서 한 것처럼 공부해야 할 범위를 확정하고 그 한정된 범위 안에서 모르는 것이 없을 때까지 공부한다.

정해진 분량과 범위 안에서 공부계획을 세우는 일은 매우 중요하다. 많은 수험생이 아는 지식을 한없이 넓히는 것을 수험생활이라고 착각한다. 단언컨대, 이런 식으로 생각하고 공부하면 단기간에 합격할 수 없고 잘못하다가는 장수생이 될 것이다.

주관식 시험은 물어보는 것에 대해 단숨에 목차를 잡고 써나가야 한다. 그러려면 단박에 튀어나올 만큼 아는 내용이 구조화되고 숙달돼 있어야 한다. 양을 계속 늘려 나가면 순간적으로 내용을 출력하는 것이 어려워진다. 아는 게 많을수록 답안을 작성하는 데도 시간이 많이 걸리는 것이다.

내가 감정평가사 시험이나 손해사정사 시험에서 1년이라는 단기간에 합격할 수 있었던 비결도 여기에 있다. 공인회계사 시험도 마찬가지였다. 양을 줄이고 또 줄이면서 그 범위 안에서는 모르는 게 전혀 없을 만큼 공부했다. 완벽하게 안다는 것은 말로 떠들 수 있고 다양하게 응용할 수 있는 수준을 말한다. 범위를 줄이고 반복하면서 그 깊이를 늘리는 것이 내 공부법의 핵심이다.

같은 맥락에서 시험공부 계획은 하루에 몇 시간씩 할지 고민하기보다는 정해진 범위 안에서 얼마나 완벽하게 할지 그 방법을 고민하면서 짜야 한다.

주관식 시험 대비
회독별 공부방법

> "주관식 시험공부도 객관식과 마찬가지로 기출문제에서 시작해야 한다. 지도를 가지고 항해해야 길을 잃지 않는다. 주관식 시험은 막판으로 갈수록 정확한 암기가 중요하므로 그에 맞는 회독법이 따로 있다. 지금부터 내가 공부한 방법을 살펴본다."

기출문제 분석과 1회독은 가볍게 읽기

기출문제집과 과목별 기본서를 샀다면 공부할 준비가 되었다. 앞에서 강조했듯이 처음에는 기출문제를 먼저 5번 훑어야 한다. 그런데 이 작업으로 2주를 넘기면 안 된다. 2주가 넘어가는 순간 '내가 왜 이 짓을 하고 있지?' 하는 생각이 들면서 공부하기가 싫어질 것이다. 2주라는 짧은 시간 물음을 보고 바로 해설을 읽는 식으로 기출문제 5년 치를 빠르게 보자. 해설에 밑줄도 그어가며 빠르게 읽어야 한다.

기출을 빠르게 5번 읽어두면 자주 나오는 주제와 해설의 공식이나 논리의 잔상이 머리에 남게 된다. 기출문제를 5번 보는 과정에서 챕터별로 중요한 주제와 계속 반복되는 내용을 A등급으로 표시하고 빈도가 3~4년 주기로 나오는 것은 B등급으로 표시한 뒤 A등급 위주로 봐야 한다는 것은 앞에서 설명했다.

이 등급표시를 기본서에도 해야 한다. 기본서를 볼 때는 A등급을 중심으로 빠르게 훑어보고 B등급은 약하게 읽어야 하기 때문이다.

그다음으로 중요한 작업은 작년에 출제된 기출주제를 기본서에 표시하는 일이다. 왜 하필 작년에 기출된 것을 표시해야 할까? 작년에 출제된 주제가 올해 또 출제될 가능성은 거의 없기 때문이다. 물론 매년 출제되는 기본적인 주제에는 이런 표시를 할 필요가 없겠지만, 총론이 아닌 각론은 작년에 나온 지엽적인 주제가 올해는 절대로 다시 나오지 않는다. 그 부분은 참고만 하고 나머지 부분에 집중해서 공부해야 한다.

이렇게 표시를 해두고 신경 써서 읽어야 할 부분과 대충 봐도 되는 부분을 구분해놓고 1회독을 하면 훨씬 시간을 단축할 수 있다. 그리고 이후 공부할 때도 내년에 나올 부분을 예측하면서 할 수 있어서 자신감을 가지고 공부하게 만드는 효과도 있다.

3회독까지는 머릿속에 방 만들기

기본서 1회독이 끝나면 기출문제의 중요한 부분 스토리를 어렴풋이 아는 정도가 된다. 이때부터 2번 더 반복할 때까지는 전체 구조를 잡으면서 공부해야 한다. 그 방법은 목차를 활용하는 것이다. 목차만큼 전체 숲을 보기에 좋은 도구는 없다. 기본서를 보면 맨 앞에 머리말이 있고, 그다음에 목차가 나오며, 목차를 보면 주제별로 나열되어 있다. 그럼 각 목차를 훑어보고 무엇이 시험범위인지 인지한 상태에서 기본서를 본다.

기본서에 표시된 A등급, B등급, 작년에 출제된 주제를 앞의 목차에도 별도로 표시해둔다. 이렇게 하면 전체 지도를 머릿속에 그리기가 편하다. 기본서를 보기 전에는 매번 목차를 보면서 어느 부분이 중요한 주제인지를 머릿속에 떠올리고 공부를 시작해야 한다. 즉, 기본서를 보기 전에는 머릿속에 빈집을 만들고 그 방을 채운다는 생각으로 목차를 보는 것이 좋다.

기본서 2회독을 할 때는 손을 사용한다. 자기가 생각하기에 중요하다고 생각하는 문장이나 키워드에 연필로 표시를 해둔다. 처음부터 형광펜이나 볼펜을 사용하면 지울 수 없으므로 연필로 표시하면서 읽는다. 처음보다는 시간이 좀 더 걸리겠지만, 그래도 한 페이지를 읽는 데 너무 오래 걸리면 안 된다. 대충 표시하고 넘어가야 한다.

만약 기본서에 대한 학원강의를 듣게 될 경우 선생님이 표시해주는 부분은 정말 중요한 부분일 테니 형광펜이나 볼펜으로 표시해도 좋다. 하지만 혼자 볼 경우 2회독 단계에서는 연필로 표시한다.

이렇게 A등급 주제는 표시를 자세히 하고, B등급 주제는 표시를 대충 하고, 작년에 나왔던 각론 주제는 눈으로만 훑으면서 넘어간다. 기출에서 본 물음을 떠올리면서 읽으면 더 효과가 있다.

3회독도 이와 마찬가지로 한다. 다만 좀 더 정독하면서 보고, 그동안 체크되어 있는 키워드를 보기 좋게 표시하면서 읽는다. 3회독부터는 형광펜이나 볼펜을 사용하며 읽어도 된다.

4회독부터 누적적 복습하기

기본서 4회독부터는 한 챕터에 할애하는 시간을 늘려야 한다. 한 챕터를 정독하고 연습문제도 풀어보는 등 다양하게 생각하면서 읽어야 한다. 그리고 챕터를 다 끝냈을 때 꼭 해야 할 일이 있는데, 직전에 공부한 챕터의 주요 내용과 키워드를 책을 보지 않고 말로 떠들어보는 것이다. 만약 소리를 내기가 곤란하다면 머릿속으로라도 떠올리면서 정리해야 한다.

다음 챕터로 넘어가서도 정독하고 연습문제를 풀고 그 챕터를 덮을 때 직전에 공부한 내용을 상기하는 작업을 한다. 이렇게 하루 동안 공부를 끝낼 때까지 지속해야 한다.

이 단계에서 내가 사용한 방법 가운데 가장 좋았던 것이 '누적적 복습'이다. 이것은 오늘 공부를 시작하기 전 어제 배운 챕터를 요약해서 말해보는 것이다. 책을 펴기 전 떠올려보는 것만으로도

족하다. 만약 기억이 나지 않으면 30분 정도를 할애해서 전에 공부한 내용을 기본서를 빠르게 훑으며 떠올린다. 이렇게 하면 그 내용들이 머릿속을 둥둥 떠다니게 된다.

이렇게 팝업된 지식을 가지고 오늘 공부를 시작한다. 오늘도 전날과 마찬가지로 챕터를 정독하고 진도에 맞게 연습문제를 풀고, 챕터를 넘기기 전 방금 공부한 내용을 요약해서 상기시킨다. 이 작업을 잠들 때까지 밀고 나가야 한다.

그다음 날도 같은 방법으로 순환을 거듭한다. 이때 누적적 복습은 어제까지 공부한 내용을 모두 상기시켜야 한다. 고통스럽지만 떠올리는 과정을 거치지 않으면 처음 했던 내용이 기억에서 사라지게 된다. 이렇게 누적적으로 복습하면 첫날 했던 공부내용은 수십 번을 반복하게 되어 나중에는 따로 공부하지 않아도 될 만큼 익숙해진다. 이렇게 4회독을 다 끝내면 앞의 챕터는 머릿속에 뚜렷한 잔상으로 남게 된다.

그 이후 회독은 뒤 챕터부터 역으로 같은 방법을 사용해 회독 수를 늘리면 된다. 이렇게 하면 정해진 범위 안에서 모르는 게 없을 만큼의 수준에 도달한다. 처음에는 힘들겠지만 누적적 복습이 습관이 되면 주관식 시험에서 놀라운 점수를 받을 수 있다.

독학을 한다면
꼭 개별 스터디를 하자

"대부분 2차 시험은 주관식인데, 주관식 공부는 혼자 해서는 길을 잃기가 쉽다. 나보다 조금 잘하는 사람이 포함된 곳에 가서 함께 공부하고 그들의 노하우를 배우는 것이 단기합격의 지름길이다. 학원의 순환강의도 분명 도움이 된다. 학원에 가기가 어렵다면 개별 스터디라도 조직해서 함께 공부하자."

주관식 시험을 준비하는 수험생들은 학원을 가야 할지 말아야 할지 고민이 많을 것이다. 나는 주관식 시험에 대비해서는 학원이 필요하다고 생각한다. 현장 강의를 듣지 못할 경우 인터넷 강의라도 듣는 게 좋다. 나는 공인회계사 시험을 제외한 다른 공부에서는 기본강의를 들으려고 학원을 이용한 일이 거의 없지만, 문제풀이나 모의고사 강의는 상당히 도움이 되었다고 생각한다. 학원에 가는 이유는 경쟁자들과 공부하며 동기부여를 하는 측면도 있고, 내용을 조금이라도 효율적으로 정리할 수 있기 때문이다. 주관식 시험은 쓸 내용을 정리하는 것이 매우 중요한데, 처음부터 중요한 내용을 골라내기는 쉽지 않다. 그래서 다른 사람의 도움을 받아 내용을 압축하는 과정이 필요하다.

그렇기에 학원을 이용할 수 없을 때는 스터디그룹이라도 만들어서 공부하라는 것이다. 나는 직장생활이나 군생활을 할 때는 너무 멀거나 시간이 맞지 않아서 학원에 다닐 수 없었다. 그런데 어느 범위를 어떻게 공부해야 할지 도움을 받아야 했고, 이때 활용한 것이 인터넷 강의와 스터디그룹이었다.

인터넷 강의는 요약강의로 충분하며, 어렵다고 느끼는 과목은 문제풀이 강의 정도만 추가로 들었다. 또 스터디그룹이 중요한데, 개별 스터디그룹을 모집하거나 가입할 때는 나보다 잘하는 사람이 많은 곳에 들어가야 한다. 내가 초보인데 나 같은 사람들만 모인다면 같이 공부한다는 것 외에 별 의미가 없다. 내가 공부하고 범위를 줄일 때 도움을 받을 수 없기 때문이다.

지금 지방에서 공부 중이거나 직장인이라서 독학을 해야 하는 상황이라면 자신이 참여할 수 있는 스터디그룹에 가입해 활동하자. 요즘에는 네이버 밴드나 카카오톡을 이용한 스터디도 있어서 모르는 것을 물어보고 조언을 얻는 방법이 많다. 그런 스터디라도 상관없으니 하나 정도는 꼭 가입해서 도움을 받자.

학원의 순환강의를
활용하자

"학원의 순환강의는 각종 2차 시험을 대비해 실력을 체계적으로 키워준다. 나는 이런 학원의 커리큘럼을 긍정적으로 생각한다. 주말에 강의하는 모의고사 반이라도 꼭 듣길 바란다."

변호사 시험이나 공인회계사 시험, 5급 공채, 감정평가사 등 주관식 논술형 시험은 학원의 모의고사반을 이용하면 큰 도움이 된다. 학원은 절대로 가지 말라고 주장하는 사람들도 있는데, 경제적으로 정말 힘든 상황이 아니라면 상대평가인 주관식 시험에서는 학원이 필수적이다. 물론 학원을 이용하지 않고 합격할 수도 있지만, 이는 극소수이고 3년 이상 장기간 공부하는 사람들이 대부분이다.

단기간에 시험에 합격하고 싶다면 매주 자신의 실력을 체크하고 연습할 수 있는 GS순환강의를 하나쯤 들을 것을 권한다. 직장인이나 지방에서 공부 중인 사람은 주말을 이용해서라도 듣는 것이 좋다. 그냥 문제를 풀고 강평을 듣는 시스템이지만, 그 덕분에 경쟁심이 살아나서 공부에 대한 의지를 북돋울 수 있다.

또한 내가 잘하는 과목을 시험해볼 뿐만 아니라 못하는 과목은 어떻게 공부해야 할지 피드백을 받는 것도 장점이다. 아울러 강사에게 질문할 기회도 만들 수 있고, 매주 예습·복습 범위를 확정하고 꾸준히 공부하는 계획을 세우기에도 좋은 장치다.

사례형 문제풀이를
위한 노하우

"개념문제는 그냥 암기해서 답안지에 보기 좋게 표현만 하면 좋은 점수를 받을 수 있다. 어쩌면 누가 답안지를 더 많이 채우느냐의 싸움으로 귀결될 수도 있다. 하지만 사례형 문제는 사례가 나타내는 논리나 판례가 무엇인지를 정확히 파악하지 못하면 아무리 많이 써내도 점수를 받기 어렵다. 무엇보다 출제자의 의도를 파악하는 것이 관건이다."

　개념을 물어보는 문제는 사실 쉽다. 그냥 요약집이나 기본서에 있는 대로 암기해서 답안지에 쓰기만 하면 되기 때문이다. 이런 문제는 기본서나 요약지를 반복해 읽으면서 암기만 잘하면 별문제가 없다. 그런데 사례문제는 단순히 암기만 해서는 시험에서 합격할 수준의 답안을 제출할 수 없다.

　지금부터 사례문제를 공부하고 풀 때의 요령을 알아본다.

기출문제를 풀며 출제자 입장에서 문제 들여다보기

나도 보험계리사 2차 시험 모의고사 문제를 출제해본 경험이 있어서 출제자의 심리를 잘 이해한다. 출제자는 문제를 출제할 때 묻고 싶은 쟁점이나 핵심에 대해 문제 속에 몇 가지 단서를 제공한다. 이것만 잘 파악하면 반은 먹고 들어간다. 사실 출제자의 의도를 잘 볼 수 있는 것이 역대 기출문제다. 강사인 나도 모의고사 문제를 낼 때 기출문제를 변형해서 출제했으니 기출문제는 수험생활의 가장 좋은 지침서라고 할 수 있다.

기출문제집을 풀면서 단서들에서 모범답안을 도출하는 연습을 꾸준히 하다 보면 출제자가 제시하는 중요한 문구가 눈에 들어오기 시작한다. 이것을 파악할 수 있으면 이미 절반은 성공한 것이다.

사례문제는 남들이 많이 택하는 결론으로 가자

사례문제는 기승전결이 뚜렷이 드러나야 한다. 그 가운데서 출제자가 가장 중요하게 보는 것은 서론인 '쟁점의 제시' 부분과 결론인 '사안의 해결' 부분이다. 중간의 학설, 판례, 검토 등은 어차피 비슷한 논리로 갈 테고 크게 빼먹지만 않으면 모든 수험생의 답이 유사하기 때문이다. 이때 쟁점 파악은 앞서 말한 바와 같이 철저한 문제 분석 연습을 전제로 한다.

수험생들이 가장 큰 차이를 보일 수 있는 부분이 결론인 '사안의 해결'이다. 사안에 적용하는 부분은 출제자가 가장 궁금해하는 부분이기도 하다. 왜냐하면 그것이 바로 사례문제에서 물어본 것에 대한 답이기 때문이다.

사안의 해결은 다른 사람들이 많이 선택하는 쪽으로 결론을 내야 한다. 그것이 무엇일까? 법학에서는 이것이 바로 판례와 통설이다. 각종 전문직 시험에서는 기준서나 지침서의 전형적 사례 해설이다. 이것으로 결론을 제시해야 높은 점수를 받을 수 있다.

정확한 용어와 표현을 사용하는 연습을 하자

보통 사례문제를 풀다 보면 사례에서 나온 용어를 그대로 사용해서 답안을 작성하고 그게 끝인 경우가 많다. 그런데 사례에는 핵심 용어에 대한 정의나 해답이 될 만한 표현이 숨겨져 있는 경우가 많다. 기본서나 요약서를 볼 때부터 용어를 정확히 암기해두었으면 그 용어를 사용해서 답안을 작성해야 한다.

아울러 법조문이나 기준서 등을 괄호 안에 정확히 써주는 것이 답안지의 신뢰도를 높이는 방법이다. 이는 사례문제를 풀 때 정확한 용어와 표현, 정확한 조문을 자주 써보는 데서 비롯된다. 채점자가 키워드로 채점한다는 말이 맞는다면 더욱더 신경써야 하는 부분이기도 하다.

노트 정리를
잘하는 방법

"노트 정리는 그 나름의 단권화 방법이다. 요즘에는 핸드북이나 일명 '찌라시'들이 넘쳐나기 때문에 잘 정리된 자료를 구해서 그 자료에 가필하는 식으로 노트 정리를 하는 것도 시간절약 측면에서 좋은 전략이다. 나는 대학에서 최우등 졸업을 할 때도, 각종 2차 시험에 합격할 때도 기분전환을 위해 노트 정리를 했다. 노트에 옮겨 적거나 정리하는 과정에서 복습이 되고 이해가 되는 효과가 나타나기 때문이다."

　노트 정리는 공부한 것을 스스로 정리해 노트에 적는 작업이다. 별것 아닌 것 같지만 노트 정리를 제대로 하려면 생각보다 많은 노력이 들어간다. 사실 어떤 내용을 노트에 요약할지 생각하는 것도 쉬운 일은 아니다. 막상 노트에 적으려면 막막해질 때도 있다. 노트에 정리하려면 우선 중요한 내용을 추려야 한다. 수업에서 교수님이 이야기한 내용 가운데 시험에 나올 만한 것을 추려서 노트에 요약해야 하는 것이다. 핵심을 골라 노트에 적으려면 당연히 수업을 열심히 들어야 한다. 게다가 모르는 것은 질문도 해야 한다. 그래야 비로소 노트 필기가 일종의 정교한 복습이 된다.

내가 수업을 듣고 만든 정리 노트는 나만의 요약서다. 특히 학점을 따는 데는 수업시간에 들은 내용을 요약한 자료가 필수다. 시중에 나와 있는 아무리 좋은 책도 이를 대체할 수 없다. 왜냐하면 대학에서 중간고사와 기말고사의 출제자는 수업을 맡은 교수님이기 때문이다. 노트 정리가 내신관리에서 이만큼 중요하기 때문에 다음에서 구체적인 방법을 살펴본다.

노트와 필기구의 선택

노트 정리를 하려면 우선 가지고 다니기 편한 노트와 노트를 꾸밀 필기구가 필요하다. 나는 노트를 과목별로 한 권씩 샀다. 노트는 스프링으로 된 것이 좋다. 들고 다니기 편해서다. 그리고 복습하는 과정에서 노트에 필기한 내용을 꼼꼼히 옮기면서 공부했다. 필기구는 제트스트림 0.7mm 검은색, 빨간색, 파란색을 구입해 사용했는데, 각자에게 맞는 펜이면 아무것이나 상관없다.

노트 정리를 하는 방법

기본 내용은 검은색으로 필기했다. 중요한 내용은 눈에 띄게 파란색을 사용했고, 교수님이 시험에 나온다고 강조한 내용은 빨간색으로 밑줄을 긋거나 별표시를 했다. 이왕이면 그래프와 도표는 따로 보기 좋게 정리했다. 정리하는 방법은 사람마다 다를 수 있다. 노트가 잘 만들어졌는지 검토하는 방법은 스스로 노트를 보면서 설명해보는 것이다. 설명이 잘된다면 정리도 잘된 것이다.

노트 정리 전 준비과정

노트 정리는 시험기간을 대비해서 하는 작업이다. 이것은 그전에 미리 교과서를 한 번쯤 읽어야 가능하다. 교수님 말씀을 필기하고 숙지해두어야 쓸데없는 내용을 노트에 요약하지 않는다. 시험기간에는 시험에 나올 내용을 무한 반복해야 한다. 노트 정리를 하려면 미리 복습을 여러 번 해야 하는 이유다.

유인물이나 교재에 요약하는 방법

어떤 과목은 매시간 교수님의 요약 노트나 PPT 슬라이드가 제공된다. 이런 수업에서 별도로 노트 정리를 하는 것은 매우 비효율적인 과정일 수 있다. 따라서 이 경우에는 노트 정리를 하는 대신 제공된 유인물에 수업내용을 표시하고 유인물의 빈칸에 교과서 연습 문제나 주요 사항을 요약한다. 그리고 이렇게 정리한 유인물을 시험기간에 반복하여 공부한다. 정리한 유인물은 얇게 정리가 되었을 뿐만 아니라 자주 보다 보면 익숙해지기 때문에 반복하여 읽고 암기하기에 편리하다.

개념 노트는 한눈에 보이도록 하자

경제학이나 수학 같은 과목은 개념 노트를 만드는 것이 도움이 된다. 이과 과목은 특히 노트가 공부시간을 오히려 줄여주고 복습하는 효과도 있기 때문에 더 중요하다. 노트는 줄이 있는 것이 규격에 맞게 정리하는 데 도움이 되며, 들고 다니면서 보기에는 스프링이 달린 노트가 유용하다. 내가 작성한 미시경제학 노트를 공개하니 참고하기 바란다.

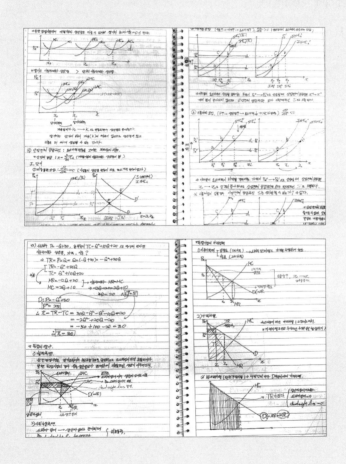

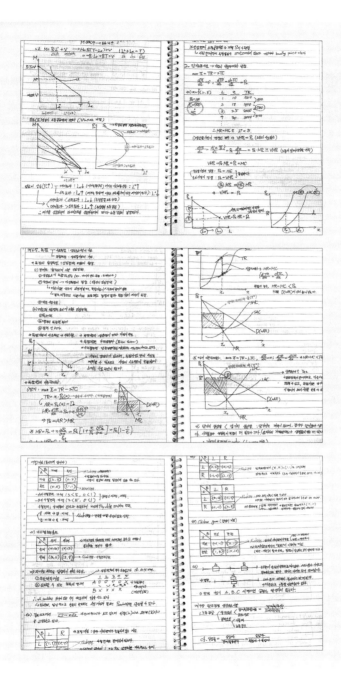

기출문제를 반복할 때마다
새로운 풀이 시도하기

> "기출문제를 반복하는 것은 지속적으로 출제자의 의도를 파악하고 시험에서 중요한 주제를 공부할 수 있다는 점에서 꼭 필요한 작업이다. 하지만 단순히 횟수만 늘리는 것은 별로 도움이 되지 않는다. 반복할수록 실력과 답안지 작성 센스가 늘어야 한다. 이를 위해서는 기출문제를 풀 때마다 새로운 풀이를 시도하거나 같은 풀이라도 조금씩 설명을 업그레이드해야 한다."

솔직히 기출문제는 대부분 출제자의 의도와 답이 정해져 있다. 그렇다면 시중에 나와 있는 기출문제집의 강사가 달아놓은 해설을 암기하는 게 좋을까? 절대 아니다.

기출문제의 최종 답은 정해져 있다 해도 답안지에 현출하는 논리와 풀이과정은 다양하다. 그리고 시험장에서 작성해 제출하는 답안지의 비주얼도 천차만별이기 때문에 조금이라도 채점자에게 어필할 답안을 연구할 필요가 있다. 기출문제에서 그 연습을 해야 한다.

기출문제를 처음 5번 반복할 때까지는 강사의 답안을 정독하고 따라가는 것이 맞다. 그렇게 하면 기본서에 있는 내용과 연결하기가 수월하다. 아무것도 모르는 상태에서는 나만의 논리가 나오기 어렵다.

그런데 기출문제 회독수를 늘릴수록 강사 답안지와 다른 나만의 논리를 펼칠 수 있어야 한다. 하다못해 같은 내용을 쓰더라도 내가 생각해둔 예시를 바꿔 써본다거나 목차의 논리를 변형해 더 보기 좋게 꾸며보는 등의 노력이 필요하다.

나중에는 직접 답안을 작성할 필요 없이 기출문제만 보고 어떻게 논리를 전개할지 머릿속으로 시뮬레이션해보는 작업만 해도 된다. 어떤 키워드가 중요하고 어떤 목차가 보기 좋을지, 어떤 예시를 들어 설명하면 어필이 될지 고민해보는 과정 자체가 공부다.

기출문제의 회독수를 늘릴수록 이번에 변형해서 나오면 어디까지 문제로 나올지 예상해보는 것도 큰 도움이 된다. 내가 출제자라면 어느 부분에 중점을 두고 물어볼지 연구하다 보면 분명 시험장에서도 좋은 답을 낼 수 있다. 출제자가 보고 싶어 하는 부분을 상상하면서 쓸 수 있기 때문이다.

주관식 시험을 준비할 때 기출문제를 다양한 각도로 보는 것은 아무리 강조해도 지나치지 않다.

키워드와
목차 노트 만들기

> "키워드와 목차 암기의 중요성은 아무리 강조해도 지나치지 않다. 왜냐하면 채점위원들은 그 두 가지만 보고 답안지를 평가할 것이기 때문이다. 장황하게 써 낸다고 해도 답안지에서 점수를 부여하는 포인트는 키워드다. 키워드가 빠진 답안지는 좋은 점수를 받을 수 없다는 것이 채점위원의 이야기다. 그래서 나는 키워드와 목차 노트를 따로 만들어 시간이 날 때마다 암기했다."

대학생 때 공인회계사 시험에 합격한 뒤 교수님들과 회식할 기회가 있었다. 그 가운데는 시험출제를 해보신 교수님도 있었다. 나는 그 많은 분량을 어떻게 채점하는지 물어보았다. 2차 시험 채점을 어떻게 하는지 정말 궁금하던 터였다. 교수님은 키워드로 점수를 매기고 부분점수도 준다고 말씀하셨다.

그렇다. 키워드와 용어의 정의를 정확히 쓰면 높은 점수를 받는다. 내가 좋은 점수를 받은 과목을 떠올려보니 역시 키워드를 적시하고 그 의의를 정확히 썼던 게 생각났다.

그 뒤로는 주관식을 공부할 때 키워드와 목차 노트를 만들어 막판에 활용했다. 챕터별로 키워드를 추려내고 그 용어의 정의를 정확히 적어두고 암기하는 한편, 기출문제나 모의고사의 해답으로 최적화된 목차를 노트에 따로 옮겨두고 눈으로 익혔다.

키워드는 약술형에서 "○○○의 개념에 대해서 논하시오"라는 물음에 답할 때도 유용하다. 그뿐만 아니라 논술형에서 정확한 용어구사로 신뢰도를 높일 수 있다. 아울러 이왕이면 물음에서 나온 용어의 개념이나 의의, 근거 등은 서론에서 미리 적시해두고 본론으로 들어가는 것이 좋다. 이렇게 하면 뒤에 나오는 내용이 별로여도 채점자가 좋은 점수를 줄 가능성이 커진다.

키워드가 일종의 '살'이라면 목차는 '뼈대' 역할을 한다. 목차를 자주 보면서 암기하면 비슷한 답안을 쓸 때도 같은 구조로 답하게 된다. 그리고 주제나 물음에 따라 준비된 키워드에 살을 붙이듯 서술해나가면 된다.

내가 만든 목차와 키워드 노트

나는 목차와 키워드 노트를 만들어서 2차 시험에서 활용했다.

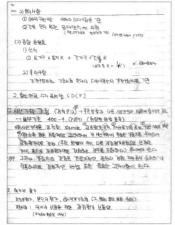
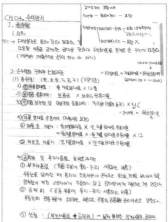

목차 노트는 기본서의 챕터를 앞에 나열하고 챕터마다 기출표시를 했다. 14', 15'처럼 숫자를 표기한 것은 그해에 기출되었다는 뜻이다. 작년에 기출된 주제는 다시 반복되지 않고 오히려 2년 전에 나온 주요 논점이 올해 출제될 가능성이 크므로 그 부분을 집중적으로 공부했다.

이렇게 목차 노트를 만들어두면 중요한 논점의 목차만 한눈에 볼 수 있고, 올해 출제될 만한 논점은 자주 목차를 떠올리며 내용을 반복해서 생각해볼 수 있다. 전 범위를 복습하는 효과가 있는 것이다.

키워드 노트는 자주 나오는 키워드와 그 개념만을 정리한 노트다. 주관식 시험의 특성상 개념이나 의의, 장단점을 논하라는 질문이 많으므로 그에 대비해 개념을 정확히 암기할 목적으로 키워드 노트를 만들었다.

키워드 노트는 개념과 의의 위주로 적되, 암기하기 쉽게 앞글자를 따서 빨간색으로 동그라미 표시를 해두었다. 이때 자주 기출된 개념에는 별표시를 하고, 옆에 몇 년 기출인지 표시를 하는 것도 좋다. 또한 개념과 관련된 학설이 있을 경우 개념 밑에 논쟁을 정리해두면 복습할 때 시간을 절약할 수 있다.

10점 이상 올려주는
답안작성 꿀팁

"작성한 내용이 같을 경우 답안지의 형식만 제대로 갖추어도 논리 없이 작성한 답안보다 훨씬 높은 점수를 받을 수 있다. 또한 답안 형식이 좋지 않으면 내용이 아무리 좋아도 과락의 위험이 높아진다. 출제자와 채점자는 친절하지 않다. 1,000부에서 1만 부 가까이 되는 답안지를 일일이 채점하다 보면 자세히 들여다볼 시간도 없다. 답안에도 풍기는 느낌이라는 것이 있고, 그 느낌에 따라서 점수가 왔다 갔다 할 수 있다."

오래전에 강사들도 그런 말을 했고 교수님들도 하신 말씀이 있다. 주관식 답안지는 목차와 키워드만 보고 채점하기 때문에 사실 채점하는 데 시간이 오래 걸리지 않는다는 것이다. 수백 부가 넘는 답안을 일일이 보고 세세한 내용까지 채점에 반영할 수는 없기 때문이다. 그렇기 때문에 채점위원도 답안에서 풍기는 분위기와 키워드만 보고 과락인지 과락이 아닌지 결정할 수밖에 없을 것이다.

우리는 웬만해서는 떨어지지 않을 답안 형식을 갖춰야 한다. 그러려면 답안에 목차로 전체 구조를 어떻게 보여주고 키워드를 어떻게 보여줄지 고민하고, 그래프와 도표 등을 적절히 배치해야 한다. 먼저 목차를 잡는 요령을 생각해보자. 목차는 보통 서론-본론-결론으로 나뉜다. 그런데 그냥 '1. 서론 2. 본론 3. 결론' 하는 식으로 잡으면 목차에서 어떤 답을 도출하고 싶은지 내용을 읽어봐야만 알 수 있다. 그러면 내용까지 자세히 봐야 하므로 채점자는 짜증이 나게 마련이다. 그래서 이왕이면 목차를 잡을 때 키워드와 답이 보이도록 하는 것이 좋다. 이것이 목차만으로도 한눈에 전체 글의 흐름을 보여주는 방법이다.

만약 "기업가치 평가에 대해서 논하라"는 물음에 답하기 위한 목차를 짜야 한다면? 다음 예를 보면 목차만 봐도 전체적으로 어떤 내용인지 알 수 있다.

그런데 법학 답안의 경우에는 답안작성 요령이 정형화돼 있는

> **좋은 목차의 예**
>
> 1. 서론—기업가치평가 시 무형자산 비중이 증가하는 현실
> 2. 기업가치평가의 개념
>   (1) 시장가치로서 기업가치
>   (2) 개별 자산가치 합으로서 기업가치
> 3. 기업가치평가의 방법
> 4. 평가방법상 문제점 및 유의사항
> 5. 결론—기업가치평가의 전망 및 개선안 제시

```
법학 답안의 목차
1. 문제의 소재
2. 학설의 대립
   (1) 긍정설
   (2) 부정설
   (3) 절충설
3. 판례의 입장
4. 검토 및 결론
```

경우가 많아서 이렇게 구체화하기 어려울 수 있다. 예를 들면 '문제의 소재-학설의 대립-판례의 입장-검토 및 결론' 순서로 쓰는 것이 일반적인 틀이다. 최근에는 로스쿨 교육으로 바뀌면서 두괄식으로 결론을 제시하는 것이 좋다고는 하지만, 아직도 많은 고시에서 이 형식이 당연시되고 있다.

최근 전문자격시험의 트렌드는 문제에서 물음을 세분화하여 제시하는 것이다. 그런 경우에는 물음이 잘 보이게 목차를 짜고 묻는 것에 철저히 답해야 한다. 일반적으로 배점이 큰 문제의 경우에는 서론을 보여주고 물음별로 목차를 제시한 뒤 결론으로 마무리하는 것이 좋다. 또한 배점이 작은 문제는 서론과 결론을 생략하고 바로 물음에 답할 수도 있다.

목차를 짜서 보여준 다음에는 키워드를 정확히 보여주는 것이 중요하다. 키워드는 괄호 안에 영어나 한자를 써서 강조해주는 것이 좋다. 예를 들면 "후입선출법(Last In First Out)"처럼 표시하거나 〈후입선출법〉 또는 '후입선출법'처럼 강조 표시를 해주는 것도 한

> 물음이 세분화된 전문자격시험의 목차
>
> 1. 서론
> 2. 핵심개념 정의
> 3. (물음 1) 국세기본법상 제2차 납세의무의 의의 및 사례
>   (1) 제2차 납세의무의 의의
>   (2) 제2차 납세의무의 사례
> 4. (물음 2) 국세기본법상 불복절차와 일반 행정법상 불복절차 비교
>   (1) 불복절차 일반
>   1) 국세기본법
>   2) 행정법
>   (2) 양 법의 공통점
>   (3) 양 법의 차이점
> 5. (물음 3) OOO의 문제점과 유의사항
> 6. 결론

방법이다. 이렇게 하면 채점자가 키워드를 채점할 때 찾기 쉬워서 득점에 유리하다.

마지막으로, 그래프와 도표 및 법조문을 잘 활용하면 보기 좋은 답안을 작성할 수 있다. 채점자에게 다른 답안지와 차별화된 답을 제시할 수 있는 것이다. 보통 수요와 공급이라든지 결과가 4개 이상 제시되는 경우에는 그래프와 도표로 요약해서 보여주면 글로만 제시한 답보다 정리되고 완성된 느낌을 준다. 실제로 답에 오류가 있더라도 정리된 느낌으로 부분점수를 후하게 받을 수도 있다. 또한 법조문은 관련규정을 쓸 때 괄호 안에 적시해주면 가산점을 받을 수 있다.

6장

공무원 시험

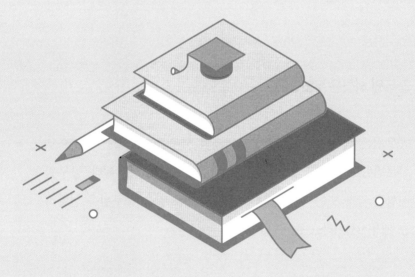

업무강도도 낮고 정년이 보장되며 연금까지 받을 수 있다는 메리트 때문에 공무원 시험을 준비하는 수험생이 많다. 공무원 시험도 다른 시험과 마찬가지로 단기간에 엄청난 양을 공부해야 하는 만큼 요령이 필요하다.

공무원 임용제도
소개

공무원 시험은 무엇인가

공무원은 국가 또는 지방 공공단체의 사무를 맡아보는 사람으로 사무범위에 따라 국가공무원과 지방공무원으로 분류된다. 공무원 시험은 국가 또는 지방 공공단체의 사무를 맡을 공무원을 선발하는 채용시험이라고 볼 수 있다.

공무원 채용방법

1) 공개경쟁채용

불특정 다수인을 대상으로 경쟁시험을 치러 상대적으로 우수한 자를 선발하는 방식이다.

2) 특별채용

공개채용을 실시하기에 부적당하거나 특수분야의 공무원에 한하여 수요 발생 시 예외적으로 선발하는 방식이다.

근무기간

1) 국가직 시험

인사혁신처 주관 시험으로 국가 중앙부처기관에서 근무하게 된다. 예) 국세청, 기획재정부, 법무부 등

2) 지방직 시험

각 지방자치단체 주관 시험으로 해당 지역에서 근무하게 된다. 예) 서울시 지방직 별도채용, 지방 교육행정직 등

7급·9급 국가공무원 공개경쟁채용시험

1) 행정직

행정직(일반행정·교육행정), 세무직, 관세직, 통계직, 사회복지직, 감사직, 교정직, 보호직, 검찰사무직, 마약수사직, 출입국관리직, 의무

영사직

2) 기술직

공업직(일반기계·전기·화공), 농업(일반농업), 임업(산림지원), 시설직(도 시계획·일반토목·건축·교통시설·도시교통·설계), 전산직(전산개발), 방송통 신직(전송기술)

시험시기

국가직(인사혁신처): 매년 4월경 시행(매년 1월 초 공고)

지방직(각 시·도): 매년 6월경 시행(시·도별 공고, 인사혁신처 수탁 출제/서울특별시를 제외한 전국 동시 실시)

＊ 사이버국가고시센터(www.gosi.go.kr) 참고

시험방법

1) 국가직·지방직

구분	출제범위	출제유형	문항수	시험시간
7급	7과목	4지선다	과목당 20문제	140분
9급	5과목	4지선다	과목당 20문제	100분

2) 서울시

구분	출제범위	출제유형	문항수	시험시간
7급	7과목	5지선다	과목당 20문제	140분
9급	5과목	5지선다	과목당 20문제	100분

응시자격

1) 국가직 공개채용

구분	응시연령	학력 및 경력
7급	20세 이상	제한 없음
9급	18세 이상(교정·보호직은 20세 이상)	제한 없음

2) 지방직 공개채용

구분	응시연령	학력 및 경력
7급	20세 이상	제한 없음
9급	18세 이상(교정·보호직은 20세 이상)	제한 없음

＊ 지방직은 거주지 제한이 있으므로 응시 전 확인 필요

시험과목

1) 9급

필수(3과목)	국어, 영어, 한국사
선택(2과목)	행정학개론, 사회, 과학, 수학, 행정법총론 등 직렬마다 조금씩 다름

2) 7급

직렬마다 다소 상이한 7과목	국어(한문 포함), 영어(영어능력검정시험으로 대체), 한국사, 헌법, 행정법, 행정학, 경제학 ＊ 행정직(일반행정) 기준

경쟁률 통계

인사혁신처가 공개한 '2022년도 국가공무원 공채 시험 경쟁률'을 보면, 785명을 뽑는 7급 공채 시험에 모두 3만 3,527명이 지원하여 경쟁률은 평균 42.7 대 1이었다. 9급 공채 경쟁률은 2011년에 122.7의 경쟁률을 보인 이후 하락하여 2022년 경쟁률은 29.2 대 1을 기록했다. 공무원 시험의 인기가 하락한 것은 맞지만 경쟁률은 다른 시험에 비해서는 여전히 높은 편이다.

공무원 시험 준비생들을 위한 특별한 조언

공무원 시험은 공통과목을 확실히 다지고, 직렬별로 차별화된 과목을 철저히 암기해야 필기시험에서 고득점이 가능하다. 그 비결은 역시 기출문제의 반복에 있다.

공무원 시험 수험생활을 시작하는 수험생들에게

공무원 시험의 경우 기존에 공부를 잘했던 사람보다 요령껏 공부하는 사람이 더 빨리 합격하는 것을 많이 보았다. 기본이 되는 과목을 먼저 탄탄히 정리하고 직렬별로 나뉘는 과목을 최대한 반복해서 시험장에서 골고루 득점하는 것이 중요하다. 수험생활 초반에는 국어나 영어가 어느 정도 돼 있고 한국사 지식을 어느 정도 갖춘 사람이 50% 정도는 유리한 면이 있다. 하지만 그것만 믿고 자만하다가는 다른 과목에서 밀려 불합격을 맛볼 수도 있다.

최근 공무원 수험계에서 유행하는 공부법이 몇 가지 있는데, 대표적인 것이 '아공법'이다. 나는 이 방법에 동의한다. 기본서 강의를 빠르게 한 번 돌리고 바로 기출로 넘어가는 것이 객관식 시험에서 고득점을 해야 하는 공무원 시험에서 많은 시간을 절약해주기 때문이다.

기본서를 처음 볼 때는 외운다는 생각으로 볼 필요가 없다. 그냥 강의와 함께 한 번 훑어보는 정도로 충분하다. 국어, 행정학, 헌법 등의 과목은 특히 기출문제를 풀어보고 출제 포인트를 익힌 다음 기본서에 중요한 부분을 가필해가면서 읽는 것이 좋다. 나오는 부분에 집중해야 시험에 효율적으로 대비할 수 있다.

한편 해커스, 공단기, 에듀윌, 김재규 등 공무원 시험 학원이 많은데 어디를 다니는 게 좋을까? 나는 학원이 어디냐는 크게 중요하지 않다고 본다. 교재가 나와 맞는지, 기출문제와 출제유형 정리 및 빈출 정도에 따라 얼마나 잘 요약된 자료를 제공하는지가 중요한 것이다. 그리고 대부분 학원은 이런 부분이 잘되어 있다.

누구나 공무원 시험에 합격할 수 있다

공무원 시험은 9급에 비해 7급이 어렵다고는 하지만 객관식 시험이다. 물론 경쟁률이 치열해 필기시험에서 고득점해야 하지만, 노력하면 만점 가까이 나올 수 있는 시험이다. 객관식 시험의 특성상 반복이 생명이다. '눈에 바른다'는 말이 있을 만큼 자주 봐서 눈에 익어야 한다. 눈에서 맴돌 정도로 내용과 기출문제, 요약집을 자주 보고 지식을 공고히 하는 것이 고득점의 비결이다.

공무원 시험을 기출문제로 공부하는 게 좋은가?

공무원 시험은 기출문제가 상당히 많이 축적돼 있으며, 출제자 의도를 파악하기에 기출만큼 좋은 자료도 없다. 기본서와 요약서를 보면서도 기출문제는 꾸준히 정리해두어야 좋은 성적을 거둘 수 있다. 간혹 기출문제와 기본서 정리가 완벽히 된 상태에서 모의고사 연습을 하는 것이 좋다고 하는 수험생들도 있지만, 이 부분에서는 정답이 없다.

모의고사도 사실 기출문제와 기본서를 변형한 것이다. 모의고사를 보는 이유는 그것으로 공부하거나 암기하기 위해서가 아니다. 현재 실력을 검증하고 연습해서 현장감각을 키우는 것이 모의고사의 목적이다. 그렇기 때문에 모의고사는 많이 풀수록 좋다. 그렇다고 모의고사가 합격에서 절대적 역할을 하는 것은 아니다. 실제로 모의고사 한 번 제대로 풀지 않고 합격한 사람도 많기 때문이다.

모의고사가 부담스럽다면 기출문제를 시간 재며 푸는 연습을 하는 것도 나쁘지 않다. 기출문제를 알맞은 크기로 프린트해서 국어, 영어, 한국사, 행정법, 헌법, 기타과목 등 시간배분을 하고 그 시간 안에 푸는 연습을 주기적으로 하면 굳이 모의고사를 볼 필요가 없다고 본다. 문제를 풀다가 모르거나 막히는 문제는 시간상 찍고 넘어가는 것도 필요하다. 그런 연습도 이때 하는 것이 좋다.

시험 전날과 시험장에서는 한 번 풀었던 기출문제나 서브노트 가운데 익숙한 것을 계속 반복하는 것이 좋다. 시험장에 가면 으레 긴장하게 마련인데, 적절히 긴장을 풀면서 기존에 공부한 자료를 눈으로 훑으며 머리를 예열하는 작업이 시험에 큰 도움이 된다. 시험날에는 평소 연습한 대로 쉬운 문제부터 풀고 막히면 찍기도 하면서 시간 안에 풀어내는 것이 중요하다.

공무원 시험의
과목별 준비

- **국어**: 어휘, 문법은 암기! 문학은 이해! 비문학은 매일 연습!
- **영어**: 어휘는 자주 보자! 문법은 따로 정리하되 지문과 함께 기출을 많이 보자!
- **한국사**: 내용적인 면에서 암기할 것이 많아 숲을 보는 연습이 중요하다!
- **헌법과 행정법**: 기본강의로 이해한 다음 복습은 기출문제로!

국어, 영어, 한국사, 헌법, 행정법은 공통과목이다. 일반행정직의 경우 행정학과 선택과목이 있고, 다른 직렬에는 이 두 과목만 바뀐다고 보면 된다. 나는 국어와 영어, 한국사가 기본이 되어 있다면 헌법과 행정법은 암기력의 싸움이라고 본다. 헌법과 행정법의 객관식 시험과 주관식 시험을 모두 치러본 경험이 있는 내가 볼 때는 법학에서 두 과목이 그나마 할 만하다고 생각하기 때문이다.

국어

국어의 경우 학원 커리큘럼은 기본서, 요약, 모의고사 등 다양하게 나와 있지만 기본강의를 빠르게 돌리고 독학할 것을 추천한다. 국어는 문법뿐만 아니라 어휘, 한자 등을 얼마나 암기하느냐에 따라 성패가 갈리는 만큼 억지로라도 암기해야 한다. 암기시간을 따로 정해두고 그 시간 동안 50개, 60개 하는 식으로 암기량을 정해서 외우는 것이 좋다. 무작정 외우면 지루하기 때문에 강의교재나 서브노트를 들고 산책하면서 암기하는 것도 나쁘지 않다. 수능공부를 할 때도 그랬겠지만 국어는 매일 꾸준히 하는 것이 중요하다. 문학과 비문학을 나눠서 문학은 이론을 공부하고 비문학은 하루에 2~3개 지문이라도 꾸준히 풀면서 연습해야 한다. 국어는 기출문제를 많이 풀면서 나의 사고방식을 잡고, 암기할 부분을 별도로 암기하는 등 꾸준히 내공을 쌓아야 하는 과목이다.

한국사

한국사는 개념정리가 필수다. 시중에 나와 있는 수험서를 보면 두껍고 어렵게 되어 있어 의외로 만만치 않은 과목이다. 연도별로 특징과 핵심내용을 정리해보고 한번에 정리하는 연습을 하면 큰 도움이 된다.

양이 많은 과목일수록 나무보다는 숲을 보는 것이 좋다. 연도와 핵심 키워드만이라도 매일 전체적으로 확인한다면 다소 헷갈리는 시대별 개념이 정리될 것이다. 또한 한국사 공부는 반복이 생명이므로 정리된 내용이 암기될 때까지 자주 보아야 한다.

행정법과 헌법

행정법과 헌법은 법학과목이기 때문에 법학을 전공하지 않은 사람에게는 가장 생소하고 어려운 과목일 것이다. 이런 과목은 인터넷 강의 등으로 빠르게 한 번 개념을 이해하고, 기출문제를 풀면서 기본서나 요약서에 기출의 핵심 포인트를 옮겨서 단권화하는 것이 좋다. 자주 틀리는 문제나 어려운 문제는 그대로 옮겨적고 표시해두었다가 자주 보는 등 익숙해지도록 노력해야 한다.

공무원 수험계
대세의 공부법 완전분석

공무원 수험계는 전통적으로 고승덕 변호사의 공부법을 기초로 하며, 구체적인 공부법으로는 '아공법(아침의 눈 공부법)'과 '불피법(불합격을 피하는 법)'이 있다. 세 가지 공부법은 수험생들에게 실질적인 도움을 주는 내용이지만 저마다 강점과 단점이 있다. 다음에서는 각각의 공부법을 분석해 수험생들이 어떻게 적용하면 좋을지 밝혀본다.

고승덕식 공부법은 멘털트레이닝에 딱!

고승덕 변호사의 공부법은 공무원 시험 준비생들 사이에서는 바이블로 통했다. 한때 17시간 공부법, 비빔밥 공부법 등으로 유행했을 정도다. 나도 한동안 고승덕 변호사의 공부법을 따라 하려고 시도 해봤지만 그리 쉽지 않았다. 그래도 동기부여 측면에서는 무척 좋은 공부법임이 틀림없다. 방법론으로는 따라 하기 어렵지만, 마음을 다잡고 공부에 대한 의지를 다지는 데는 큰 도움이 된다.

나는 그의 책이나 강연을 모두 듣고 교회에서 간증하는 것도 보았다. 그는 정말 극적인 스펙과 스토리의 소유자다. 사법 시험 1차를 3개월 만에 패스하고 1년도 안 돼 그 어렵다는 사법 시험에 한 번에 합격했다. 1차 시험은 객관식이라 운이 작용하거나 찍을 수라도 있지만, 주관식인 2차 시험을 패스하려면 50권이나 되는 책을 꼼꼼히 보아야 한다. 짧은 시간 안에 그 공부량을 채우는 것은 거의 불가능에 가까운데도 그는 해냈다.

다음에서 고승덕 변호사가 밝히는 공부와 인생의 법칙을 구체적으로 알아보자.

"인생은 상대성 게임"

인생이 상대성 게임이라는 말은 절대적 완벽을 추구하는 것이 별로 의미가 없다는 말로 들린다. 고승덕 변호사는 처음 고시책방에서 고시서적들을 보았을 때 3년을 공부해도 1차 시험에 합격할 수 있을지 몰라 두려웠다고 한다.

그는 완벽하게 공부하려면 정말 오래 공부해야 한다고 말한다. 즉, 남들보다 조금만 잘하면 합격하는 것이 시험인 만큼 완벽하게 공부하는 것은 합격과 무관한 이야기라는 말이다. 남들보다 1점만 더 받으면 합격이므로 다른 사람들보다 어떻게 열심히 공부할지를 고민해야 한다는 것이 이 메시지의 핵심이다.

나는 그의 주장에 동의한다. 어떤 시험이든 100점을 받아야 합격하는 것은 아니다. 솔직히 나도 만점을 받은 적은 몇 번 되지 않는다. 대학교 전공수업의 기말고사에서 만점을 받았고, 아무리 완벽하다고 생각해도 자격시험에서는 96점이 최고점이었다.

2022년 치러진 감정평가사 시험에서 2차 시험의 최고점수가 73.50점이었던 것을 보면 완벽하게 공부해서 만점을 받는 것이 합격의 지름길이 아닌 것은 분명하다. 차라리 효율적으로 커트라인 점수를 넘기는 것이 시험에 알맞은 접근이라 할 수 있다.

"남들과 나의 능력이 같다고 전제하라"
고 변호사는 자신의 아이큐가 높지 않기 때문에 남들보다 크게 유리하지 않다고 생각했고, 능력이 같다면 더 노력해서 그들을 앞설 수 있다고 생각했다. 그 가능성을 높이는 것은 노력뿐이었다.

생각해보면 가장 중요한 이야기일 수 있다. 나도 시험에서 여러 번 떨어져보았다. 합격할 때는 정말 내 실력이 부족하다고 생각해서 죽을힘을 다해 공부했고, 평소 모의고사 성적이 높다는 이유로 자만해서 막판에 열심히 노력하지 않은 결과는 불합격이었다. 결국 시험의 결과는 태도에 따라 달라진다는 것을 경험한 것이다. 그러므로 스스로를 과대평가하는 오류에 빠져서는 안 된다.

"공부는 시간 × 집중도라는 생각"

시간은 누구에게나 공평하게 주어지기 때문에 집중도를 높여야 성공할 수 있다. 고 변호사는 책을 읽을 때는 벼랑에 매달린 기분으로 읽어야 한다고 말한다. 최대집중력을 발휘했을 때와 그러지 않았을 때 효율성에서 5배나 차이가 났다는 것이다.

나도 시간과 집중도가 공부의 효과에 영향을 준다고 믿는다. 다만 시간도 어떻게 사용하느냐에 따라 상대적이라고 생각한다. 누구에게나 24시간이 주어지지만 자신이 관리하기에 따라 공부시간이 달라질 수 있다. 그냥 앉아 있는 시간이 아니라 집중하는 시간이 중요하다. 또한 공부시간도 의지에 따라 얼마든지 늘려나갈 수 있다. 최대한 생활 패턴을 단순화하고 공부시간을 확보하는 것이 수험생에게 가장 중요한 작업이 아닐까.

"처음 한 달만 버티면 그다음에는 관성으로 밀어붙일 수 있다"

그는 처음 한 달 동안 열심히 매진하면 그다음에는 공부하는 습관이 들게 되고 점진적으로 시간을 늘리면 최대 17시간도 공부가 가능하다고 주장한다.

사실 습관은 공부를 지속하는 힘이라고도 할 수 있다. 처음 한 달 동안 하루 8시간씩 공부하는 것으로 시작하면 기본 8시간은 꾸준히 공부할 힘이 생긴다. 그다음에 점진적으로 시간을 늘려나가면 하루 종일 공부하는 것도 부담스럽지 않게 된다.

그런데 나는 이런 습관화 과정이 길어지면 안 된다고 생각한다. 적어도 한두 달 안에 나의 최대치를 경험해야 그 최대의 공부시간과 집중력에서 가감조정해 공부의 힘을 유지할 수 있다. 처음부터 목표치를 너무 낮게 잡으면 1년이 지나고 시험이 끝나고 나서야 최대 공부량을 달성할 수 있다. 시험에 불합격하고 최대 공부량을 달성해본들 무슨 의미가 있겠는가.

"시험의 성공은 시험 전 일주일에 달려 있다"

모든 시험에서 시험 전 일주일이 가장 중요하다는 것은 공부를 해본 사람이라면 누구나 아는 사실이다. 마지막 일주일 안에 전 과목을 보려면 이미 6~7번은 책을 읽어놓았어야 한다. 고 변호사는 고시책 50여 권을 여러 번 읽었는데, 50권을 처음 읽을 때는 5개월이 걸렸지만 마지막에는 일주일 만에 50권을 다 읽을 수 있었다고 말한다.

시험의 막판이 초반 공부량보다 중요하다는 것은 누구나 아는 사실이다. 하지만 초반에 몰아치는 공부를 하지 않으면 마지막에 가서 우왕좌왕하다가 시험장에서도 정리되지 않은 채 헤맬 것이 분명하다. 50권을 일주일 동안 보았다고 되어 있는데, 나는 과목당 1권으로 단권화하거나 서브노트로 단권화해서 마지막 1주일 동안 얇은 분량을 7번 돌릴 수 있어야 합격에 더 가까워진다고 생각한다.

삶은 선택과 갈등의 연속이라고 한다. 공부도 마찬가지다. T1은 현재, T2는 미래라면 T1인 현재에 하지 않으면 안 되는 일을 우선적으로 하라는 것이 고 변호사의 주장이다.

모든 선택에는 포기해야 하는 가치가 있다. 그것이 바로 기회비용인데, 기회비용이 크다는 것은 포기하는 데 따르는 가치가 그만큼 크다는 것을 뜻한다. 나도 한 가지 시험을 치를 때 친구들과의 모임이나 데이트를 포기하곤 했다. 그것의 가치가 기회비용인데, 공부를 포기하는 것보다는 데이트를 포기하는 것이 기회비용이 작다는 판단에서다.

어쩌면 당연한 이야기지만 사람들이 느끼는 주관적 기회비용은 제각기 다를 수 있다. 객관적으로 지금 아니면 하지 못하는 것의 가치를 크게 인식하고 이를 위해 노력하는 것이 수험생에게 가장 필요한 접근이라고 본다.

불피법에서 핵심적으로 적용할 방법들

고시와 공무원 수험가에서 한때 가장 인기를 끌었던 공부법이 불피법(불합격을 피하는 법)이다. 오래전만 해도 불피법은 누구나 한 번쯤 보는 공부법의 바이블로 통했다. 그런데 시대가 지나고 사법 시험이 사라진 지금, 불피법의 공부방법론도 실행 측면에서 절반 정도만 유용하다고 생각한다.

공부의 마인드에서부터 구체적인 생활원칙을 제시하고 시험에 대비할 때 실수할 부분을 조금이나마 줄여준다는 점에서는 긍정적이지만, 구체적으로 실천하기에는 부족함이 많기 때문이다. 예전 사법시험에 잘 통하던 공부법이 현재 공무원 시험이나 자격시험에 완전히 적용되지 못하는 듯한 느낌도 있다. 그래도 참고할 만한 점이 많은 공부법인 만큼 함께 분석해보는 것도 의미가 있으리라 본다.

"전국 모의고사를 보아라"

불피법은 전국 모의고사가 시험 전 자신의 잘못을 확인하고 수정할 가능성을 주는 제도라고 말한다. 그래서 공부한 지 몇 개월이 지난 뒤부터는 한 달에 한 번은 모의고사를 치를 것을 권한다.

나도 모의고사는 많이 볼수록 좋다고 생각한다. 회계사 시험을 준비할 때는 매주 모의고사만 3~4번씩 치렀고, 감정평가사 시험을 준비할 때는 일주일에 한두 번씩 주말에 학원 순환모의고사반을 수강하면서 내 위치를 지속적으로 확인했다.

공무원 시험의 경우 9급은 모의고사가 절대적이라기보다는 완벽한 연습과 반복이 중요하고, 7급은 모의고사로 현장감각을 익히고 좀 더 정교한 공부를 추구하는 것이 좋다. 실제로 9급 공무원 합격생의 이야기를 들어보면 기출문제의 반복과 암기의 습관화가 모의고사를 통한 감각 살리기보다 중요하다고 말했다.

"조언자를 만들어라"

물어볼 것을 반드시 물어보고, 같은 시험을 준비하는 사람 가운데 조언자를 만들수록 유리하다고 한다. 되도록 한 명보다는 두세 명에게 묻는 것이 좋고, 공부 내용이 이해가 안 될 때는 암기하는 것도 한 방법이라고 말한다.

나는 조언자보다는 협력자를 많이 만들수록 좋다고 생각한다. 무턱대고 조언에 의존하기보다는 스스로 문제를 해결해보려 노력하고 잘되지 않았을 때 선생님이나 교수님을 통해 해결해야 기억에 오래 남기 때문이다. 또한 일방적으로 배우기보다는 스터디에서 서로 모르는 것을 공유하고 해결해보는 것도 좋다. 스터디에서 스스로 설명해보고 먼저 검증해보는 것이 메타인지를 높이는 데도 유리하기 때문이다. 이렇게 하면 시험 합격률이 획기적으로 높아질 것이다.

"불합격의 원인을 찾아라"

불피법에서는 여러 번 떨어진 사람은 시험에 떨어진 원인을 무시하고 같은 방법으로 공부하기 때문에 계속 실패하는 것이라고 말한다. 그리고 합격자의 비법을 듣는 것이 불합격의 원인을 찾는 좋은 방법이라고 알려준다.

불합격의 원인을 복기해서 그것을 고치려고 하는 태도는 정말 중요하다. 해마다 떨어지는 사람은 계속 떨어지고 누군가는 쉽게 합격하는 것이 바로 시험이다. 시험에서 요령과 기술이 차지하는 비중은 생각보다 크다. 자신의 공부법과 기술이 잘못되었다고 생각하면 과감하게 방법을 바꾸는 태도가 합격을 이뤄낸다고 생각한다.

"밥 먹고 잠자는 시간 빼고는 다 공부에 투자하라"

적게 공부하고 붙는 시험은 없다. 오롯이 공부에 시간을 투자해야 합격한다는 것이 불피법의 일관된 주장이다.

어찌 보면 당연한 이야기다. 고승덕 변호사도 밥 먹고 잠자는 시간 외에는 공부만 했다고 한다. 심지어 밥 먹는 시간도 줄이려고 밥을 비벼 먹었다고 하지 않는가. 그런데 밥 먹는 시간과 잠자는 시간도 잘 활용하면 공부 효율을 극적으로 올릴 수 있다. 밥 먹으면서 공부한 내용을 떠들면 뇌에 각인되는 양도 많아진다. 또 하루 동안 공부한 내용을 상기하면서 잠자리에 들면 아침에 기억력이 뚜렷해진다. 이렇게 모든 노력을 공부에 집중하는 것이 합격의 길이다.

"구체적인 공부법은 다음을 따르자"

기본서 1회독은 소설을 읽듯 한 과목씩 끝내고, 기출문제를 기본서에 표시하고 그 부분을 중점적으로 반복해야 한다. 객관식 문제집은 시험 볼 때까지 반복하고 시험 보기 한 달 전부터는 핵심체크 OX문제집만 반복해서 봐야 한다. 책 읽는 속도는 최소한 1시간에 10페이지 정도를 유지하고, 한 과목씩 순서대로 공부하고 다음으로 넘어가야 한다.

불피법에서 가장 좋은 부분이 이 내용이다. 지나치게 구체적으로 페이지수나 횟수를 제한하는 것은 위험하지만, 나 나름의 횟수를 발견하는 데는 도움이 되었다.

그동안 공부해오면서 시험요령으로 꼽는 것은 기출문제를 통한 기본서 단권화이다. 그리고 막판에는 서브노트나 요약문제집 위주로 무한반복을 하는 것이다. 이렇게 하면 시험장에서 반응속도를 높이는 데 많은 도움이 된다.

> **"객관식 시험 문제집은 한 권 정도가 적당하며, 3회 이상 반복하되 너무 많은 시간을 써서도 안 된다"**
> 불피법에서는 객관식 문제집을 기출문제가 정리된 뒤 보라고 한다. 또 답을 맞히려고 시간을 지체하지 말고 헷갈리는 문제는 외우라고 한다. 객관식 문제집의 복습은 1회독을 하고 2주 정도 지난 뒤에 하는 것이 좋고, 시간 안에 문제를 푸는 연습을 지속하는 것도 필요하다고 말한다.

객관식 시험에 대해서는 내가 더 할 말이 많다. 사실 불피법의 방법은 전적으로 맞지만 개인 차이가 있다는 사실을 조금 간과한 것 같다. 나는 기본서가 공부된 상태에서 문제집을 보거나 기출문제를 다 정리한 상태에서 문제집을 볼 필요는 없다고 생각한다. 그냥 문제집으로 공부를 시작해도 되기 때문이다. 실제로 기본서 없이 문제집만으로 여러 시험에서 합격해봤기 때문에 이에 대해서는 확신할 수 있다.

요즘 문제집들을 보면 강사들이 요약과 해설을 정말 깔끔하고 풍부하게 달아놓았다. 당연히 기출문제와 자주 나오는 문제유형도 정리되어 있다. 불피법이 처음 나왔을 때는 지금처럼 좋은 문제집이 많지 않았다.

최근에는 문제집만 보아도 중요한 부분을 밀도 있게 공부할 수 있으므로 기본서에 너무 의존할 필요가 없다. 차라리 문제풀이 강의나 요약강의를 활용해 반복적으로 공부하고, 기본서는 이해가 안 되는 부분만 찾아서 읽어보는 식으로 공부해도 된다.

"학원강의는 어려운 내용을 이해하고 과목별로 중요한 것을 정리하기 위해 존재한다"

불피법에서는 객관식 시험의 경우에는 학원강의가 필요 없다고 말한다. 문제를 이해하지 못하고 풀어도 되기 때문이다. 그보다는 혼자 공부할 시간을 확보하는 것이 더 중요하다고 한다. 이와는 달리 주관식 시험은 학원강의가 필요하며, 복습을 하면서 들어야 한다고 말한다. 이때 강사는 과목별로 정평이 나 있는 강사를 선택해야 한다.

나도 객관식 시험에는 학원강의가 절대적이지 않다고 생각한다. 다만 학원강의는 초심자가 시험에 접근할 때 낭비되는 시간이나 시행착오를 줄여준다는 장점이 있다. 더욱이 비전공자에게 생소한 경제학이나 행정법, 행정학 등은 기본강의를 들으면서 논리를 잡아두는 것이 필요하다.

무조건 강의가 필요 없는 것은 아니지만, 객관식의 특성상 완벽히 알아야 답을 맞힐 수 있는 것은 아니라는 점에서 일견 타당한 주장이다. 또한 객관식 시험은 학원보다는 스스로 공부하는 시간을 확보해야 한다는 데는 전적으로 동의한다.

"중요도에 따라 시간을 배분하고 모든 것을 다 잡으려고 하면 안 된다"
완벽주의자는 장수생 또는 불합격생이 되기 쉽다는 주장이다.

완벽주의자의 장점은 꼼꼼하게 기억의 정확도를 높일 수 있다는 것이지만, 이는 학교 내신처럼 범위가 좁은 시험에만 해당한다. 공무원 시험은 생각보다 범위가 넓고 정리해야 하는 양도 많다. 이런 시험에서는 최대한 과감하게 넘어가되 회독수를 늘리면서 기억의 정확도를 높이는 것이 유리하다. 처음부터 완벽하게 암기하고 넘어가려고 하면 진도를 나갈 수 없다. 따라서 회독수를 높여가면서 완벽주의적 성향을 조금씩 발현해보는 것이 좋다.

그 밖에도 불피법에는 옷 입는 방법, 공부와 터, 체력과 몸관리, 스트레스 관리 등이 언급되어 있는데, 사실 이것은 주관적인 견해라고 생각한다. 정말 중요한 점은 자신에게 맞는 환경, 즐거움을 느낄 수 있는 분위기에서 공부해야 한다는 것이다.

또한 시험요령은 시험을 많이 볼수록 늘게 되어 있다. 이를 위해서 가장 좋은 방법은 앞에서도 언급한 대로 모의고사를 많이 보는 것이다. 연습이 완벽을 만드는 것이지 완벽주의가 완벽한 합격을 만들지는 못한다는 것을 명심하자.

아공법에서 핵심적으로 적용해볼 방법들

아공법(아침의 눈 공부법)은 공무원 시험에 특화된 방법으로 합격한 저자가 공무원 수험생들을 위한 커뮤니티를 운영하며 정리한 노하우를 토대로 만든 공부법이다. 한때 인기가 매우 높아서 공무원 시험을 준비하는 수험생이라면 누구나 한 권은 산다는 소문이 있을 정도였던 공부법이다.

아공법 책을 일독하면서 느낀 점은 이것이 '불피법의 새로운 공무원식 버전'이라는 것이다. 아공법은 불피법에 저자의 합격 노하우와 다양한 사례도 추가돼 공무원 시험에서는 불피법보다 훨씬 현실적이고 적합도가 높아 보인다.

아공법에는 불피법과 겹치는 주장이 많이 나오므로 유사한 내용은 제외하고 공무원 시험에서 적용할 만한 것들을 내 방식대로 풀어보겠다.

> "정석대로 공부하여 합격할 가능성은 100명 중 1명이다. 아공법은 기출문제를 중심으로 공부하는 방법이다."

이 공부법에 대한 첫인상은 정말 우리의 통념과 반대되는 방법으로 빠르게 합격할 수 있다는 점을 일관되게 주장한다는 것이다. 시험에서 실패만 하던 시절 내가 사용한 방법은 두꺼운 기본서만 수십 번 보고 시험장에서 내공을 발휘해 합격하는 것이었는데, 아 공법은 이 방법의 오류를 잘 이야기하고 있다. 그런데 이를 설명하는 사례를 너무 많이 실어 다소 지루하게 느껴진다. 기출문제를 먼저 확인하고 이를 통해 시험에 자주 나오는 부분만 걸러서 집중하는 방법은 공부하면 할수록 가장 중요하게 적용돼야 할 방법이다. 아공법은 이 부분에 중점을 두고 있다.

"강의는 결코 필수적인 것이 아니다."

강의는 강사의 말이 모두 중요하게 들리게 하며, 중요하지 않은 것을 공부하는 데 시간을 허비하게 만든다는 것이 아공법의 주장이다. 어쩌면 학원강의를 듣는 것이 필수가 아니라고 주장하면서 그보다는 독학으로 공부할 것을 권하는 거의 유일한 책이 아닐까 싶다. 아공법은 강의가 지닌 함정을 이야기하는데, 이것은 강의의 장점을 다소 간과한 측면이 있어 보인다. 즉, 수강을 위해 쏟아야 하는 시간과 비용이 엄청나게 크다는 점을 강의의 문제점으로 꼽는데, 강의 없이 공부하면서 헤매고 방황하는 시간을 따져보면 이 또한 오해가 아닐까 생각한다.

확실히 장수생에게는 강의가 필요 없다. 하지만 내 경험으로 보아 처음 시험공부에 임하는 초심자들에게는 강의가 매우 유용하다. 처음부터 책만 보고 이해할 수 있는 소수를 제외한 일반 수험생에게는 중요한 부분을 잘 요약해서 전달하는 강사의 역할이 중요하기 때문이다.

게다가 모든 것을 중요하게 이야기하는 강사는 이미 강사로서 강점을 상실한 것이다. 나도 강의를 해보았지만 시험에 나오는 내용만 최대한 쉽게 전달하려고 노력하는 사람이 강사이기 때문이다. 그냥 많은 수험생이 듣는 강의를 들으며 최대한 시간을 할애해서 자기만의 복습시간을 확보하는 게 더 빠른 방법이 아닐까.

> "기본서로 학문을 하는 수험생이 많다. 90점을 받게 해주는 500페이지 책보다 100점을 받을 수 있게 하는 1000페이지 책에 집착하는 사람이 많다."

아공법은 기본서를 버려야 한다고 일관되게 주장하며, 이에 대해서는 나도 동의한다. 나도 기본서를 보지 않고 문제집만 가지고 효율적으로 공부해서 1년 만에 고난도 시험에 합격해본 경험이 있기 때문이다. 사실 문제집에도 이론이 요약돼 있고, 시험에 자주 나오는 부분은 문제집에 다 있다.

기본서를 보지 않는 게 불안하게 느껴질 수도 있지만, 기본서를 다 읽는 시간에 문제집을 빠르게 3번 보는 편이 훨씬 기억에도 오래 남고 시험 대응력도 높아지는 것은 분명하다. 시험에 합격해본 사람은 요약서나 문제집이 기본서보다 얼마나 효율적인지 익히 알 것이다.

9급 공무원 합격자들의 공부 노하우

9급 공무원 시험(군무원 시험도 유사)은 수능과 비슷하게 국어, 영어, 한국사를 필수과목으로 하고 행정법총론, 행정학개론, 사회, 수학 등은 선택과목으로 한다. 즉, 국어, 영어, 한국사는 모든 공무원 직렬에 빠지지 않는 과목이므로 공통되게 접근하면 되고 나머지 과목은 전략적으로 선택해야 한다.

9급 공무원 시험 및 군무원 시험 합격자들을 만나 많은 노하우와 공부요령을 알아볼 수 있었다. 수험생들이 가장 궁금해하는 과목별 공부법을 다음에 소개한다.

이 질의응답은 9급 공무원 합격생 5명과 신임 군무원 (이미 공무원 수험생활 경험이 풍부한 교육생)들을 인터뷰한 뒤 가장 실용적인 내용만 정리해서 실었다.

Q. 국어에서 좋은 점수를 얻으려면 어떤 준비가 필요합니까?

A. 국어는 고득점이 가능한 과목이지만 벼락치기보다는 꾸준함이 필요합니다.

국어는 컨디션과 감정에 영향을 많이 받는 과목인 것 같습니다. 특히 그날의 집중력과 분석력에 따라 시험점수가 왔다 갔다 하죠. 독해력은 집중력과도 관련이 있으니까요.

공무원 국어는 어문(어법), 비문학, 문학, 어휘 및 사자성어로 구성돼 있습니다. 어문(어법)부터 공부하는 것이 유리한데, 나중에는 비문학과 문학에 시간을 쓰다보면 어문(어법)에 소홀해질 가능성이 크기 때문에 미리 완벽하게 잡아둘 필요가 있습니다. 나머지 영역도 매일 꾸준히 감을 유지하듯 공부하는 것이 좋고요. 강의는 어문(어법)을 먼저 듣고 동형 모의고사를 들으면서 기본서와 기출문제집을 꾸준히 돌렸습니다. 강의는 수험생 커뮤니티에서 가장 많이 언급되는 강사를 찾아 들으면 됩니다.

Q. 국어 공부를 꾸준히 하라고 하셨는데, 어떻게 공부해야 할까요?

A. 국어는 지식보다는 감각을 늘리는 훈련이 필요합니다.

처음부터 감각을 키우는 것은 무리가 있으니 첫 1~2개월은 개념을 잡기 위해 기본서를 보면서 하루에 일정 시간을 기초지식을 쌓는 데 투자해야 합니다. 그리고 평소에도 글을 읽으면서 문법이나 논리적 오류를 생각해보는 연습을 하면 도움이 됩니다.

국어는 어문, 비문학, 문학, 어휘 등 모든 영역을 골고루 공부하는 것이 중요한데, 특히 어문규정과 사자성어, 어휘는 암기가 필요한 부분이니 휘발되지 않게 매일 상기시키는 것이 좋습니다. 비문학 공부는 매일 한다고 실력이 늘지는 않으니 2~3일에 한 번 집중해서 공부하는 것이 좋다고 생각합니다.

아공법이나 거꾸로 학습법에는 기출문제부터 보라는 내용이 있지만, 저는 처음부터 그렇게 하다가는 아무 지식 없이 문제만 보다가 시간을 날릴 것 같아 적용하지 않았습니다. 차라리 기본서를 빨리 보고 이해한 뒤 시험이 다가올수록 기출문제의 비중을 늘리며 공부하는 것이 바람직하다고 봅니다. 강의는 기본강의를 들으면 충분해요. 문제풀이강의는 국어에서는 크게 도움이 되지 않았습니다. 국어는 꾸준히 감을 유지하는 것과 암기가 중요하기 때문에 강의에 시간을 너무 많이 뺏기지 않는 것이 좋습니다. 국어 역시 반복하면 실력이 향상됩니다. 기본서는 1회독을 하며 강의를 듣는데, 처음에는 꼼꼼히 받아 적기도 했습니다. 강의를 들으면 최대한 빠른 시간 안에 두 번 정도 복습하는 것이 좋습니다. 그 정도가 되면 개념이 머릿속에 자리 잡으니까요. 그리고 기출문제를 최신 것부터 역순으로 풀어보면서 자신의 사고력을 잡는 훈련을 하면 됩니다.

기출도 반복이 중요합니다. 2~3번 정도 반복한 뒤에는 오답 노트를 만들거나 틀린 문제 위주로 꼼꼼히 해설을 읽고 분석해봐야 합니다. 2~3번 정도 풀면 맞히는 문제와 틀리는 문제에 대한 구분이 어느 정도 되거든요. 또 시간을 재며 문제를 많이 풀수록 당연히 점수가 오르겠죠.

Q. 국어의 영역별 공부는 어떻게 해야 합니까?

A. 어문, 고전문법, 비문학, 문학, 어휘 모두 고득점을 위한 공부방법이
달라요.

어문규정은 정말 다 맞혀야 하는 영역입니다. 처음부터 개념만
잘 잡고 암기하면 틀릴 이유가 없지요. 어문규정은 강의를 들으면
서 원리를 익히고, 맞춤법통일안과 같이 자주 나오는 파트는 예시
를 반복적으로 암기해두면 실수를 줄일 수 있습니다. 고전문법에서
는 훈민정음의 원리 및 표기법을 암기해야 합니다. 물론 이것도 대
세 강사님의 강의를 듣고 암기만 잘하면 무리 없이 소화할 수 있을
거예요.

비문학은 수능 기출문제로 공부하는 수험생이 많은 편이에요.
공무원 국어에서 비문학은 수능보다 지문과 선택지의 난이도가 쉬
운 편이어서 수능 문제집을 잘 풀 정도로 훈련되면 비교적 쉽게 느
껴질 겁니다. 저는 기출지문으로 일주일에 2~3일씩 문제 푸는 연습
을 했습니다. 수능 기출문제는 주말마다 5개 지문 정도를 꾸준히
풀어서 감각을 올렸고요.

문학은 가장 공부하기 힘든 영역이었습니다. 용어와 함축 의미
부터 먼저 정리하고 익혀야 하죠. 문학 전공자가 아닌 이상 공감각
적 심상이나 감정에 대한 다양한 용어를 지식으로 정리할 필요가
있습니다. 역설, 해학, 상징, 풍자 등 용어가 의미하는 바도 정확히
정리해야 실수를 줄일 수 있고요. 소설은 시점과 등장인물, 서술자
등의 개념도 잘 정리해둬야 합니다.

이런 정리를 위해서는 기본강의를 한 번 정도 듣고, 개념어는 따로 정리해서 암기하는 것이 좋습니다.

문학은 문제풀이도 중요합니다. 감각을 지속적으로 유지하고 주제를 찾는 연습, 갈등상황을 분석하는 연습 등을 꾸준히 하면서 문제에서 묻는 것이 정확히 무엇인지를 지속적으로 익혀 실수를 줄여야 합니다.

어휘는 기출문제가 기본이고, 최대한 많은 어휘와 사자성어를 암기장이나 학원의 자료를 바탕으로 정리하고 암기해야 합니다. 암기는 휘발성이 아주 강한 만큼 매일 암기해야 합니다. 저는 시험장에 가기 전까지도 암기했어요.

Q. 공무원 영어는 다른 과목에 비해서 어떤 특징이 있나요?

A. 공무원 시험에서 적어도 70점을 넘어야 하는 영어는 잘하는 사람과 못하는 사람의 기본기 편차가 큰 과목입니다.

솔직히 영어를 원래 잘하는 사람에게 공무원 영어는 아주 수월한 과목입니다. 함께 교육을 받으며 친해진 합격자들이 대부분 영어를 원래 잘하던 사람들이 아니어서 기초가 부족한 사람들에게 조언해줄 만한 방법을 많이 알게 되었습니다.

영어는 합격하려면 70~75점은 받아야 합니다. 잘하는 사람은 90점을 넘기기도 하죠. 자신이 영어가 약한 편이라면 적어도 75점을 목표로 노력해야 합니다. 영어 점수를 올리는 가장 좋은 방법은 역시 '암기'입니다. 독해 10문제와 문법 4문제가 출제되니 최대한 어휘어법을 암기하고 지문독해 연습을 많이 하면 일정한 수준 이상으로 점수를 올릴 수 있죠.

단어와 구문의 암기는 가장 우선돼야 하는 과제이고, 그다음이 문제를 통한 연습이라고 생각합니다. 저는 학원에서 추천해준 단어장을 주로 암기했는데, 같이 공부한 친구는 수능 VOCA를 중심으로 암기하더군요. 가장 좋은 것은 공무원 수험계에서 가장 많이 보는 단어장으로 암기하는 것입니다.

Q. 영어를 정말 못하는데 턱걸이 점수라도 만들려면 어떻게 해야 합니까?

A. 영어를 정말 못했던 사람으로서 방법을 알려드릴게요.

일단 영어도 국어처럼 문법, 어휘, 생활영어, 독해로 영역이 세분돼 있습니다. 영역별로 공부하는 방법을 구체적으로 소개해볼 게요. 저도 75점을 넘기려고 많은 방법을 써봤고, 정말 노력을 많이 했습니다.

문법공부는 너무 깊이 파고들면 시간이 많이 소요되어 비효율적인 것 같아요. 그래서 독해에 써먹을 수 있는 부분 위주로 문법을 암기했고, 수능이나 토익을 공부하는 학생들이 자주 이야기하는 분사구문, to부정사, 시제, 관계대명사 등 중요한 부분을 중점적으로 암기하고 나머지는 대충 공부했어요. 이렇게 비중 있는 문법 위주로 먼저 공부하면 다른 공부할 여유가 생기거든요. 문법은 손으로 쓰면서 하기보다는 지문이나 예문을 보며 눈에 익히는 것이 더 도움이 되었습니다.

단어는 공무원 시험의 꽃이라고 할 만큼 중요합니다. 솔직히 단어만 많이 암기해도 영어 성적이 쑥 오르니까요. 독해는 수능에서 공부하는 단어 정도면 충분합니다. 공무원 시험용 단어집이 따로 있는데, 그 단어들은 난도가 높아서 단어만 물어보는 문제를 위해 암기해야 해요.

신성일PASS 어휘나 공무원 시험을 위한 단어장(별도 수험서가 무척 많음)을 구입해서 공부하면 충분합니다. 저는 단어도 약한 편이어서 수능단어장도 보고 EBS 어휘강의도 들었습니다. 이렇게 단어에 시간을 많이 투자하니 자신감이 생기더군요.

생활영어 영역은 어휘나 문법에 비해 아주 쉽습니다. 솔직히 공부를 많이 안 해도 맞힐 만한 문제가 많아요. 잘 가르치는 선생님들의 기본서에 나와 있는 생활영어 파트만 봐도 충분할 것 같습니다.

독해는 고득점을 하려면 꼭 넘어야 할 산인데, 자신이 없다면 독해만을 위한 강의나 수능용 독해강의를 꾸준히 들어볼 것을 추천합니다. 저는 독해력을 높이기 위해 틈틈이 영어 소설도 읽어보았는데 나쁘지 않았어요. 문장구조를 분석하는 강의를 듣고 좋은 문장을 통째로 암기하면 독해속도가 빨라집니다. 초반에는 몰아서 공부하고 나중에는 하루에 2~3개 지문을 꾸준히 하면 충분히 점수를 확보할 수 있다고 봅니다.

Q. 영어 90점을 넘기려면 어떻게 공부해야 합니까?

A. 영어 고득점은 지식과 연습량의 조화가 중요합니다.

저도 영어점수를 많이 올린 편인데, 단어는 단어장을 꾸준히 암기하되 절대로 몰아서 암기하지 않았어요. 하루 한 시간 이내로 정해놓고 단어를 암기했습니다. 요즘에는 단어 암기용 스마트폰 앱도 많고 예문이 많은 단어장도 있어 자신에게 맞는 것을 하나 골라서 꾸준히 공부하는 것이 중요합니다.

문법은 기출문제를 반복해서 암기가 될 만큼 공부했습니다. 가정법, 관계사, 부정사, 시제 등 자주 나오는 파트를 중심으로 공부하고 강의를 들으면서 한 번 정리한 뒤 지속적으로 반복했습니다. 문법은 우선 출제되는 유형을 파악해야 쓸데없는 공부에 시간을 낭비하지 않습니다. 그래서 기출문제 분석이 중요하죠. 문법은 꾸준히 하는 것보다 한 번 할 때 제대로 공부해서 실력을 끌어올리고 조금씩 꾸준히 복습해서 유지하는 것이 도움이 됩니다. 몰아치면서 암기한 것이 문법 고득점을 이끌어낸 것 같습니다.

독해는 지문도 길고 시간의 압박을 느끼는 영역입니다. 수능독해를 위한 단어 암기장을 병행하는 수험생도 있는데, 시간이 되면 수능문제를 직접 풀어보고 리뷰해보는 게 도움이 됩니다. 독해에서 점수가 들쑥날쑥한 경우에는 강의를 들으며 출제원리를 익히면 문제에 효율적으로 접근할 수 있습니다. 보통 강의를 들어보면 처음과 마지막을 읽고 선택지를 고르라는 등 문제유형마다 푸는 요령이 다른데, 그 요령만 제대로 정리해도 문제 푸는 시간을 획기적으로 줄일 수 있습니다.

Q. 한국사는 고득점을 노려야 하는 과목입니까?

A. 다른 과목에 비해서 전략과목으로 통하는 것이 한국사입니다.

한국사는 다른 과목에 비해 범위가 확정적이고 공부하는 만큼 점수가 보장되는 과목입니다. 저도 최대한 점수를 따는 전략으로 한국사를 공부했습니다. 우선 연대별로 암기하면서 거시적으로 흐름을 이해하고, 세부적인 암기는 그 흐름을 기초로 해서 구체적으로 진행했습니다. 처음에는 이해로 접근해서 나중에는 암기로 마무리해야 하는 과목이 한국사인 것 같습니다.

Q. 한국사 고득점의 비결이 있습니까?

A. 한국사는 큰 틀에서 수험생들이 공부하는 방법이 비슷합니다.

전체 흐름을 잡으려면 연대를 암기하는 것이 중요합니다. 연대를 순서대로 암기하고 구체적인 사건과 느낌을 가지는 것이 한국사 공부의 시작이라고 볼 수 있죠.

학원가에는 한국사 암기를 도와주는 MP3 파일이나 요약교재가 많이 나와 있는데, 저는 MP3 파일을 아침이나 점심을 먹으며 듣거나 이동시간에 들으면서 머릿속으로 정리했습니다. 암기 노트는 시대별로, 큰 분류별로 암기하게 정리되어 있는데, 이렇게 분류해서 암기하는 것이 유리합니다.

특히 앞글자를 따서 리듬감 있게 암기하고 도식화하거나 그림으로 암기하면 좀 더 효율적으로 암기할 수 있습니다. 많은 수험생이 암기를 할 때 포스트잇을 사용하는데, 저는 강의를 들으면서 포스트잇에 연대별로 사건을 정리해서 독서대에 붙여두고 자주 보았습니다.

분류별로 정리된 요약집을 보면 크게 정치, 경제, 문화, 사회, 근현대사로 돼 있습니다. 정치 부분은 중요하기 때문에 있는 그대로 암기하는 것이 좋습니다. 경제 부분은 조세제도, 시대별 경제제도, 용어를 나름대로 정리해서 암기해두면 도움이 됩니다. 문화는 유교, 불교, 사찰, 건축, 과학 등 세분해서 정리해야 헷갈리지 않죠. 기출문제를 보면 이렇게 분류해야 제대로 풀 수 있다는 것을 알 수 있습니다.

어느 정도 암기가 된 다음에는 문제를 정말 많이 풀어봐야 합니다. 문제풀이와 암기가 병행되는 단계는 기본강의를 듣고 그 나름대로 복습까지 끝났을 시점인데, 문제를 반복해서 풀면 암기한 내용 가운데 중요한 부분이 이해되거나 연결되는 경험을 할 수 있습니다. 이렇게 문제풀이를 꾸준히 병행해야 고득점을 할 수 있죠. 저는 모의고사도 매주 시간을 재며 풀었는데, 여력이 되면 모의고사를 매주 보는 것이 좋습니다.

Q. 행정법은 선택과목으로서 고득점에 유리한가요?
A. 사회와 행정법 모두 공부하는 만큼 고득점이 나옵니다.

행정법은 대다수 수험생 사이에서 만점이 나올 수도 있는 전략 과목으로 통합니다. 그만큼 점수조정에서는 불리하지만 정답률이 높은 과목이죠. 노력하는 만큼 점수도 잘 나오고요. 처음에는 생소하지만 용어와 개념만 확실히 잡으면 떨어지지 않는 효자과목입니다.

공부범위가 비교적 좁고 시험에 나오는 문제가 지속적으로 반복되므로 기출문제와 요약서만 제대로 섭렵해도 충분히 점수를 확보할 수 있습니다. 게다가 행정법은 공무원 승진시험에 빠지지 않고 나오는 과목이기도 합니다.

Q. 행정법에서 고득점을 하는 비결을 알려주신다면요?
A. 행정법 공부를 어떻게 하면 좋을지 말씀드릴게요.

행정법은 먼저 개념을 잡아야 합니다. 문제풀이는 개념이 선 다음에 충분히 하면 되지요. 기본강의는 누구 강의를 들어도 비슷하다고 생각합니다. 기본서는 최대한 문제집으로 된 것을 추천합니다. 기출문제 지문 분석이 잘되어 있거나 OX문제가 잘 정리된 책을 골라서 막판에는 문제 위주로 돌리는 것이 효율적이니까요.

시중에 무료 판례강의도 많이 나와 있으니 기본강의를 듣고 난 뒤 판례강의를 한 번쯤 들어볼 것을 권합니다.

저는 암기 노트를 별도로 만들었습니다. 기본서로 삼은 교재에 포스트잇으로 중요 내용만 옮기면서 정리하기도 했습니다. 이것은 각자 편한 대로 하면 됩니다. 행정법은 반복하면 할수록 만점에 가까워지는 과목입니다. 시험범위가 정해져 있으니 완벽하게 알면 틀릴 일이 없지요. 게다가 기출문제를 보면 알 수 있듯이 자주 나오는 부분이 정해져 있어서 그 부분만 10번 이상 보며 암기하면 쉽게 점수를 확보할 수 있습니다.

판례는 강의를 들으면서 이해하고 중요한 부분을 암기하면 됩니다. 법조문은 기출문제에 빈출되는 부분을 별도로 정리해 암기하고, 문제를 풀면서 자연스럽게 암기되도록 반복하면 됩니다. 행정법 공부는 초반에는 기출문제집과 OX문제집을 반복합니다. 물론 강의는 한 번 들어주는 것이 좋습니다. 저도 처음에는 무슨 말인지 몰라서 1.6배속으로 강의를 빠르게 돌려봤습니다. 이렇게 강의로 정리하고 2개월 정도 기본기를 다지고 나면 판례와 법조문을 제대로 암기해야 합니다. 판례만 따로 정리된 강의를 수강하는 것도 도움이 됩니다.

그다음에는 기본서에 주요 판례를 요약하면서 단권화를 해나가야 합니다. 이 작업도 공부를 정교하게 만드는 것의 하나라고 생각하면 재미가 있습니다. 기출문제는 마지막으로 갈수록 회독수를 높였죠. 저는 기출문제에서 빈출 지문만 따로 정리해 암기될 때까지 반복했습니다.

Q. 행정학 공부는 어떻게 해야 하나요?
A. 행정학 공부는 정공법으로 해야 한다고 봅니다.

행정학은 이론적인 부분이 많은 과목이므로 기본서를 철저히 공부하고 먼저 개념을 이해해야 합니다. 기출문제를 먼저 보고 기본서를 파고드는 게 효율적이라고 하는 분도 있는데 그 방법이 오히려 공부에 방해가 될 수 있는 과목이 행정학이 아닐까 생각합니다. 그리고 문제 위주로 공부하라는 조언도 많이 하는데, 행정학은 문제만 공부해서는 90점 이상을 얻기가 어렵습니다. 물론 막판에는 저도 기출문제를 엄청 많이 보았습니다.

강의 없이 행정학 공부를 하는 것은 개념의 이해 없이 암기만 하는 것과 다르지 않습니다. 우선 기본강의는 하나 정도 꼭 듣기를 권합니다. 복습은 최대한 빠른 시일 안에 하고, 모르는 부분은 강사님들 게시판이나 커뮤니티에서 해결하고 넘어가야 나중에 헷갈리지 않습니다.

기출문제는 기본강의에서 모르는 것이 어느 정도 사라졌을 때 시작해서 다른 과목과 마찬가지로 반복하는 것이 좋습니다. 강의는 대세 강사님의 강의를 들으면 될 것 같습니다. 암기할 부분은 학자명, 이론명, 이론 내용, 법령 정도인데, 암기는 좀 고통스럽지만 억지로라도 꾸준히 의식적으로 해야 합니다. 행정학은 기본기가 가장 중요한 과목이고, 또 기본만 잘 잡으면 점수가 확실히 나옵니다.

Q. 사회 과목은 어떻게 공부해야 하나요?
A. 수능공부와 매우 유사합니다.

사회 과목은 수능과 평가원 모의고사를 풀면서 공부하는 것이 좋습니다. 저도 수능 문제집을 풀면서 감을 익혔어요. 솔직히 공무원 수험계의 문제는 수능문제와 수준이 비슷합니다. 사회문화, 경제, 법과 정치는 고등학교 때 공부한 내용과 같습니다. 고등학교 때는 이 가운데 하나만 사회탐구영역으로 선택하지만, 공무원 시험에서는 이를 모두 치른다고 생각하면 됩니다.

사회문화는 가장 쉬운 영역입니다. 용어를 이해하고 표와 그래프 문제에 대비해 해당 유형을 자주 풀어보면서 익숙해져야 합니다. EBS 수능강의를 듣기도 했는데, 꽤 도움이 되었습니다. 고등학교 때 사회 공부를 열심히 했다면 크게 어렵지 않을 것입니다.

경제는 경제학과가 아니라도 고득점할 수 있을 만큼 어렵지 않은 수준입니다. 저는 수능강의를 한 번 들었는데 정말 도움이 많이 되었습니다. EBS 강의를 듣고 기본서는 공무원 시험교재를 한 권 사서 꾸준히 정리하면 될 것 같습니다. 경제는 처음에 개념을 잘 다진 뒤 문제풀이 위주로 공부해도 됩니다.

법과 정치는 공무원 시험에서 사회문화나 경제보다 큰 비중을 차지하는 영역입니다. 저는 수능강의로 법과 정치의 개념을 잡았습니다. EBS 수능특강 문제집이 도움이 많이 되니 들어보길 권합니다. 수능특강 인터넷 강의는 EBSi에 접속하면 무료라서 부족한 부분만 듣기에도 부담이 없죠.

Q. 공무원 시험에서 수학 과목은 어떻게 공부하는 게 좋은가요?
A. 수학 과목은 선택하는 순간부터 위험을 부담하게 됩니다.

수학 과목은 수능문제의 난이도와 비슷하거나 조금 쉽지만 만

만하게 봐서는 안 됩니다. 수학을 선택하는 수험생이 많지는 않지만, 선택할 경우에는 대부분 수능교재는 참고만 하고 공무원 학원 커리큘럼에 따라 공부합니다.

수학은 시험장에서 시간이 촉박한 과목으로 정평이 나 있기 때문에 연습량이 정말 중요합니다. 고등학교 때 수학 공부를 많이 했거나 평소 수학에 강점을 보이는 사람은 쉽게 접근할 수 있는 과목 같습니다.

우선 공무원 학원 커리큘럼에 따라 기본강의를 한두 번 듣고 복습하는 것이 기본입니다. 기초가 부족한 학생들은 고등학교 1학년 과정 책을 반복해서 풀며 연산속도를 높이거나 수능문제를 풀어보기도 합니다. 제 생각에는 공무원 학원 교재를 암기할 만큼 반복해서 공부하는 것이 가장 좋은 방법 같습니다. 물론 고등학교 1학년 수준의 연산능력은 있다는 가정하에서죠.

기본강의를 다 들었다면 무조건 많이 풀고 연습하는 것이 수학 공부의 왕도입니다. 실제로 90점 이상을 받는 수험생들은 기본으로 2,000문제는 푸는 것 같습니다. 그만큼 문제 풀이량에 따라 점수가 달라지는 것이죠. 해답에 의존하기보다는 자신만의 풀이법이 나올 만큼 손으로 푸는 연습을 많이 해서 감각을 키워야 합니다.

7장

자격증 시험

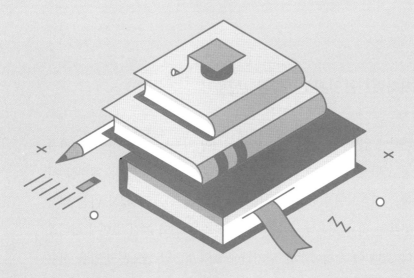

지격증이 있어도 생각 이상으로 살벌한 경쟁 속에서 하루하루를 살아간다. 특히 전문
가 자격증의 경우 겉모습은 억대 연봉의 멋진 전문가 이미지일지 모르지만, 실제로는
과도한 업무량으로 수많은 사건과 업무 속에서 헤엄쳐야 한다.

자격증 시험 첫 관문 어학점수 만들기와 고시학원 순환강의 활용법

자격증 시험 첫 관문 어학점수 만들기

대학에 입학하고 처음 쳤던 토익시험이 아직도 기억이 난다. 500점 정도 나왔는데, 문제유형에 익숙지 않아 당황스러웠다. 회계사 시험을 치르려면 700점을 만들어야 하는데……. 그 당시 나는 영어 공부는 하기 싫은데 점수는 빨리 올려야 해서 여간 고민이 아니었다. 그때 아는 형에게서 '단기간에 토익 700점 만드는 방법'을 전수받았다. 그 방법이 꽤나 유용했던지 나는 한 달 만에 700점을 달성했다.

우선, 토익 700점이 나오려면 리딩 점수보다는 리스닝 점수에 집중하는 것이 훨씬 낫다. 토익은 상대평가이면서 통계적 계산으로 점수가 산출되는데, 리스닝 점수는 조금만 공부해도 잘 나오는 데

토익 초심자에게 추천하는 책

해커스 토익 파랑이(리딩) 빠르게 1회독 하기

해커스 토익 빨강이(리스닝) 2배속으로 5번 듣기

비해 리딩은 아무리 열심히 해도 점수가 잘 오르지 않는다. 그럼 답은 간단하다. 극단적으로 리스닝 점수를 만점 받으면, 즉 495점을 확보하면 리딩에서는 205점만 받으면 된다. 솔직히 리딩 205점은 수능 3등급 이상 학생이 공부를 안 하고 시험을 봐도 가능한 점수다.

그럼 리스닝 점수를 획기적으로 올릴 수 있는 방법은 무엇일까? 해커스학원에서 출간한 '빨강이(빨간색 디자인의 리스닝 교재)'를 구입해 이것을 5번 들으면서 풀고 가면 된다. 구체적으로 어떻게 풀면 될까? 우선 리스닝 교재의 MP3 파일을 다운로드받아 곰플레이어나 다른 리스닝 플레이어를 설치하고 처음부터 유형별로 들으면 된다. 들으면서 책에 나온 순서대로 문제를 풀어본다. 책에 나온 구문이나 단어도 소리 내서 읽으며 암기하는 것이 좋다. 1회독은 이렇게 정상속도로 들으며 일반적인 습관대로 공부하면 된다. 그러고 나서가 중요하다. 곰플레이어에 보면 2배속으로 들을 수 있는 기능이 있다. 이를 활용해 2배속으로 들으면서 문제를 푼다. 토익은 말이 빠르지 않기 때문에 2배속으로 들어도 생각보다 잘 들린다. 이렇게 문제를 2배속으로 들으며 풀어보고, 안 풀리면 다시 들으면서 푼다.

2배속으로 풀고 난 뒤에는 문제를 풀지 않더라도 계속 들으면서 어떤 의미인지 이해해보려고 노력한다. 이때도 2배속으로 해야 한다. 문제집을 2배속으로 여러 번 풀면서 시간이 날 때마다 파일을 반복해서 듣고 이해해본다. 이렇게 연습하고 시험장에 가면 정상속도의 문제가 쉽게 들린다. 이미 빠른 속도로 연습했기 때문에 정상속도로 나오면 오히려 느리게 느껴진다. 그래서 시간 안에 문제를 다 풀 가능성이 높아지는 것이다.

사실 900점대의 고득점을 바란다면 문제집을 사서 여러 권 풀고 암기량도 늘려야 한다. 하지만 우리는 700점만 받으면 되지 않는가. 이렇게 리스닝 공부를 한 다음 리딩은 해커스 파랑이 교재를 처음부터 끝까지 한 번 공부하고 시험을 보면 충분하다.

고시학원의 커리큘럼을 보면 1순환부터 적게는 3순환, 많게는 4순환까지 이어진다. 1순환은 기본개념을 다지는 시기이고, 2순환은 기본기를 바탕으로 응용 사례문제 등을 익히는 시기다. 또한 3순환(또는 4순환)은 실전과 비슷하게 전 범위를 지속적으로 다지는 시기

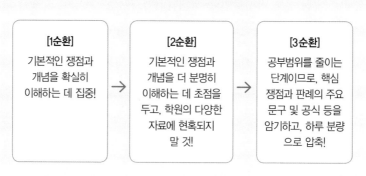

고시학원 순환강의 활용법

[1순환]	[2순환]	[3순환]
기본적인 쟁점과 개념을 확실히 이해하는 데 집중!	기본적인 쟁점과 개념을 더 분명히 이해하는 데 초점을 두고, 학원의 다양한 자료에 현혹되지 말 것!	공부범위를 줄이는 단계이므로, 핵심 쟁점과 판례의 주요 문구 및 공식 등을 암기하고, 하루 분량으로 압축!

다. 순환 단계별로 중점을 둬야 할 부분이 다르기 때문에 다음에서는 이에 대해 설명하려고 한다. 단, 학원의 커리큘럼상 1~3순환별 최적의 공부법을 소개하는 것이므로 학원에 다니지 않는 수험생은 굳이 이 순서와 방법대로 하지 않아도 된다.

국가고시는 1순환/자격시험은 GS 0기 또는 1기: 기본기 확립

1순환에서는 내가 수험기간에 계속 정리하고 볼 교재를 확정하고 과목별로 기본적인 쟁점과 개념을 확실히 이해하는 데 주력해야 한다. 과목별로 공부하는 동안 다른 과목에 신경 쓰지 않고 해당 과목만을 이해하고 정리하는 데 집중해야 한다. 이렇게 해야 과목별 기본기를 밀도 있게 다질 수 있다.

이 시기에 기본서의 내용을 얼마나 정확히 이해했는지, 각 쟁점과 개념을 얼마나 확실히 숙지했는지가 나중에 모의고사문제로 연습할 때나 기출문제를 분석할 때 성패를 가르게 된다. 따라서 1순환에서는 기본서를 정확히 이해하고, 법 과목의 경우에는 판례를 정확히 숙지하며, 회계학이나 경제학처럼 계산과 개념이 중요한 과목에서는 그래프나 공식을 정확히 숙지해야 한다.

기본서나 개념을 이해하지도 못하면서 학원에서 주는 자료(일명 찌라시)만 수집해 그것 위주로 정리하면 수험기간만 길어지게 하고 오히려 기본기를 쌓는 데 방해가 된다. 출제자는 기본서와 각종 판례의 원리 또는 경제나 회계의 핵심개념을 정확히 이해하고 적용할 수 있는지를 묻는다. 그러므로 가급적 피상적인 자료에 현혹되지 말기를 바란다. 1순환 때는 핵심 키워드와 개념 설명을 체크하고 자주 보아 눈에 익히는 것이 중요하다.

1순환에서 모의고사를 풀면 기본적인 문제가 많이 나올 것이다. 이때 모의고사의 답을 맞히거나 등수를 높이는 데 연연해서는 안 된다. 1순환에서 1등을 한다고 해서 시험에 합격하는 것은 아니다. 오히려 해당 문제의 의도를 정확히 파악하고 개념을 잘 숙지했는지, 그리고 답안작성법의 기본기를 갖추었는지를 확인해야 한다. 기본적으로 시험에서 최소한 갖춰야 할 소양을 기르는 데 집중해야 하는 것이다.

국가고시는 2순환/자격시험은 GS 2기: 응용력 향상

1순환에서 기본기를 잡았다면 2순환에는 기본기를 전제로 사례문제나 응용문제를 접하면서 시험에 가까워지는 연습을 한다. 이때 욕심이 과한 나머지 전 과목의 문제를 다 풀겠다고 나서는 수험생이 많은데, 그보다는 기본기를 더 확실히 다지는 계기로 삼는 것이 좋다. 차라리 1순환에서 했던 내용을 복습하면서 조금씩 응용력을 기른다는 생각으로 공부한 범위를 거듭 반복하는 것이 좋다. 2순환에는 기본기를 더 탄탄히 하고 응용력은 맛만 보는 것으로 충분하다. 기본기가 탄탄하면 사례형 문제를 기본적 골격에 포섭시키는 것도 꾸준한 연습으로 충분히 가능하기 때문이다. 법학 과목의 경우에는 핵심쟁점 이해와 법률요건, 판례의 핵심 키워드 암기를 병행하면서 사례문제에 익숙해지는 것을 목표로 하는 것이 가장 좋다. 경제나 회계 과목은 기본이론의 이해와 더불어 공식과 그래프 암기로 사례문제나 복잡한 계산문제에 익숙해지면 된다.

국가고시는 3순환/자격시험은 GS 3기 또는 4기: 실전력 배양

3순환에서는 넓혔던 범위를 좁혀야 한다. 지금까지 복습을 꾸준히 했다면 시험에 나올 부분을 추리고 그 부분만 최대한 반복해야 한다. 1순환의 기본이론은 계속 복습하면서 핵심 키워드와 목차, 판례와 쟁점을 하루 안에 다 볼 수 있는 분량으로 압축하는 것이 핵심이다.

서브노트를 미리 작성했으면 이를 활용해서 무한 반복하면 되지만, 만들어두지 않았다면 굳이 여기에 시간을 쏟을 필요가 없다. 학원별로 핵심쟁점집이나 요약집을 판매하니 차라리 그것을 구해서 최대한 반복하는 것이 좋다. 교재는 한 권만 남기고 나머지는 구석에 넣어둔 채 시험날까지 선택한 책만 본다는 생각으로 반복해야 한다. 지금까지 모아둔 모의고사나 사례집을 보려면 시간이 오래 걸리므로 서브노트나 요약집 또는 기본문제집만 반복한다는 생각으로 양을 늘리지 말자.

시험에 나올 부분을 예상해보는 것은 매우 중요한 작업이다. 최신판례의 주요 쟁점은 올해 출제 가능성 1순위이므로 이 부분은 목차를 잡아서 예상답안을 써보거나 핵심문구를 10번 이상 반복해서 암기해두자. 또한 작년에 나온 쟁점은 올해 잘 나오지 않으니 그 부분은 약하게 공부하고 가장 기본이 되면서 작년에 출제되지 않은 쟁점을 확실히 공부해야 한다.

이제부터 공인회계사, 감정평가사, 공인노무사, 법무사 등 각 자격증의 시험 정보와 시험 과목은 물론 내가 공부한 과목별 공부방법을 소개할 테니 많은 도움을 얻기 바란다.

공인회계사 시험과
과목별 공부전략

공인회계사 시험제도

시험응시제도 1차 시험 전 소명할 것들
- 경영학 24학점 이수 소명
- 공인어학성적(토익 700점) 소명
- 1차 시험: 매년 2~3월
  - 5지선다형
  - 5과목(경영학, 경제원론, 상법, 세법개론, 회계학(정부회계 포함))
- 2차 시험 : 매년 6월
  - 주관식 논술형
  - 5과목(세법, 재무관리, 회계감사, 원가회계, 재무회계)
- 평균 수험기간: 약 3년
- 시행기관 홈페이지: cpa.fss.or.kr

공인회계사는 자본주의의 파수꾼이라 불릴 만큼 자유경제체제 하의 기업과 관련된 영역에서 광범위한 활약을 하는 전문직이다. 주요 업무는 회계감사지만 조세컨설팅, 경영컨설팅 등 기업 관련 모든 영역에서 서비스 제공이 가능하다.

공인회계사 시험은 과거부터 몹시 어려운 시험으로 통하고 있다. 나도 1차 시험에 두 번 떨어지고 23세에 동차로 합격하기까지 무지 고생했던 시험이기도 하다. 1차 시험부터 공부량이 매우 많고 과목별 평균 점수 60점을 넘기는 것이 버거울 정도로 시간 내에 시험문제를 모두 풀어내는 것이 어렵다. 1차 시험은 객관식이지만 문제 난도가 높고 분량이 많다. 2차 시험은 주관식이지만 물음이 세분화되어 있고 숫자를 정확하게 풀어내야 점수를 획득할 수 있다.

2017년까지는 최소선발인원이 850명이었는데, 2019년부터 외부감사대상 회사가 증가하자 공인회계사 수요 증가를 반영하여 2019년 1,000명, 2020년부터는 1,100명으로 최소 선발예정인원을 단계적으로 증가시켰다.

공인회계사 업무는 바쁜 시즌과 조금 여유가 있는 비시즌으로 나뉜다. 시즌은 감사기간과 기업의 결산기간에 회계사들의 업무가 몰리는 시기로 보통 연초와 연말이다. 시즌에는 업무가 많아서 정시에 퇴근하기가 어려울 정도이며, 하루에 3시간 자면서 일하고 주말에도 업무로 바쁘다. 시즌이 지나면 평소 업무는 일반 직장인들과 비슷하다.

공인회계사 시험을 치려면 회계학 및 세무 관련 4과목(12학점), 경영학 3과목(9학점), 경제학 1과목(3학점) 총 8과목을 이수해야 하며 영어성적을 인정받아야 1차 시험에 접수할 자격이 주어진다. 영어시험은 아래 시험 모두 인정된다.

	G-TELP Level 2	TOEIC	TEPS	TOEFL		IELTS	FLEX
				PBT	IBT		
일반	65점	700점	340점	530점	71점	4.5점	625점
청각장애인	43점	350점	204점	352점	35점	-	375점

1차 시험

구분	시험시간	시험과목	문항수	배점
1교시	110분	경영학	40	100점
		경제원론	40	100점
2교시	120분	상법(총칙편·상행위편 및 회사편과 어음법 및 수표법을 포함한다)	40	100점
		세법개론	40	100점
3교시	80분	회계학(회계원리·회계이론 및 정부회계 포함)	50	150점
–	–	영어	–	–

2차 시험

구분		시험기간	시험과목	배점
1일차	1교시	120분	세법	100점
	2교시	120분	재무관리	100점
	3교시	120분	회계감사	100점
2일차	1교시	120분	원가회계	100점
	2교시	150분	재무회계	150점

1차 시험은 매과목 배점의 40점 이상, 전 과목 배점 합계의 60점 (330점) 이상을 득점한 자 중에서 전 과목 총득점에 의한 고득점자 순으로 최소 선발예정인원의 2배수를 선발한다. 단, 매과목 배점의 40점 이상, 전 과목 배점합계의 60점 이상을 득점한 자가 최소 선발예정인원의 2배수에 미치지 못하면 그 인원까지만 합격자로 결정한다.

2차 시험의 경우 매과목 배점의 60점 이상을 득점한 자를 합격자로 결정하되, 절대평가로 합격한 자가 최소 선발예정인원에 미달하면 매과목 배점 40점 이상을 득점한 자 중 전 과목 총득점에 의한 고득점자 순으로 미달인원만큼 합격자를 추가 결정한다. 따라서 배점이 100점인 세법, 재무관리, 회계감사, 원가회계에서 60점 이상, 배점이 150점인 재무회계에서 90점 이상을 득점하면 합격이다.

특이한 점은 공인회계사 시험은 부분합격제로 운영된다는 점이다. 1차 시험 합격자가 1차 시험 합격연도에 실시된 2차 시험 과목 중 60점 이상을 득점한 과목이 있는 경우 그 과목의 부분합격자로 결정하며, 다음 해에 해당 과목 시험을 면제해준다.

1차 시험 과목별 공부전략

회계사 시험은 1차 시험과 2차 시험의 연계성이 높아서 공부를 시작하는 단계부터 과목별 본질을 잘 알고 접근해야 한다. 먼저 과목별 특성과 공부전략을 살펴보자.

회계학

회계학은 개념을 암기하기 전에 용어에 익숙해져야 한다. 대손충당금, 시산표, 결산, 분개, 인식과 측정 등 생활에서 일반적으로 쓰지 않는 용어가 많기 때문이다. 회계학 시험에서 좋은 점수를 받으려면 이런 용어들을 일상용어처럼 느껴야 한다. 심지어 일상생활을 하면서도 "오늘 나 정말 피곤한데, 감가상각되었어"라든지 "네가 돈을 빌려가면 나 대손충당금 얼마나 설정해야 되냐" 하는 식으로 농담으로라도 자꾸 써야 한다. 이렇게 어려운 용어를 쉽게 구사할 수 있으면 회계학을 다루는 시험에서 합격할 준비가 된 것이다.

회계 공부는 연습에서 시작해서 연습으로 끝난다

나는 우스갯소리로 "회계를 잘하려면 손가락에 굳은살 정도는 박여야 한다"라고 한다. 수학을 잘하는 고등학생들은 매일 연습장에 문제풀이를 손으로 쓰면서 하지 않는가. 회계도 수학과 마찬가지다. 기본 개념과 공식을 암기해야 하고 그것을 적용해서 재무제표를 작성할 수 있어야 한다. 재무제표에 어떤 계정과목과 금액을 인식하려면 금액을 측정해야 하는데, 그 과정이 순식간에 될 만큼 연습해야 시험장에서 시간 안에 문제를 풀 수 있다.

나는 공인회계사 시험을 준비할 때 복사가게에서 판매하는 연습용 답안지를 사서 합격할 때까지 내 키만 한 탑을 3개나 만들 만큼 연습했다. 하루라도 연습을 게을리하면 그다음 날 목표량을 채우려고 손가락이 부을 정도로 연습하고 계산기를 두드렸다. 그렇다.

피나는 연습 없이는 회계를 결코 잘할 수 없다.

꼼꼼함과 대범함이 모두 필요하다

나는 성격이 꼼꼼한 편이 아니다. 그런데 회계학 공부를 10년 이상 하면서, 회계사 업무를 하면서 엄청나게 꼼꼼한 사람이 되어 버렸다. '그까짓 숫자 하나쯤 틀리면 어때?' 하고 생각하는 순간 고객의 피 같은 돈이 사라진다. 그리고 그 손해는 고스란히 내 책임이 된다. 조금이라도 대충 하면 어느 순간 분식회계가 될 수 있다. 그러므로 증빙과 근거를 꼼꼼히 챙기고 그에 맞게 회계처리를 하는지 실무에서도 끊임없이 챙겨야 한다.

시험도 마찬가지다. 꼼꼼하게 문제를 읽고 사례의 금액과 근거를 가지고 문제를 풀지 않으면 여지없이 오답이 나온다. 그런데 시험의 특성상 시간 제약이 심하므로 과감함이 필요하다. 너무 꼼꼼하게 문제를 분석하고 따지는 순간 피 같은 시간이 흘러버린다. 특히 회계사 시험은 아무리 잘 연습된 고수라 해도 문제를 제한된 시간 안에 70% 이상 풀기 어렵다. 회계학 강의 5년 차인 내게도 100점은 불가능한 시험이 회계학 시험이다. 지나치게 꼼꼼해서 시간 안에 잘 풀지 못하는 사람들에게는 시험장에서 쉬운 문제부터 골라서 풀고 어려운 문제는 대충 찍을 줄 아는 대범함도 있어야 한다고 조언한다.

꼼꼼함과 대범함을 모두 갖춰야 한다는 점을 기억하고 처음 공부할 때는 대범하게 빨리 넘기다가 연습하면서 꼼꼼함을 키우자. 처음부터 너무 꼼꼼하게 공부하면 진도를 나갈 수 없고, 큰 그림을 보지 못할 위험이 있다.

경제원론

경제학은 암기보다는 이해다!

경제학과를 졸업할 때까지 경제학은 다른 학과 과목보다 암기가 잘 안 통한다는 것을 느꼈다. 자격증 시험이나 공무원 시험에 출제되는 경제학은 이론과 모형에 근거해서 다양한 논리적 판단을 묻는다. 각 학파의 견해와 모형의 논리를 모르고는 답을 내기 어렵다. 단순히 증감관계, 비례관계, 반비례관계 등을 독립변수와 종속변수에 빗대어 암기해도 이해를 해두지 않으면 문제를 풀 수 없는 것이 경제학 시험이다.

나는 처음에는 수학 공부와 비슷하다고 생각해 암기로 접근했다. 수요와 공급이론, 시장, 균형, 시장형태, 독점, 과점 등 장별로 그래프 형태와 이론을 암기하고 또 암기했다. 대학의 학점관리에서는 이런 암기가 어느 정도 먹혔다. 그런데 그것을 응용한 자격증 시험에만 오면 방대한 양을 한번에 시험 보기 때문에 기억도 나지 않을 뿐 아니라 논리판단을 해야 하는데 그 판단 자체를 하지 못한다. 정말 황당한 일이 벌어지는 것이다. 그렇기 때문에 경제학 공부는 처음엔 조금 어렵더라도 이해하는 데 시간을 더 투자해야 한다.

그래프를 하나하나 뜯어먹을 정도로

경제학은 다른 학문과 달리 그래프가 무지막지하게 많이 나온다. 글을 읽고 이해하는 것을 좋아하는 문과생에게는 이렇게 그래프로 설명하는 경제학이 여간 힘든 게 아니다. 처음 그래프를 접한 학생들은 그래프는 대충 정리하고 글 부분만 열심히 공부하는데, 이렇게 하면 나중에 문제를 정확히 풀 수 없다. 그래프의 x축(독립변수), y축(종속변수)을 이루는 함수를 그림으로 표현한 것이 그래프다. 이 그래프의 관계를 이해하지 않고 시험에 나온 제시문을 판단하는 것은 마치 수학공식을 쓰지 않고 말로만 문제를 푸는 것과 같다. 또 계산기를 쓰지 않고 엄청난 양의 연산을 하는 것에 비유할 수 있다. 경제학에서 그래프는 문제를 푸는 도구라 생각하고 암기하고 이해해야 한다.

모르겠다고 대충 넘기면 점수가 오르지 않는다!

경제학은 엄밀한 논리의 학문인 만큼 논리가 중요한 역할을 한다. 출제위원도 용어나 개념암기보다는 논리를 확실히 숙지하는지에 중점을 둔다. 그렇기에 단순암기만으로 점수를 올리는 데는 한계가 있다. 모르겠다고 대충 암기하고 넘어가면 실제 시험에서 선지를 보고 판단하지 못해 찍고 있는 자신을 발견할 것이다.

정말 이해되지 않으면 교수님이나 선생님, 아니면 인터넷 지식인을 활용해서라도 어떻게든 이해하고 넘어가야 한다.

상법

상법은 상법총칙, 상행위, 회사법, 어음수표법, 보험해상법으로 나뉘어 있다. 공인회계사, 세무사, 변호사, 법무사 등 다양한 시험에서 상법 문제를 출제하는데, 민법에 비해서는 판례보다 조문과 논리중심인 것이 특징이다. 상법은 민법의 특별법인 만큼 민법에 기본기가 잘 잡혀 있으면 혼자 공부하기에 편한 과목이다. 그러나 민법에 비해 상인이나 법인에 초점을 두고 경제활동 중심이기 때문에 더 지엽적으로 느껴진다.

나는 공인회계사 시험에서 상법 점수가 90점이 넘을 정도로 좋았고, 보험계리사와 손해사정사를 공부할 때 보험해상법까지 공부한 경험이 있다. 그래서 상법은 애착이 가는 과목이기도 하다. 상법 공부법을 몇 가지로 요약하면 다음과 같다.

챕터별로 논리를 정리해야 한다!

상법은 총칙, 상행위, 회사법, 어음수표법으로 갈수록 구체적이고 특정한 사건 위주로 논리가 전개된다. 총칙은 정확한 개념을 정리해야 하고, 상행위에서는 상인 간 거래에 초점을 두고 거래형태별로 논리를 정리해야 한다.

회사법은 절차와 구성되는 개념을 최대한 보기 좋게 정리해서 이해보다 암기를 하는 것이 중요하고, 어음수표법은 양은 적지만 용어와 거래논리가 어렵기 때문에 한 번 공부할 때 이해에 초점을 두고 어음과 수표거래 행위를 하나하나 정리해야 한다.

판례를 따로 정리하기보다는 조문과 논리에 포함시켜 공부하자!

민법과 달리 상법은 판례를 따로 정리하면 개념과 잘 맞지 않는다. 차라리 장별로 논리를 정리하면서 간단하게 판례 입장인지 통설 입장인지만 옆에 표시하고 문제를 풀 입장을 정리한 뒤 논리 자체를 통째로 암기·이해하는 것이 유리하다. 즉, 요약서나 문제집의 논리는 대부분 판례와 통설일 테니 정리된 내용을 그대로 공부하면 된다.

적어도 자격증 시험에서는 판례와 학설이 어떻게 따로 전개되는지를 따지는 것은 의미가 없다. 시험에 나오는 결과 위주로 논리만 정리하는 것이 상법 공부를 잘하는 지름길이다.

문제를 많이 푸는 것보다 완벽한 이해가 중요하다

문제를 많이 풀면 당연히 실력이 늘지만 그렇다고 문제풀이만 해서는 안 되는 것이 상법 공부다. 우선 각 개념을 정확히 이해하고 거래형태와 권리의무 관계가 어떻게 표현되는지, 절차는 어떻게 되는지 꼼꼼하게 암기하고 문제에 접근해야 한다. 민법이 판례를 암기하는 공부라면, 상법은 논리를 따지고 그 논리를 바탕으로 문제를 풀어내는 수학 같은 공부라고 볼 수 있다.

세법개론

모든 자격증 시험에서 가장 어려운 과목을 꼽으라고 하면 대부분 수험생이 세법이라고 대답한다. 나도 공인회계사 시험을 준비할 때 가장 부담스러웠던 과목이 세법이었다. 세법은 일단 기본서만 2,000쪽 가까이 되고, 문제집도 1,000쪽 정도나 된다. 세부과목은 법인세법, 소득세법, 부가가치세법, 기타세법으로 나눌 수 있다. 공인중개사 시험이나 회계관리 시험 등의 자격증 시험에서 출제되는 세법도 용어와 개념 자체가 생소하고 계산공식이 많아서 어렵다.

다음에서는 이렇게 어려운 세법 과목을 조금이나마 수월하게 공부하는 방법을 소개한다.

휘발성이 강하다! 고로 자주 봐야 한다!

세법 공부의 가장 큰 난관은 암기다. 방금 전 공부했는데 돌아서면 기억이 나지 않는다. 이렇게 휘발성이 강해서 수험생들에게 스트레스를 준다. 게다가 공부량도 엄청나서 복습하기도 어렵다.

모든 과목이 그렇겠지만 세법은 암기하기 위해서라도 자주 보고 짬을 내서 계속 상기해야 한다. 간혹 몇 회독을 하는 것이 좋으냐고 물어보는데, 나는 적어도 7번은 보아야 '아, 이런 내용이 있구나' 하고 감을 잡을 수 있다고 생각한다. 그리고 수업을 들으면 최대한 빠른 시간 안에 복습해야 한다. 한 번 끌어올리더라도 금세 잊어버리기 때문에 시도 때도 없이 봐야 하는 과목이 세법이다.

키워드와 공식은 따로 암기하자!

세법은 법조문 자체가 계산공식으로 되어 있거나 용어설명인 경우가 많다. 그만큼 용어도 어렵고 계산공식도 복잡하다. 계산공식을 활용한 사례문제가 자주 나오므로 기본 공식과 용어암기가 반드시 선행돼야 한다. 그래서 나는 세법에서 자주 나오는 공식과 용어는 따로 정리해서 들고 다니며 암기했다. 아울러 계산문제를 많이 풀면서 암기한 것을 적용해보았다.

계산문제는 시간이 오래 걸린다. 말 문제부터 접근하자!

실제 시험에서 세법 문제가 나오면 계산문제는 연산과정이 복잡하고 한도나 조건 등 검토해야 할 것도 많아서 푸는 데 오래 걸린다. 그래서 실제 시험장에서는 맨 마지막에 풀어야 하는 문제가 바로 세법 계산문제다. 공부할 때도 그 점을 염두에 두고 기본 개념은 확실히 맞힌다고 생각하고 공부해야 한다.

그런데 계산에도 숙달해야 하지만 기본적인 말문제에서 점수를 따지 못하면 과락이 나올 수도 있다. 따라서 말문제를 최대한 많이 맞힌다는 자세로 공부하는 것이 좋다.

경영학

경영학은 범위가 매우 넓고 깊이가 얕은 과목이라서 일반적으로 단답형으로 출제된다. 노무사 시험의 주관식 논술형 시험을 제외하고는 학자와 이론 그리고 그 이론의 구성요소와 개념만 암기하면 어느 정도 점수를 딸 수 있다. 다만 공인회계사 시험의 경영학 과목은 본질적 논리를 사례를 들어 구현하는 문제도 나와서 좀 어렵다. 하지만 이를 제외하고는 암기과목으로 접근해도 무방하다. 구체적인 경영학 공부법을 소개하면 다음과 같다.

경영학은 큰 줄기를 나눠서 공부해라!

경영학은 앞서 말했듯이 내용이 방대할 뿐 깊이가 있는 편이 아니다. 경영학 안에도 세분된 과목이 많고 그 과목마다 제각기 특징이 있어서 과목별로 큰 줄기를 나눠 내용을 정리하는 것이 중요하다. 경영학은 경영학원론, 마케팅, 조직행동론, 인사노무관리, 생산 및 운영관리, 기업회계, 재무관리, 경영과학 등으로 세분할 수 있다. 이렇게 분류하면 각 과목에서 추구하는 목표가 다르다는 것을 알 수 있다. 그 목적과 큰 논리를 잡고 세부이론으로 들어가면 경영학 공부를 쉽게 해나갈 수 있다.

• 마케팅

광고나 소비자의 인지심리학적으로 접근해 다양한 이론과 사례를 다룬다. 학자도 다양하지만 마케팅 전략도 대단히 많아서 각 전략의 명칭과 목적 등을 잘 정리해 암기하면서 공부하면 된다.

• 조직행동론

기업이라는 조직에서 사람들에게 어떻게 동기를 부여하고, 그들의 행동을 관리하고, 조직의 목표를 달성할 수 있는지 연구하는 학문이다. 구체적으로 어떤 학자가 어떤 실험으로 어떤 이론을 제시했으며, 그것이 어느 이념을 뿌리로 탄생했는지 구체적인 내용을 정리하며 암기하면 공부에 도움이 된다.

· 인사노무관리

조직행동론과 맥을 같이한다. 인적자원을 어떻게 관리하고, 노동법상 어떤 제도가 있으며, 이론적으로는 어떤 제도가 있는지 등을 정리해서 암기하고 제도별로 비교해두면 공부에 도움이 된다.

· 생산 및 운영관리

생산비를 절감하기 위한 다양한 이론을 연구하고 최적의 물류 방식까지 연구하는 학문이다. 각 생산기법과 사례를 정리하고 학자나 이론을 암기하는 것이 공부에 도움이 된다.

· 재무관리

경제학에서 파생된 과목이다. 기본적으로 기업의 효율성을 전제로 각종 투자이론과 모형을 정리해야 하고, 측정치와 공식에서 구체적인 숫자를 도출하는 문제도 많이 나오므로 이에 대비해 연습해둘 필요가 있다.

경영학은 용어암기에서 시작한다

경영학 용어는 일상용어와 유사하면서도 헷갈린다. 모든 선지가 답처럼 보일 만큼 용어 구분이 쉽게 안 되므로 반드시 용어를 정확히 구분해서 암기해야 한다. 그리고 그 용어가 어느 학자가 주장한 이론에서 사용되었는지까지 정리해야 문제를 풀 수 있다. 자격증 시험에서는 기본적으로 학자의 이름과 이론을 연결하는 문제가 많이 나온다.

용어는 영어로도 암기해야 한다. 경영학 이론은 대부분 미국에서 비롯했으므로 용어가 영어로 출제되기도 한다. 따라서 영어로 된 용어에도 익숙해질 필요가 있다.

쉬워 보인다고 소홀히 하지 말자

경영학은 역사적으로 기업의 이야기를 배경으로 한다. 그리고 신문이나 매스컴에서 자주 접하는 용어가 많아서 처음 접근할 때는 쉬워 보인다. 그런데 공부하면 할수록 헷갈리고 난해한 학문이 또 경영학이다. 공부할 때는 쉬운데 막상 문제로 나오면 답을 고르기가 쉽지 않은 것이다.

그렇기에 소홀히 공부하거나 막판에 몰아서 암기하려고 하면 안 된다. 나도 회계사 1차 시험에서 그렇게 쉽게 생각하고 막판에 몰아서 공부했다가 두 번이나 과락을 경험했다.

2차 시험 과목별 공부전략

세법

세법은 다른 과목에 비해 휘발성이 매우 강한 과목이다. 개념과 용어도 어려울 뿐만 아니라 계산을 위한 공식과 법조문들은 너무 세

밀해서 암기하는 것 자체가 고통이다. 회독수를 단기내에 최대한 늘려놓지 않으면 머릿속에 뼈대가 잡히지 않아 공부할 때마다 헷갈린다. 처음 강의를 빨리 돌려놓고 최대한 계산문제를 자주 풀면서 머리보다는 몸으로 익히는 것이 중요한 과목이다.

처음 공부를 시작했을 때는 세법을 강의만 듣고 복습을 잘하지 않았는데, 그것이 실력을 키우는 데 오래 걸리게 만든 실수였다. 강의를 듣자마자 복습해서 휘발되는 속도를 최대한 늦추면서 곧 바로 연습문제를 풀며 감을 잡는 것이 좋다.

이 과목은 법인세법, 소득세법, 부가가치세법 순서로 정복하는 것이 유리하다. 법인세법이 시험범위의 거의 절반을 차지하며 2차 시험의 득점에서 가장 중요하므로 이를 마스터할 때까지 공부를 반복하고 나서 소득세법과 부가가치세법으로 넘어가는 것이 좋은 전략이다.

세법은 기본서가 1,000쪽이 넘는 매우 두꺼운 책이다. 이 책을 다 읽다가는 시험에 나오는 중요한 논점을 제대로 잡지 못하는 불상사가 생길 수 있다. 초시생 때 저지른 가장 큰 실수가 기본서를 먼저 1회독하려고 덤벼들었다는 것이다. 시험에 나오는 부분은 고작 50% 정도의 핵심내용인데, 책을 다 읽고 내용을 모두 이해하려고 했으니 당연히 시간도 오래 걸렸고, 실패할 수밖에 없었다. 세법처럼 양이 방대한 과목일수록 기출문제에 빈출하는 논점부터 공부하고, 강의를 듣더라도 그런 부분을 중점적으로 복습하는 것이 좋다. 공부는 선택과 집중이 필요한 만큼 중요하지 않은 부분은 과감히 포기하고 자주 출제되는 부분은 다 맞힌다는 생각으로 공부하는 것이 효율적이다.

세법은 서브노트나 정리집을 따로 만드는 것이 비효율적인 과목이다. 양이 많고 세세하게 암기해야 할 것이 많아서 차라리 문제집이나 요약집을 반복하면서 회독수를 늘리고 연습량을 늘리는 것이 낫다. 서브노트를 만드는 데 들이는 시간 자체가 낭비일 수 있다는 이야기다. 세법은 반복과 암기가 생명이므로 가장 좋은 공부법은 기본강의를 빠르게 돌린 뒤 기출문제를 반복적으로 풀면서 요약된 내용을 틈나는 대로 보며 내용을 상기하는 것이다. 법인세법을 먼저 마스터하고, 소득세법과 부가가치세법은 시간이 되는대로 회독수를 늘려나간다. 국세기본법과 기타세법의 비중은 작지만 내용이 쉽고 정답률을 높이기 쉬우므로 시험 보기 두 달 전에는 눈도장을 찍으면서 자주 보는 것이 좋다. 국세기본법처럼 단순암기 부분은 미리부터 보지 말고 시험 직전에 몰아서 정리하는 것이 시간을 절약하는 길이다.

재무관리

재무관리는 공부량이 많다기보다는 이론과 적용에서 깊이가 있고 문제 자체의 난도가 높은 과목이다. 사실 문제풀이 방법도 다양하게 나올 수 있고 경제적 모형 활용방법도 다양할 수 있어 강사 선택에도 신중할 필요가 있다. 수학을 공부하는 것처럼 이론정리가 되었다면 문제풀이 연습을 많이 하는 것이 중요하다. 처음에는 이해가 안 되더라도 연습하는 과정에서 이해되는 경우가 많다.

재무관리는 기출문제만 가지고 대비하기가 힘든 과목이다. 불의타 문제는 대부분 재무관리에서 나올 때도 있으므로 기출문제 정리는 기본이고, 외국의 원서를 번역한 새로운 문제들을 수록한 강사들의 책으로 다양한 문제를 연습해야 한다. 또 기출문제 위주로 공부하는 것도 나쁘지 않다. 기출문제는 중요한 부분에서 70% 출제하고 지엽적인 부분에서 30% 정도 출제하므로 기출문제만 봐도 중요한 부분을 거의 흡수할 수 있다. 그리고 그 논리로 불의타 문제는 아는 부분만 제대로 쓰고 나와도 합격에는 지장이 없다는 것을 든다.

회계감사

회계감사는 실무의 다양한 사례와 감사 매뉴얼을 기반으로 한 이슈가 나오므로 오래 공부한다고 점수가 높게 나오지는 않는다. 게다가 회계감사는 대다수 수험생이 1차 시험 직후 시작하므로 공부법을 제대로 잡지 않고 접근하다가는 헤매기 십상이다.

나도 동차합격을 할 때 회계감사는 3개월만 공부했기에 그 방법이 얼마나 중요한지 깨달을 수 있었다. 사실 동차생들 대부분이 회계감사는 시간이 모자란다고 생각해서 포기하므로 제대로 공부하기만 해도 턱걸이로 합격할 수 있는 과목이다.

기본서는 너무 두꺼워 서브노트를 사서 그것만 들고 다니며 틈틈이 암기하고 고민해보는 것이 효율적이다. 나도 3개월 만에 회계감사를 마무리해야 했으므로 서브노트 외에 다른 책은 보지 않았고, 서브노트만 10회독 이상 하려고 노력했다. 아울러 스터디에서 일정한 시간대에 함께 말로 떠들면서 암기하는 등 지식이 휘발되지 않도록 꾸준히 공부했다.

회계감사의 문제유형을 살펴보면 대부분 사례를 주고 개념이나 해결방안을 쓰라고 한다. 그렇기에 개념을 정확히 숙지하고 논리를 실무적으로 사례에 대입해서 쓰는 능력이 중요하다. 즉, 서술형 시험의 특성상 글을 잘 꾸며서 써야 한다. 이것이 평소 서브노트를 자주 보아 개념을 내 것으로 만들고 주변 사람들에게 설명해야 하는 이유다.

원가회계

원가회계는 공부해야 할 이론의 분량은 적지만 연습해야 하는 문제의 양은 매우 많은 과목이다. 1차 시험에서 대충 공부했다면 2차 시험에서 가장 힘든 과목이기도 하다. 우선 문제의 난도가 높고 자료도 많이 주어지므로 한 문제를 해결하는 데 종합적인 자료해석과 논리력이 필요하다. 한 문제를 해결하기 위해 30분 이상 투자해야 할 만큼 문제를 분석하고 풀어내는 능력이 관건이다.

원가회계는 연습서 가운데 기출문제 정리가 가장 잘되어 있는 것을 골라서 안 보고도 풀릴 때까지 반복해서 풀어볼 것을 권한다. 나는 기출문제와 응용문제를 10번 이상 풀며 거의 암기했다. 실제로 기본이 되는 문제들은 문제를 보지 않고도 연습장에 쓸 정도였다.

원가회계는 절대로 눈으로만 공부해서는 안 되는 과목이다. 조금 귀찮고 힘들더라도 연습장을 꺼내 계산기를 두드려가며 손으로 공부하는 것이 가장 좋다. 아예 연습장을 하루에 몇 장 쓸지 정해놓고 연습량을 늘리는 방식으로 공부하는 것도 나쁘지 않다.

재무회계

재무회계는 1차 시험과 2차 시험 모두에서 중요하며, 회계사 시험에서 가장 중심이 되는 과목이라고 할 수 있다. 재무회계를 잘해야 법인세법상 세무조정을 잘할 수 있고, 원가회계와 회계감사 문제해결의 기본적 논리도 제대로 잡을 수 있다. 그래서 재무회계는 회계사시험의 처음이자 끝이라고 해도 지나친 말이 아닐 만큼 중요하다.

수험가에는 재무회계의 고수들이 많다. 게다가 공부량도 세법에 뒤지지 않을 정도로 많아서 하루아침에 실력을 올리기가 어렵다. 회계원리, 중급회계, 고급회계가 시험범위인데 중급회계만 해도 상하로 나눠 50개가량의 챕터로 구성되므로 범위를 모두 합치면 1,000쪽을 훌쩍 넘는다. 이 정도 공부량을 소화하려면 선택과 집중이 필요하다.

동차생들은 문제가 전 범위에서 골고루 출제되기는 하지만 스스로 생각해볼 때 도저히 풀지 못하는 챕터는 미리 솎아내고 자신 있는 챕터에서는 모두 맞힌다는 생각으로 접근하는 것이 좋다. 고급회계에서 연결회계, 현금흐름표, 주식매수선택권 등 어려운 챕터일수록 기본적인 문제를 반복해서 뼈대를 잡고 응용문제는 이해 정도만 해두자. 그러면 실전에서 최대한 기본논리를 세우고 모두 풀어내는 힘이 생길 것이다.

감정평가사 시험과
과목별 공부전략

감정평가사 시험제도

시험응시제도

• **1차 시험 전 소명할 것들**
  – 공인어학성적 소명

• **1차 시험: 매년 3월**
  – 5지선다형
  – 5과목(민법, 경제학원론, 부동산학원론, 감정평가관계법규, 회계학)
• **2차 시험 : 매년 7월**
  – 주관식 논술형
  – 3과목(감정평가실무, 감정평가이론, 감정평가 및 보상법규)

・평균 수험기간: 약 3~4년
・시행기관 홈페이지:
https://www.q-net.or.kr/man001.do?gSite=L&gld=60

　감정평가사는 이 세상에 존재하는 모든 자산을 평가해 가격을 매기는 전문직이다. 자산에는 토지와 건물 등 부동산, 기계장치, 선박 및 항공기, 주식과 채권 등 금융자산뿐만 아니라 특허권과 같은 무형자산도 포함된다. 구체적인 업무로는 평가목적에 따라 은행의 담보대출을 위한 담보평가, 부동산경매를 위한 경매평가, 토지 수용 시 보상금 산정을 위한 보상평가, 공시지가 산정을 위한 평가 등이 있다.

　감정평가사는 전문직으로서 인지도는 약하지만 고소득 자격증으로 알려져 있다. 업무량에 비해 상대적으로 고소득이며, 변호사나 공인회계사에 비해 업계의 경쟁도 치열하지 않은 편이다.

　공인회계사와 변호사에 비해 업무강도는 매우 낮은 편이다. 회계법인처럼 시즌과 비시즌이 구분되는 것도 아니고, 출장이 많아서 여행 다니는 기분으로 전국을 돌아다닐 수도 있다. 감정평가법인 안에서 잡다한 업무는 직원들이 보조하므로 실제로는 업무량이 적다.

시험과목과 시험방법

시험구분	교시	시험과목	입실완료	시험시간	문항수
제1차 시험	1교시	– 민법(총칙, 물권) – 경제학원론 – 부동산학원론	09:00	09:30~11:30(120분)	과목별 40문항
	2교시	– 감정평가관계법규 – 회계학	11:50	12:00~13:20(80분)	
제2차 시험	1교시	– 감정평가실무	09:00	09:30~11:10(100분)	과목별 4문항 (필요시 증감 가능)
	(중 식 시 간)				
	2교시	– 감정평가이론	12:10	12:30~14:10(100분)	
	(휴 식 시 간)				
	3교시	– 감정평가 및 보상법규	14:30	14:40~16:20(100분)	

시험의 난이도는 공인회계사와 비슷하지만 성격은 매우 다르다. 감정평가사 시험은 1차 시험이 합격률 35% 정도로 쉽고 2차 시험은 매우 어렵다. 1차 시험은 민법, 경제학원론, 부동산학원론, 감정평가관계법규, 회계학 5과목으로 평균 60점이 넘어야 하고 한 과목이라도 40점 아래면 과락이다. 2차 시험은 감정평가실무, 감정평가이론, 감정평가 및 보상법규 3과목이다. 그런데 3과목이 모두 40점을 넘기 힘들 만큼 어렵게 출제되므로 3과목 모두 과락만 넘기면 거의 합격이라는 말이 있을 정도다.

1차 시험 과목별 공부전략

경제학원론

감정평가사 시험에서 경제학원론은 5지선다형으로 시험범위는 미시경제학과 거시경제학이다. 보험계리사 시험의 경제학보다는 어렵고 공인회계사 시험의 경제학보다는 쉬운 편이다. 경제학원론 공부는 빠르게 기본강의 또는 요약강의를 들은 뒤 기출문제를 최근 10년 치까지 다 풀어보는 것이 좋으며, 여력이 있다면 공인회계사 시험 문제들도 풀어보는 것이 고득점에 유리하다.

회계학

감정평가사 1차 시험에서 회계학 시험범위는 재무회계와 원가관리회계이고, 그 가운데 재무회계가 75% 정도 출제되므로 이를 우선적으로 공부하고 원가관리회계는 자신 있는 챕터 위주로 선택과 집중을 하면 된다. 말문제를 먼저 풀고 쉬운 계산문제 순으로 푸는 전략이 유리하다.

    감정평가사 시험의 회계학은 쉬운 편이 아니므로 기출문제를 다 풀고 여력이 된다면 세무사나 관세사 시험의 회계학 기출문제도 풀어보는 것이 좋다.

민법

감정평가사 시험에서 민법은 민법총칙, 물권법만 제대로 마스터해도 고득점이 가능한 과목이다. 기본서나 문제집의 OX문제와 판례만 자주 보아 익숙하게 해두면 답을 고르는 데 별로 무리가 없다. 민법은 기본서를 보지 않고 곧바로 민법이론과 문제가 잘 정리된 문제집 또는 수험서를 사서 회독수를 늘리며 공부할 것을 권한다.

부동산학원론

부동산학원론은 보통 공인중개사 시험의 부동산학원론 과목과 비교되기도 하는데, 공인중개사 시험의 기출문제와 감정평가사 2차 시험의 감정평가사 이론공부만으로 대비가 되며 이 과목에서 고득점을 노리는 것도 하나의 전략이.

감정평가관계법규

감정평가관계법규는 초반부터 공부하는 것보다는 시험 직전에 몰아서 공부하는 것이 유리한 과목이다. 회계학이나 경제학원론에서 낮아진 점수를 만회하기에 좋은 전략과목이기도 하다. 기본강의를 깊이 있게 듣고 이해할 필요는 없으며, 요약강의를 반복해서 듣고 기출문제를 반복해서 풀기만 해도 충분히 고득점이 가능하다. 또한 앞글자를 따서 암기한다거나 노래로 만들어서 암기하는 등 효율적 암기법을 찾는 것이 좋다.

2차 시험 과목별 공부전략

감정평가실무

감정평가실무는 감정평가사 2차 시험 합격에 가장 중요한 과목이다. 감정평가실무 과락(40점)만 넘으면 합격이라고 할 정도로 영향력이 크고 난도도 아주 높다. 한 문제당 10페이지가 넘을 정도로 자료도 방대하고, 물음에 답하려면 자료와 논점을 잡고 목차의 뼈대를 세우는 동시에 중간과정의 계산을 빠짐없이 수행해야 한다. 그만큼 짧은 시간에 높은 집중력을 요하며, 기본적으로 답안 작성에 숙달돼 있어야 한다. 사실 많은 지식을 쌓는 것보다는 어떻게 하면 간결하고 정확한 답안을 현출할지 공부하는 것이 수험기간을 줄여주는 비법이라 할 수 있다.

가장 중요한 일반평가의 3방식부터 정확히 정리하고 세부적인 계산의 로직을 숙지하는 것이 선행돼야 한다. 그다음으로는 목적별 평가인 담보평가, 경매평가, 보상평가 등의 논리를 달리해서 정확히 정리해야 한다. 나는 기본서를 공부하지는 않았지만 요약강의를 들으며 전체 논리를 한 번은 정리했다.

또한 자신에게 가장 적합한 문제집을 한 권 선정해서 단권화하는 것이 좋다. 책을 여러 권 사서 늘리면 막판에 곤란해진다. 기출문제와 연습문제가 잘 정리된 책을 한 권 사서 여러 번 풀고 요약정리를 가필하는 등 단권화해서 회독수를 높여야 한다.

감정평가이론

감정평가이론 역시 높은 과락률을 자랑하는 과목이다. 대부분 어떤 주제에 대해서 논하라거나 설명하라는 등 서술하는 방식이고, 해당 논점을 꽉 채워서 내도 50점 이상을 받기가 어려운 것이 현실이다. 단순히 기본서를 암기해서 적는 것이 아니라 사례형으로 출제되기도 하므로 감정평가실무를 공부할 때는 실무문제를 말로 설명하거나 글로 표현해보는 연습을 하는 것이 도움이 된다.

실제로 나도 감정평가실무를 공부하면서 이를 세 방식으로 분류해서 설명해보고, 가치형성 요인으로 나누어 자연적 요인, 사회적 요인, 경제적 요인으로 말을 지어보거나 주변의 유사 사례를 들어 설명해보았다. 이것을 감정평가이론 공부와도 연결해 통합적으로 해보는 것이 이론 성적을 효율적으로 높이는 비결이다.

감정평가이론 과목에서 고득점하려면 교과서나 수험서 내용을 그대로 외워 적는 데 그치지 않고 더 나아가 해당 제도의 목적이나 취지를 깊이 이해해야 한다. 제도의 목적, 취지에 대한 이해가 선행되어야 이를 바탕으로 자기 생각을 논리적으로 답안지에 현출할 수 있다. 미래의 감정평가사로서 토지와 인간의 관계에 대한 이해나 업계에서 이슈가 되는 사안에 대한 견해를 드러내는 답안은 더 좋은 평가를 받을 수 있다.

시중에 기본서가 많이 나와 있지만, 기출문제를 한 번 자신의 언어로 정리해보면서 답안지 작성 연습을 해보고, 기본서는 필요한 부분만 찾아서 보는 식으로 공부하는 것이 좋을 것 같다. 아울러 학원의 GS모의고사를 구해서 문제와 답안지를 한 번 보는 것도 다양한 관점을 이해하고 답안지를 현출하는 데 도움이 될 것이다.

감정평가 및 보상법규

감정평가 및 보상법규도 평균 과락률이 50% 정도나 되는 어려운 과목이다. 그런데 시험범위가 확정돼 있고, 행정법과 개별법규(토지 보상법 등)를 철저히 공부해 어느 정도 실력이 오른 상태에서는 점수가 잘 하락하지 않는 과목이기도 하다.

감정평가 및 보상법규는 법률에 대한 기본적 이해와 그에 따른 법리적 능력이 필요하다. 출제자가 설문으로 묻고자 하는 의도를 파악하는 것, 자신이 아는 내용을 논리적으로 서술하는 것은 합격 답안 작성의 필수조건이다. 나아가 법률가로서 갖춰야 할 법리적 능력을 측정하는 과목인 만큼 법령과 학설, 판례에 대한 설명이 답안지에 충분히 현출되어야 높은 점수를 받을 수 있다.

감정평가 및 보상법규는 강사들마다 강조하는 부분이 다소 차이가 있으므로 여러 강의를 혼용해서 듣는 것은 기본개념 형성에 도움이 되지 않는다. 나는 GS모의고사를 기본축으로 하면서 행정법 전문강사의 책을 참고해 행정법의 깊은 논점을 보충한 나만의 단권화 노트를 만들어 회독수를 높였다.

또한 GS스터디로 주요 논점이나 기출문제를 직접 시간 안에 풀어보는 연습을 했다. 아울러 부족한 부분을 집중적으로 반복하면서 정교하게 답안을 쓸 수 있도록 복습을 병행했다. 그리고 GS모의고사 위주로 공부하면서 나 나름대로 추려낸 100가지 핵심논점을 수십 번 반복해 중심을 잃지 않으려고 노력했다.

관세사 시험과
과목 공부전략

관세사 시험제도

시험응시제도

- **1차 시험 전 소명할 것들**
  - 별도로 없음
- **1차 시험 : 매년 3~4월**
  - 5지선다형
  - 4과목(관세법개론, 무역영어, 내국소비세법, 회계학)
- **2차 시험 : 매년 6월**
  - 주관식 논술형
  - 4과목(관세법, 관세율표 및 상품학, 관세평가, 무역실무)
- 평균 수험기간 : 약 2~3년
- 시행기관 홈페이지

  https://www.q-net.or.kr/man001.do?gSite=L&gId=24

관세사는 무역에서 관세 및 통관에 관한 절차를 대신 수행하고 관세법상 쟁송과 무역에 대한 자문을 수행하는 전문직이다. 관세사는 주로 무역 관련업체와 세관을 연결해주고 자문을 한다. 우리나라는 무역에 대한 대외의존도가 높아서 전망이 나쁘지 않은 편이지만 업계가 포화상태라는 의견도 있다.

관세사는 관세법인이나 대기업의 무역파트로 취업하거나 7급 관세공무원으로 진출할 수 있다. 6개월의 수습기간을 마치면 관세사로 등록되므로 개업도 가능한데, 이에 대해서는 전망이 엇갈린다. 무역회사가 관세사를 고용해 자체적으로 통관절차를 수행하기 때문에 관세사 개업은 힘든 편이고, 관세법인에서는 경력직 채용을 선호하는 편이다.

그래도 매년 90명 이내로 선발되는 소수정예 전문직으로 알려져 있으며, 평균연봉도 높은 편이다. 가끔 회계법인의 국제조세 관련 본부에서 관세사를 채용하기도 한다. 업무의 난도는 높지 않지만 야근이 많은 편이다.

시험과목과 시험방법

구분	교시	시험과목	문항수	시험시간	시험방법
1차 시험	1	1. 관세법개론(자유무역협정 이행을 위한 관세법의 특례에 관한 법률 포함) 2. 무역영어	과목당 40문항 (총 80문항)	80분 (09:30~ 10:50)	객관식 5지선택형
	2	3. 내국소비세법(부가가치세법, 개별소비세법, 주세법에 한함) 4. 회계학(회계원리, 회계이론에 한함)	과목당 40문항 (총 80문항)	80분 (11:20~ 12:40)	

2차 시험	1	1. 관세법(관세평가 제외, 수출용 원재료에 대한 관세 등 환급에 관한 특례법 포함)	과목당 4문항	80분 (09:30~ 10:50)	논술형
	2	2. 관세율표 및 상품학		80분 (11:20~ 12:40)	
	3	3. 관세평가		80분 (14:00~ 15:20)	
	4	4. 무역실무(대외무역법 및 외국환거래법 포함)		80분 (15:50~ 17:10)	

관세사 시험은 주로 암기형 시험에 약술 형식이어서 그리 어렵지 않지만 경쟁률이 갈수록 높아져 만만치 않다. 평균 수험기간은 2년 정도이고, 1차 시험 합격률은 40% 정도로 쉬운 편이다. 하지만 2차 시험은 합격률이 10%에 불과할 만큼 어려운 편이다. 2차 시험의 과목은 4과목이고, 전 과목 40점을 넘겨야 하며, 커트라인은 평균 50점 정도다.

1차 시험 과목별 공부전략

관세법 개론(FTA특례법 포함)

1차 시험뿐만 아니라 2차 시험에서도 출제되는 관세법은 가장 중심이 되는 과목이다. 1차 시험의 관세법은 기초개념 수준으로 납부기한 등 절차와 관련된 문제와 시행령, 부령과 같이 규칙에 대한 세부 부분까지 암기해야 한다. 1차 시험을 공부하면서 2차 연습서를 구입해 병행하는 것도 시너지 효과를 내는 방법이다.

학원강의는 인터넷 강의로 기본강의를 한 번 빠르게 들은 뒤 객관식 관세법 책 한 권을 구해 기출문제 위주로 반복하는 것이 바람직하다. 관세법은 다른 과목보다 평균점수를 높이기에 유리하므로 60~70점 이상을 목표로 공부해야 한다. 즉, 다른 과목보다 회독수를 높여서 틀리는 문제를 최소화하는 것이 좋다. FTA특례법은 5문제가 출제되는데, 국가명이나 개념 암기 위주이므로 요약강의와 학원자료 정도로 공부해도 크게 어렵지 않다.

무역영어

무역영어는 무역지식과 협약, 규칙에 대한 공부가 중심이 되므로 영어를 못 한다고 해서 주눅들 필요는 없다. 수험서를 잘 골라 반복해서 개념에 숙달되면 충분히 좋은 점수를 받을 수 있다. 무역영어에 출제되는 범위는 무역 관련 협약이며 법규인 만큼 무역실무와 병행하면 자주 출제되는 용어를 흡수하는 데 유리하다. 무역영어는 지속적으로 암기하고 자주 봐야 한다. 단어암기는 매일 시간을 정해두고 모르는 게 없을 때까지 소거하는 식으로 공부하는 것이 좋다.

내국소비세법

내국소비세법은 부가가치세법, 개별소비세법, 주세법에 관한 문제가 출제된다. 관세법과 달리 국내 거래과정에서 부과되는 세금에 대한 내용이므로 관세사 시험에서는 비주류로 느껴질 수 있는데, 공부량이 얼마 안 되고 정리만 잘하면 고득점이 가능한 효자과목이다. 기본강의나 요약강의를 빠르게 돌리고 기본개념을 반복하면서 기출문제만 제대로 풀고 시험장에 가도 무방하다. 또한 회계학과 같은 시간에 시험을 보므로 내국소비세법을 빨리 풀고 회계학 시험에 시간을 투자하는 것도 좋은 전략이다.

회계학

관세사 회계학은 감정평가사 1차 시험의 회계학과 난이도가 비슷하다. 시험범위는 재무회계와 원가관리회계이고, 그중 재무회계가 75% 정도 출제된다. 따라서 재무회계를 우선으로 공부하고 원가관리회계는 자신 있는 챕터 위주로 선택과 집중을 하면 된다. 또한 말문제를 먼저 풀고 쉬운 계산문제 순으로 푸는 것이 유리하다. 여력이 된다면 세무사나 감정평가사 시험의 회계학 기출문제도 풀어보는 것이 좋다.

공인회계사 시험의 회계학은 난도가 지나치게 높으므로 쉬운 문제만 선별적으로 풀어보면 도움이 될 것이다. 보통 문제집 한 권을 고르면 그 안에 웬만한 강사의 문제집과 다른 시험의 기출도 포함돼 있다. 따라서 회계사 시험의 강의까지 들을 필요는 없을 것으로 보인다.

2차 시험 과목별 공부전략

관세법

관세법은 1차 시험에서는 전반적으로 공부하고 2차 시험에서는 답안지 작성을 연습한다. 따라서 다른 과목에 비해 1차와 2차의 연계성이 좋은 과목이다. 하지만 2차 시험의 특성상 답안지 현출이라는 산이 남아 있으므로 주관식 논술형의 특성에 맞게 정확히 암기하고 연습해야 한다.

법규정마다 입법취지를 비롯해서 의의, 요건, 효과와 논점마다 정해진 목차를 암기하고 답안지에 바로 현출하도록 매일 시간을 정해서 떠들어보거나 써보는 연습을 해야 한다. 목차와 키워드 노트를 따로 만드는 것은 유예생일 때부터 하는 것이 좋고, 동차생이라면 시간이 부족하니 기본서의 목차와 강사가 강조해주는 키워드를 책에 가필해 암기하는 방법을 추천한다.

관세율표 및 상품학

관세율표 및 상품학은 초심자가 가장 답답해하는 과목이다. 용어와 규정이 생소한 데다 세세하게 암기해야 할 것이 많기 때문이다. 하지만 학원의 순환과정을 들으면서 어느 정도 회독수를 늘리면 금세 실력이 올라서 나중에는 효자과목이 된다.

이 과목은 통칙, 각류의 호의 용어, 주규정의 두문자를 따서 암기하는 것이 중요하다. 통칙은 완벽하게 암기해야 하고 호는 짧은 것은 완벽하게, 긴 것은 대표적인 것 위주로 암기해야 한다. 이렇게 하면 제한된 기억력 안에서 가장 안전한 시험대비가 될 것이다.

관세평가

관세평가는 비교적 범위가 좁아서 관련 법조문을 충분히 암기해야 한다. 협정을 숙지하고 사례문제와 계산문제에 대비해야 한다. 사례문제는 단순하게 과세, 비과세를 판단하는 것이 아니라 주어진 상황에 따라 과세가격 구성요소의 과세요건 충족 여부 등을 서술해야 한다.

이 과목은 50점 문제의 지문이 길고 사례해석과 계산이 필요하므로 시험을 볼 때 시간관리가 매우 중요하다. 따라서 모의고사를 볼 때 정해진 시간 안에 최대한 효율적으로 치르는 연습을 해두는 것이 좋다. 실제로 문제 푸는 순서를 바꾸거나 시간관리만 잘해도 전체 점수를 올릴 수 있는 것이 2차 시험이다. 그러므로 이에 대해 끊임없이 고민할 필요가 있다.

무역실무

수험가에서는 무역실무를 관세사 시험에서 가장 양이 많고 어려운 과목으로 꼽는다. 기본서가 두 권일 뿐만 아니라 정리해야 할 이론도 범위를 확정하기 어려울 만큼 많다. 협약과 규칙은 기본이고 무역에 관해 전반적으로 이해와 암기를 병행하면서 문제에 맞는 내용을 답안지에 현출해야 한다.

범위가 가장 넓으면서도 배점은 80점밖에 되지 않아 중요한 부분 위주로 완벽히 암기하고 나머지는 키워드 중심으로 간단히 암기하는 등 선택과 집중이 필요하다. 특히 대외무역법과 외국환거래법은 10점 문제가 하나씩 출제되므로 가장 잘 정리해야 하는 파트이고, 나머지는 학원에서 GS순환이나 단과에서 강조하는 내용 위주로 정리한다.

공인노무사 시험 과목과
공부전략

공인노무사 시험제도

시험응시제도

- 1차 시험 전 소명할 것들
  공인어학성적 소명
- **1차 시험 : 매년 5~6월**
  5지선다형
  5과목(노동법1, 노동법2, 민법, 사회보험법, 경제학원론·경영학개론 중 1과목)
- **2차 시험 : 매년 8월**
  주관식 논술형
  4과목(노동법, 인사노무관리론, 행정쟁송법, 경영조직론·노동경제학·민사소송법 중 1과목)
- 3차 시험 : 면접
- 평균 수험기간 : 약 2~3년
- 시행기관 홈페이지 : https://www.q-net.or.kr/man001.do?gSite=L&gId=05

공인노무사는 노동과 관계법규를 통해서 인사노무와 관련된 경영 서비스를 제공하는 전문직이다. 이외에도 노사관련분쟁을 조정하거나 기업의 노사관계에 대한 자문도 수행한다. 노동조합의 설립·운영 등 모든 활동과 산업재해에 대한 사전적 예방조치로 사업장의 안전과 보건에 대해 자문한다. 개별 근로자에 대한 부당해고, 징계, 전직, 감봉 등에 대한 구제신청을 대리하거나 단체교섭 및 노동쟁의 때 사적 조정업무도 담당한다.

노무사로 활동하려면 6개월 수습을 마쳐야 한다. 수습과정은 1개월간 집체연수, 5개월간 노무법인이나 노동부 유관기관 실무연수를 받는 것이다. 우리나라 인구의 절반 정도가 근로자이므로 노무사의 전망은 나쁘지 않은 편이다. 다만, 변호사들과 업무영역이 겹치고 무자격자들도 컨설팅은 할 수 있어 법적으로 보장된 일감은 많지 않다. 또한 법률시장이 개방되는 것도 위협으로 작용한다. 로스쿨 출신 변호사들이 배출되고 있고 외국 로펌이 국내에 진출하면 노동법시장도 경쟁이 더 치열해질 게 분명하다. 반면 외국어에 능통한 노무사는 오히려 취업문이 넓어질 수도 있다. 외국계 로펌에서도 채용하려고 할 것이기 때문이다.

시험과목과 시험방법

구 분	교시	시험과목	문항수	시험시간	시험방법
1차 시험	–	1. 노동법(1) 2. 노동법(2) 3. 민법	과목당 25문항 (총 125문항)	125분 (09:30~11:35)	객관식 5지택일형

1차 시험	–	4. 사회보험법 5. 영어(공인 어학성적으로 대체) 6. 경제학원론, 경영학개론 중 1과목	과목당 25문항 (총 125문항)	125분 (09:30~11:35)	객관식 5지택일형
2차 시험	1 2	1. 노동법	4문항	교시당 75분 (09:30~10:45) (11:15~12:30)	논문형
	3	2. 인사노무관리론	과목당 3문항	과목당 100분 (13:50~15:30) (09:30~11:10) (11:40~13:20)	
	4 5	3. 행정쟁송법 4. 경영조직론, 노동경제학, 민사소송법 중 1과목			
3차 시험		「공인노무사법」 제4조 제3항의 평정사항 1. 국가관, 사명감 등 정신자세 2. 전문지식과 응용능력 3. 예의, 품행 및 성실성 4. 의사발표의 정확성과 논리성			면접

　노무사가 되려면 객관식으로 진행되는 1차 시험과 주관식 논술형 시험인 2차 시험을 거쳐 3차 면접시험을 통과해야 한다. 1차 시험은 객관식 5지택일형으로 평균 60점에 전 과목 40점을 넘기면 된다. 2차 시험은 주관식 논술형으로 전 과목 40점 이상이어야 하고, 최소 합격인원 250명을 선발한다. 시험준비 기간은 보통 2년 정도다.

1차 시험 과목별 공부전략

노동법1

노동법1은 근로기준법, 산업안전보건법, 직업안정법, 파견근로자보호 등에 관한 법률, 기간제 및 단시간근로자 보호 등에 관한 법률, 남녀고용평등법, 최저임금법, 근로자퇴직급여보장법, 임금채권보장법, 근로자복지기본법 등 암기해야 할 범위가 넓다. 하지만 고득점이 어려운 과목은 아니어서 처음에 개념을 잡고 기출문제와 요약서만 잘 반복하면 좋은 점수를 획득할 수 있다. 강의는 자신에게 맞는 강사를 선택해 한 번 정도 들을 것을 추천한다.

노동법1은 개별 노동자에게 적용되는 법률을 공부하는 것이므로 노동자의 보호에 초점을 맞추고 법조문과 판례를 바라보아야 한다. 근로관계, 부당해고, 부당노동 등의 개념을 명확히 비교하고 근로시간과 관련된 제도는 확실히 암기하고 그 개념을 철저히 이해해야 헷갈리는 지문이 나와도 정확히 풀어낼 수 있다. 노동법1도 법학이므로 법원리를 기본적으로 이해하고 법조문과 판례가 왜 그렇게 구성될 수밖에 없는지를 알면 암기하지 않아도 풀 수 있는 문제가 많다. 그러므로 기출문제와 요약서를 반복해 암기하는 한편, 그 취지 등을 이해하려고 노력해야 한다.

노동법2

노동법2는 노동조합 빛 노동관계조정법, 근로자참여 및 협력증진에 관한 법률, 노동위원회법, 공무원의 노동조합 설립 및 운영에 관한 법률, 교원의 노동조합 설립 및 운영에 관한 법률 등 조직구성에 관한 부분을 다루는 과목이다. 노동조합의 노동쟁의가 어떻게 쟁의행위까지 연결되는지 논리적으로 공부하고, 그 과정에서 제도가 어떻게 설계되었는지 하나하나 공부해야 한다.

결국 노동조합의 구성원리와 과정을 이해하고 암기하면서 굵직한 단체협약, 단체교섭까지 공부해야 한다. 기출문제가 많이 누적돼 있으므로 이를 지속적으로 반복하고 강의는 개념강의를 하나 정도 듣는 것이 좋다.

민법

공인노무사 민법은 민법총칙과 채권법만 공부하면 되기 때문에 다른 시험에 비해 양이 적다. 총칙은 전공과 상관없이 입문하는 사람이 크게 어렵지 않게 소화할 수 있는 개념적인 부분이지만, 채권법은 계약원리를 담은 조문들과 판례가 다양해서 좀 더 시간을 투자해야 한다. 기본강의나 요약강의를 한 번 정도 동영상으로 수강하고 기출문제집만 반복해서 풀어도 좋은 점수를 획득할 것으로 본다.

판례를 이용한 문제도 나오므로 기출문제뿐만 아니라 최신판례 자료도 구해볼 필요가 있다. 매년 개정되는 내용이 거의 없어 옛날 강의를 들어도 무방하다. 다만 문제를 다양하게 풀어보는 것이 고득점의 비결이므로 문제풀이에 소홀해서는 안 된다.

사회보험법

사회보험법은 사회보장기본법, 고용보험법, 산업재해보상보험법, 국민연금법, 국민건강보험법, 고용보험 및 산업재해보상보험의 보험료징수 등에 관한 법률 등 각종 사회보험의 파트가 출제된다. 이 과목은 다른 과목에 비해 내용이 산발적이고 큰 논리가 없어 휘발성이 강한 편이다.

보통 시험 보기 한두 달 전에 시작하는 과목이라는 것이 수험가의 중론이지만, 내 생각에는 미리 수험서를 일독하고 막판에 몰아치는 것이 유리하다. 한 달 전에 공부를 시작해서 개념을 잡으려다가는 이해와 암기로 문제풀이 능력을 배양할 시간이 부족할 수밖에 없다.

선택과목 · 경제학원론, 경영학개론

노무사 수험생들이 경제학원론과 경영학개론 가운데 어느 과목을 선택하는 게 좋을지 질문하는데, 나는 자신의 배경지식을 보고 선택하라고 대답한다. 물론 표면적으로는 경영학개론이 경제학원론보다 내용이 쉽고 단순하다. 하지만 경제학 전공자나 경제학 공부를 오래한 학생이 갑자기 경영학을 선택하는 것이 좋을 만큼 경영학이 만만한 과목은 아니다.

경영학은 깊이는 얕지만 내용을 보면 회계, 인사, 재무, 노무, 경영 전략, 경영과학, 경영조직론, 마케팅 등 범위가 방대하다. 그래서 피상적으로 암기해야 하는 학자와 모델, 이론, 연도 등이 많아서 오히려 경제학보다 공부하기가 힘들 수도 있다. 경제학은 양은 많지만 한 번 제대로 논리를 잡아두면 실력이 잘 떨어지지 않는 데 비해 경영학은 출제위원에 따라 난이도가 천차만별이 될 수 있다. 그래도 노무사 경영학은 다른 시험에서보다는 쉬운 편이니 경영학을 선택하는 것이 유리할 것으로 본다.

2차 시험 과목별 공부전략

노동법

2차 시험 노동법은 논술형, 약술형, 사례형이 골고루 섞여 출제된다. 노동법의 경우 150점 만점에 주관식으로 출제되며 출제범위는 근로기준법, 파견근로자보호 등에 관한 법률, 산업안전보건법, 산업재해보상보험법, 고용보험법, 노동조합 및 노동관계조정법 등 1차 시험의 노동법1, 2 시험범위와 거의 같다.

보통 근로계약 관련 문제가 75점, 집단적 노사관계 문제가 75점이므로 둘 다 대비해야 한다. 사례형과 서술형의 경우에는 판례와 그 의미를 물어보는 문제가 확대돼 출제되고 있다.

주로 기본서와 사례집으로 공부를 많이 하는데, 나는 기본서를 오래 보는 것에는 회의적이다. 차라리 제대로 된 문제집을 한 권 사서 기본서처럼 반복하고 GS모의고사나 학원의 보충자료를 가필하면서 단권화하는 방법을 추천한다. 어차피 문제집에는 기출문제와 주요 논점이 다 정리되어 있으니 이렇게 공부하면 기출문제를 반복하는 효과도 있다.

시험범위를 노동법 기본서와 최신판례, 사례연습서, 노동법학회의 학회지까지로 본다면 너무 방대해 다 볼 수도 없을뿐더러 다 보아서도 안 된다. 다 보려 하다가는 하나도 제대로 쓰지 못한 채 시험장을 나와야 한다.

2차 시험은 학원에 꼭 갈 것을 권한다. 2차 시험은 내용 공부에서 끝나는 것이 아니라 답안지를 효율적으로 작성하는 연습을 해야 한다. 이를 위해서는 꾸준히 모의고사를 보고 강평을 들으면서 답안지를 다듬을 필요가 있다. 이와 더불어 최신판례의 트렌드나 이슈 등이 시험에 나올 수 있으므로 이를 잘 정리해주는 학원의 도움을 받는 것이 효율적이다.

인사노무관리론

인사노무관리론은 경영학과 학생들에게 유리한 과목이다. 나도 경제학과에 다닐 때 인사노무관리를 수강한 적이 있는데, 경영학에서는 각종 현업의 이슈와 학자의 이론, 노동 관련 사회제도의 논리를 배웠다. 그만큼 범위가 넓고 현업의 이슈와 출제자의 시각에 따라 출제경향의 변동이 커서 대비하기가 어려운 과목이다. 그래도 기본에 충실하면 적어도 논리의 일관성을 유지하면서 새로운 문제가 출제되어도 당황하지 않는다.

인사노무관리는 학원의 GS커리큘럼을 따라가거나, 예비순환은 듣지 않더라도 기본강의는 듣는 것이 좋다. 기본적 이론의 기반을 잡고 단권화를 시작하는 것이 다양한 이슈를 흔들림 없이 정리하는 지름길이기 때문이다. 따라서 수험생들이 가장 많이 보는 수험서 하나를 택해 너덜너덜해질 때까지 반복하고, GS모의고사를 치면서 이슈가 되는 부분을 단권화하는 것이 좋다.

노무사 2차 시험의 핵심은 범위를 좁히면서 아는 범위에서는 최대한 쓰려고 연습하는 것이다.

행정쟁송법

행정쟁송법은 행정소송법, 행정심판법, 민사소송법 가운데 행정소송 관련 부분이 시험범위에 해당한다. 행정쟁송법의 특성상 논점이 되는 것을 100개 이내로 추려서 반복적으로 출제되는 문제를 분석하고, 어떤 논점에 해당하는지 추리하여 그 부분을 답안지에 완벽히 담아내는 것이 중요하다.

행정소송법은 조문이 그리 많지 않고 자주 출제되는 부분도 정해져 있다. 예를 들어 원고적격, 피고적격, 가처분, 집행정지 등 권리구제제도 안에서 판례상 가장 이슈가 되는 부분을 중점적으로 정리하고 암기해두면 점수를 고르게 유지할 수 있다.

그만큼 쟁점정리 위주로 빨리 단권화하고 그 부분을 반복해서 완벽하게 답안지에 현출하는 연습을 해야 한다. 사례화할 수 있는 행정쟁송법의 쟁점이 학설, 판례, 검토 순으로 잘 정리된 책을 한 권 구해서 반복학습을 하는 것이 좋다. 또 학원의 GS커리큘럼을 듣는다면 학원 자료로 단권화하는 것도 시간을 효과적으로 줄이는 방법이다.

내 생각에는 행정쟁송법은 잘 나온 책을 한 권 구입해서 반복하거나 선배들이 만든 서브노트를 구해서 단권화하는 것이 유용한 것 같다. 쟁점마다 A급, B급, C급으로 나뉘어 있으므로 최대한 A급 논점 위주로 공부하고, B급 이하의 논점은 막판으로 가면서 눈도장을 찍어두면 될 것이다.

선택과목: 경영조직론, 노동경제학, 민사소송법 중 택 1

선택과목은 자신에게 가장 유리한 과목을 골라야 한다. 경영학과 출신이라면 경영조직론이 가장 유리할 것이며, 경제학과 출신이라면 분량이 적은 노동경제학이 가장 유리할 것이다. 또한 법학과 출신이라면 상대적으로 민사소송법이 유리할 것이다.

경영조직론은 경영학의 특성상 논리의 깊이보다는 다양한 학자의 이론을 논리틀에 맞게 정리해 답안지에 써내는 것이 중요한 과목이다. 경영학은 혁신과 창의성의 과목인 만큼 독창적으로 지식을 표현하는 답안이 고득점의 비결이다. 보통 수험서의 의의와 근거, 논리과정을 서술하는 틀을 최대한 간결하게 정리해 키워드 중심으로 암기하고 목차를 머릿속에 암기하는 것이 기본이다. 여기에 덧붙여 출제자에게 어필하는 전략이 필요하다.

예를 들면, 조직행동론에서 자주 나오는 논점마다 관련된 기업의 혁신사례 등을 정리해서 중간중간 써주거나 수험생들이 많이 보는 교재상 표현으로 통일해서 적시하는 것이 좋다. 목차는 논점마다 정형화해서 막판에 머릿속에 한꺼번에 넣도록 미리 준비하면 시험장에서 시간을 줄일 수 있다.

노동경제학은 경제학답게 그래프를 깔끔하게 정리해서 답안지에 현출하는 것이 중요한 과목이다. 시험의 출제의도는 미시경제학적 기초를 바탕으로 노동경제학의 핵심개념을 이해하고, 분석방법론을 정확히 숙지해 노동시장의 다양한 이슈에 적용할 수 있는 능력을 평가하는 것이다. 출제의도에 맞춰 경제학적 분석모형을 적절히 사용해 명확한 결론을 도출하면 좋은 점수를 받을 텐데 의외로 그래프를 그려서 경제학적 분석기법을 적용하고 설명하는 데 서투른 수험생이 많다.

경제학 자체가 그래프를 잘 다루는 데서 시작하는 만큼 미시경제학적 기법을 그래프로 잘 정리해 암기하고, 답안을 작성할 때 그래프를 바탕으로 현상을 명확히 설명하는 연습을 꾸준히 하는 것이 가장 좋은 공부법이다. 노동경제학은 다른 과목에 비해 공부량은 적지만 엄격한 논리를 현출하려면 연습량이 더 필요할 수 있다는 점을 명심하자.

민사소송법은 다른 시험에서와 마찬가지로 법리적 논점에 대해 법조문을 정확하게 알고, 관련 판례 지식을 바탕으로 사례의 핵심 쟁점을 분석하며, 문제점 적시·학설대립·판례·검토를 정확하게 보여주면서 사안 해결까지 도출하는 것이 중요하다. 사례문제의 경우 출제자는 관련 개념을 기본적으로 이해하는지, 개념 이해로 관련 사례를 제대로 풀이하는지 보려는 것이다. 즉, 사례의 논점 분석은 기본이고 기본개념과 이론을 답안지에 적시하면서 풍부하게 보여줄 것을 요구한다.

간혹 판례와 결론만 적시하거나 학설 대립을 대충 얼버무리는 경우가 있다. 이런 실수를 하지 않으려면 공부할 때부터 논점에서 반드시 써야 할 부분을 철저히 정리해서 암기해둘 필요가 있다.

세무사 시험과
과목별 공부전략

세무사 시험제도

시험응시제도

- 1차 시험 전 소명할 것들

  공인어학성적 소명

- **1차 시험 : 매년 4~5월**

  5지선다형

  4과목(재정학, 세법학개론, 회계학개론, 민법·상법·행정소송법 중 택 1)

- **2차 시험 : 매년 7~8월**

  주관식 논술형

  4과목(회계학 1부, 회계학 2부, 세법학 1부, 세법학 2부)

- 평균 수험기간 : 약 2~3년

- 시행기관 홈페이지 : https://www.q-net.or.kr/man001.do?gSite=L&gld=22

세무사는 납세자의 위임을 받아 세무서에 각종 세무신고를 하거나 이에 대한 자문을 하는 전문직이다. 회계장부를 대신 작성하기도 하는데, 이를 장부기장대리라고 한다. 아울러 납세자에게 절세 방안을 조언해주거나 납세절차를 안내해주기도 한다. 부당하게 많은 세금을 고지받은 경우 국세청을 상대로 조세불복을 하기도 한다. 또한 국세청에서 납세자에 대한 세무조사를 할 때 세무사는 납세자를 대신해 조사를 받고 방어방법을 강구하며 서비스를 제공한다.

세무사는 개인사무소를 개업할 수 있고, 세무법인을 설립하거나 동업관계로 참여할 수도 있다. 세무사 자격자는 일반기업이나 회계법인, 로펌에 입사해 세금에 관한 업무를 담당할 수 있다. 기업에 진출하는 경우 자격수당을 받거나 승진에서 유리할 수도 있다. 프리랜서로 활동할 수도 있는데, 이는 대부분 세무와 관련된 컨설팅 형태로 한다.

시험과목과 시험방법

구분	교시	시험과목	문항수	시험시간	시험방법
1차 시험	1	1. 재정학 2. 세법학개론(국세기본법, 국세징수법, 조세범처벌법, 소득세법, 법인세법, 부가가치세법, 국제조세조정에 관한 법률)	과목당 40문항 (총 80문항)	80분 (09:30~10:50)	객관식 5지택일형

1차 시험	2	3. 회계학개론 4. 상법(회사편)·민법(총칙)·행정소송법(민사소송법 준용규정 포함) 중 택 1 5. 영어(공인어학성적 제출로 대체)	과목당 40문항 (총 80문항)	80분 (11:20~12:40)	객관식 5지택일형
2차 시험	1	1. 회계학 1부(재무회계, 원가관리회계)	각 4문항	90분 (09:30~11:00)	논술형
	2	2. 회계학 2부(세무회계)		90분 (11:30~13:00)	
	3	3. 세법학 1부(국세기본법, 소득세법, 법인세법, 상속세 및 증여세법)		90분 (14:00~15:30)	
	4	4. 세법학 2부(부가가치세법, 개별소비세법, 지방세법·지방세기본법·지방세징수법 및 지방세특례제한법 중 취득세·재산세 및 등록에 대한 등록면허세, 조세특례제한법)		90분 (16:00~17:30)	

세무사는 객관식 5지선다형으로 구성된 1차 시험과 주관식 논술형으로 구성된 2차 시험에 통과해야만 자격증이 주어진다. 1차 시험과 2차 시험의 연계성은 높지만, 2차 시험의 난도가 매우 높다.

1차 시험 과목별 공부전략

재정학

재정학은 미시경제학에서 파생된 경제학의 한 분야이다. 경제학 전체에 비해 양은 적은 편이지만 논리를 완벽히 알아야 문제를 풀 수 있다. 그렇기에 그래프를 내 것이 될 때까지 암기하고 숙달해 말로 설명할 만큼 익숙해져야 한다. 먼저 강의에서 기본적으로 이해한 뒤 기본서와 기출문제를 반복하며 암기하는 것이 좋다. 누구의 강의를 듣든 복습만 잘하면 크게 문제될 것은 없다.

상법(회사법)—선택과목

상법은 판례와 조문의 논리에 따라 챕터가 구성돼 있다. 그만큼 전체 구조와 뼈대를 잡고 암기해야 하는 과목이다. 암기할 것이 많아 지속적으로 회독수를 높이면서 머릿속에 팝업되는 시간을 늘려나갈 필요가 있으며, 눈도장이라도 자주 찍어 내용에 익숙해져야 한다.

나는 핸드북(이수천 상법)을 분철해 수업내용을 가필하고 단권화해서 내용을 지속적으로 반복했고, 기출문제는 암기가 될 만큼 눈으로 풀면서 감을 익혔다. 책을 여러 권으로 늘리지 말고 한 권으로 정리하면서 기출문제를 최대한 많이 자주 푸는 것이 좋다.

행정소송법 ─ 선택과목

행정소송법은 상법보다는 쉬운 과목으로 알려져 있다. 강사를 선택해 기본강의를 듣고 난 뒤 기출문제만 모두 풀어도 70점 정도 득점하는 데 큰 어려움이 없다. 책은 한 권만 사서 5회독 이상 하는 식으로 공부하는 것이 좋다. 행정소송법의 특성상 법조문과 OX문제만 반복해서 눈도장을 찍어두면 충분히 득점할 수 있는 과목이다

세법개론

세법은 공부량이 매우 많은 과목으로 2차 시험의 세법학 1, 2와 연결되므로 1차 시험을 공부할 때부터 완벽히 해둘 필요가 있다. 계산문제는 기출문제를 반복해서 숙달하는 것이 중요하며, 기본서에 자주 나오는 부분은 연습문제를 많이 풀면서 감각을 유지하는 것이 좋다. 문제를 푸는 동안 개념이 이해되기도 하므로 계산문제는 시간이 날 때마다 푸는 습관을 들이자.

회계학개론

세무사 시험의 특징은 회계학개론 시험의 70%가 계산문제라는 것이다. 그렇기에 개념을 확실히 할 뿐만 아니라 손이 저절로 문제를

풀 만큼 계산문제에 숙달돼 있어야 한다. 말문제가 비교적 시간이 적게 걸리므로 말문제를 먼저 푼 뒤 쉬운 계산문제 순으로 풀어나가는 것이 좋다. 공부할 때는 계산문제 위주로 하는 것이 득점에 유리하다.

2차 시험 과목별 공부전략

회계학 1부

회계학 1부 시험에는 재무회계 2문제와 원가관리회계 2문제가 출제된다. 1차 시험 때 공부한 회계학 지식을 주관식으로 풀어내는 능력만 키우면 크게 어려움이 없다. 재무회계 문제는 틀이 정형화돼 있으므로 기출문제와 문제집의 기본문제들만 반복해서 숙달하면 높은 점수를 받을 수 있다. 원가관리회계는 특성상 한 문제는 기본적이고 정형화된 문제가 나오고, 나머지 한 문제는 신유형을 섞어 내기도 한다. 기출문제에 충실하되 응용력을 키우기 위해 다양한 문제를 접해볼 필요가 있다.

회계학은 손을 많이 쓰면서 공부해야 능률이 오르고 기억에도 오래 남으므로 연습장을 최대한 많이 쓴다는 자세로 공부하는 것이 좋다. 또 시험장에서 계산기를 자유자재로 쓰려면 평소에 계산기를 자주 사용해 문제를 푸는 데 숙달해두는 것이 좋다.

회계학 2부

회계학 2부는 법인세법, 소득세법, 부가가치세법에서 출제되며 고득점이 쉽지 않다. 세법이라는 과목 자체가 양이 많은 데다가 세무회계의 특성상 계산문제가 복잡하고 지저분해서 연습도 많이 해야 한다. 이렇게 양이 많을수록 책 한 권을 기본으로 삼고 반복하면서 기출문제 위주로 공부하는 것이 바람직하다. 학원 모의고사는 참고용으로만 활용하고 너무 범위를 넓히지 않는 것이 좋다.

세법학 1부

세법학 1부는 국세기본법, 소득세법, 법인세법, 상속세 및 증여세법의 다양한 사례형 문제가 주로 출제된다. 사례형 문제는 대부분 판례를 변형해 출제되므로 각종 판례를 읽고 쟁점을 도출한 뒤 그와 관련된 논리와 이론을 녹여 답안에 현출하는 것이 중요하다. 다양한 판례를 읽어보고 세법학 기본서나 요약서의 목차와 내용을 연결하는 연습을 해보는 것이 도움이 된다.

기본서를 보아야 하는 이유는 논술형 시험에서 답안지로 제출할 글감을 머릿속에 많이 저장하기 위해서다. 만약 글쓰기에 자신이 있다면 요약서만 반복하며 목차와 논리 흐름 위주로 정리하는 것이 시간을 절약하는 방법이다. 아울러 강의를 듣지 않고 공부하면 전체 논리를 잡기 어려울 수 있다. 그러므로 자신에게 맞는 인터넷 강의라도 하나 선택해서 빨리 1회독을 하고 시작할 것을 권한다.

세법학 2부

세법학 2부는 법인세와 소득세를 제외한 부가가치세법, 개별소비세법, 지방세법, 조세특례제한법 등 기타세법에서 출제된다. 기타세법의 특징은 개념이 중요하다는 것이다. 사례보다는 기본개념을 서술하는 문제가 많이 출제되며, 목차를 현출하고 논점을 빠뜨리지 않고 다 써내는 것이 고득점의 비결이다.

최근 사례형 문제도 출제되므로 세법학 1부처럼 스스로 쟁점을 분석해서 써보는 연습이 필요하다. 사례가 복잡하거나 어렵지는 않으므로 정확한 법조문 암기와 빠짐없는 내용서술이 더 중요한 공부 포인트가 될 것이다.

변리사 시험과
과목별 공부전략

변리사 시험제도

시험응시제도

- **1차 시험 전 소명할 것들**
  공인어학성적 소명
- **1차 시험 : 매년 2월**
  5지선다형
  3과목(산업재산권법, 민법개론, 자연과학개론)
- **2차 시험 : 매년 7월**
  주관식 논술형
  4과목(특허법, 상표법, 민사소송법, 선택과목 1)
- 평균 수험기간 : 약 3년
- 시행기관 홈페이지 : https://www.q-net.or.kr/man001.do?gSite=L&gld=51

변리사는 아이디어나 기술을 특허권으로 만들어 보호받게 해주거나 이를 활용하는 데 도움을 주는 전문직이다. 변리사 업무는 크게 산업재산권 출원 대리 업무와 산업재산권 분쟁에 관한 심판 및 소송 대리로 구분할 수 있으며, 경영상담 및 자문 역할로도 확대되고 있다. 변리사의 출원업무는 고객의 아이디어나 기술에 대한 명확한 이해가 필수적이다. 그래서 이과 출신 변리사가 많은데, 이들은 어려운 기술적 지식에 대한 이해능력을 지닌 사람들이다.

다른 전문직 가운데서 변호사와 비교되곤 하는 변리사는 특허권과 지적재산권에 대한 비중이 나날이 커지면서 전망이 가장 좋은 직업으로 알려져 있다. 법적으로는 변호사가 변리사 업무도 할 수 있게 돼 있으므로 업계의 침식현상이 클 것이라는 전망도 있다. 하지만 변호사들 가운데는 변리사 업무를 수행할 정도로 공학지식과 특허실무지식을 갖춘 사람이 별로 없어 실제로는 큰 타격이 없을 것으로 예상된다.

변리사는 업무 난이도 면에서는 전문직을 통틀어 최상위권에 속한다. 기술과 특허에 대한 지식을 모두 갖춰야 하는데, 기술은 발전 속도가 상당해서 매일 새로운 기술과 지식을 연마해야 따라갈 수 있다. 복잡한 기술을 평가하고 검토해야 하므로 변리사 한 명이 직원을 여러 명 두고 함께 일한다. 직원들은 대부분 석사 또는 박사 이상의 학위를 취득한 기술자들이다.

시험과목과 시험방법

구분	교시		시험과목		문항수	시험시간	시험방법
1차 시험	1		1. 산업재산권법		과목당 40문항	09:30~10:40 (70분)	객관식 5지택일 형
	2		2. 민법개론			11:10~12:20 (70분)	
	3		3. 자연과학개론			13:40~14:40 (60분)	
2차 시험	1일차	1	1. 특허법		과목당 4문항 13:30~ 5:30 (120분)	09:30~11:30 (120분)	논술형
		2	2. 상표법				
	2일차	1	3. 민사소송법			09:30~1:30 (120분)	
		2	① 디자인보호법 (조약 포함)	⑪ 반도체공학		13:30~5:30 (120분)	
			② 저작권법 (조약 포함)	⑫ 제어공학			
			③ 산업디자인	⑬ 데이터구조론			
			④ 기계설계	⑭ 발효공학			
			⑤ 열역학	⑮ 분자생물학			
			⑥ 금속재료	⑯ 약제학			
			⑦ 유기화학	⑰ 약품제조화학			
			⑧ 화학반응공학	⑱ 섬유재료학			
			⑨ 전기자기학	⑲ 콘크리트 및 철근 콘크리트공학			
			⑩ 회로이론				

변리사가 되는 방법은 두 가지다. 첫째는 특허청에서 실시하는 변리사 시험에 합격하는 것이고, 둘째는 변호사 시험에 합격해서 변리사로 등록하는 방법이다. 변리사 시험은 1차 시험과 2차 시험으로 나뉘며 시험에 합격하면 1년간 수습을 거쳐야 한다.

1차 시험 과목별 공부전략

산업재산권법

산업재산권법은 법과목인 만큼 기본서를 중심으로 공부하다가는 양이 너무 많아 질리기 쉽다. 빨리 합격한 대다수 수험생은 문제집 위주로 공부하면서 기본서는 기본강의를 빨리 돌려 이해만 하고 넘어가는 식으로 끝냈다고 한다. 문제집도 기출문제와 응용문제를 포함해 문제수가 매우 많아서 처음부터 끝까지 다 풀려고 하다가는 1차 시험공부에서 산업재산권법만 붙잡고 있게 된다. 균형 잡히고 거시적인 공부를 위해서는 챕터별로 홀수문제를 다 풀고 복습할 때는 짝수문제를 푸는 식으로 번갈아가며 전체 회독수를 늘리는 것이 좋다.

상표법, 특허법, 디자인법은 문장을 읽고 이해하면서 옳고 그름을 파악하는 것이 1차 시험의 관건이다. 이를 위해서는 봤던 문제도 반복해서 읽으며 머릿속에 옳은 문장에 대한 잔상을 남겨두는 것이 좋다. 특히 기출문제의 지문은 최소한 5번 이상 빠르게 눈으로 반복하는 것이 좋다. 처음에는 무슨 말인지 이해가 안 되다가도 이렇게 회독수를 늘리면 이해·암기되므로 반드시 기출문제를 반복해야 한다.

보통 수험생들은 기본서와 기본강의를 듣고 객관식 문제집을 푼 다음, 최신판례 요약 등을 병행하다가 막판에는 모의고사를 치르며 복습한다. 나는 기출문제를 계속 반복하면서 문제집과 요약서 위주로 간소하게 거꾸로 공부할 것을 권한다. 그리고 막판에는 시험에 나올 만한 쟁점이나 판례강의를 듣는 것이 좋다.

민법개론

민법은 다른 시험들과 마찬가지로 양이 많은 과목이지만, 한 번 지식과 실력을 올려두면 잘 떨어지지 않는 효자과목이기도 하다. 민법은 다른 시험들까지 합하면 기출문제가 아주 많고 참고할 만한 자료도 많아서 상대적으로 공부하기가 수월한 편이다. 학원 커리큘럼상으로는 대개 기본강의와 기본서를 돌리고 난 다음 객관식 문제집을 풀고 막판에 모의고사를 치르는 순서로 공부한다. 하지만 나는 다른 과목과 마찬가지로 기출문제와 판례지문을 지속적으로 반복할 것을 추천한다. 기본서나 이론서에 지나치게 시간을 투자하면 시험 합격과 멀어지거나 다른 과목을 공부할 시간이 줄어든다.

판례와 기출문제 해설이 잘 정리된 문제집 한 권을 고르고 그 문제집을 빠르게 반복하며 5회독을 넘긴 다음에는 사법 시험이나 감정평가사 민법 등 다른 시험의 기출문제도 구해서 풀어볼 것을 권한다. 민법은 고득점이 가능한 과목이라 이렇게 시간을 투자하면 평균점수가 높아진다.

자연과학개론

이과생들이 크게 강점을 보이는 과목이 자연과학개론이다. 고등학교 때 화학·생물·물리 과목을 공부한 기억을 더듬으며 대학에서 관련 전공을 들었다면 어렵잖게 시작할 수 있다. 또 이공계 학생이 아니더라도 학원강의를 들으며 배우고 이해를 넓힌다면 충분히 공략이 가능한 과목이다.

　문과 출신은 학원 커리큘럼상 이론과 문제풀이 강의를 모두 수강하며 기본기를 제대로 다질 필요가 있다. 학생들에게 들어보면 물리와 화학이 쉽다고 하는 의견도 있고, 반대로 생물과 지구과학이 쉽다는 의견도 있다. 이런 개인차는 그동안 공부했던 전공이나 배경지식의 차이에서 비롯된다. 물리, 화학, 생물, 지구과학 가운데 한두 과목은 포기하고 나머지 과목에 집중하는 학생들도 많은데, 과락의 위험이 있으므로 전 과목을 모두 공부할 것을 권한다.

　간혹 대학 교과서로 공부하는 학생들도 있는데, 그럴 경우 수험 적합성이 떨어지고 범위가 지나치게 넓어 정리가 안 될 수 있다. 학원의 공부자료나 요약자료를 이용해 단권화하면서 공부하는 것이 현명하다.

2차 시험 과목별 공부전략

특허법

특허법은 암기와 이해, 답안지 현출의 삼박자가 중요한 과목이다. 다른 과목도 마찬가지지만 굳이 비중을 따지자면 암기 비중이 상대적으로 높다고 볼 수 있다.

특허법은 다른 수험생들이 가장 많이 보는 교재를 선택해 그 교재를 시험장에 들어갈 때까지 반복하는 것이 좋다. 학원 커리큘럼을 따라갈 생각이라면 그 강의 교재를 기본서로 삼고 끝까지 보는 것도 나쁘지 않다. 책은 너무 넓히지 말 것을 권한다.

전업수험생은 GS모의고사반을 기초와 실전까지 수강하고, GS 문제를 반복해 숙달하면서 기출문제를 지속적으로 분석하는 공부법을 권한다. 강의는 샘플을 들어보고 개념과 이론을 잘 잡아주는 강의를 선택하되, 여러 강의를 동시에 듣기보다는 한 강사의 강의를 끝까지 밀고 가는 것이 좋다.

특허법도 법과목이므로 법조문에 익숙해져야 한다. 조문 내용을 내 것으로 만들려면 자주 보고 문제를 풀면서 자주 찾아보는 습관을 들이는 것이 좋다. 시험장에서 법전을 주는지와 상관없이 자주 사용하는 법조문은 암기하는 것이 1분 1초가 중요한 시험의 특성상 합리적인 자세다.

기본서를 어느 정도 공부하고 난 뒤 문제집을 볼지는 강사나 수험생마다 의견이 분분하다. 기본서는 최대한 빨리 돌리고 문제집의

A급, B급 논점 위주로 반복해서 답안지의 현출 퀄리티를 높이는 것이 시험에 빨리 붙는 방법이 아닐까 생각한다. 대부분 문제집은 기출문제와 중요도, 답안 현출 방식, 타 개념과 구분이 잘되어 있으므로 보기 좋은 책을 한 권 선정해 반복하면 된다.

판례도 따로 정리하기보다는 GS모의고사반에서 주는 자료나 문제집에 실린 판례 정도면 충분하다. 만약 최신판례를 문제화하더라도 큰 틀에서는 논리를 벗어나지 않으니 불안해할 필요는 없다.

상표법

상표법은 민법과 특허법의 기초 위에 쌓아올려야 하는 과목이다. 상표법에서 좋은 성적을 거두려면 민법과 특허법을 잘 정리하고 이해해서 이와 관련된 스키마를 머릿속에 정립해두어야 한다. 즉, 특허법 공부를 철저히 하면서 법리, 용어, 개념에 능숙해지면 상표법에서도 힘이 생긴다.

상표법은 다른 지적재산권법과 달리 정신적 창작물을 다루는 것이 아니라 기호나 문자의 조합적 표시인 상품과 서비스의 상표를 다루므로 다른 법과는 차별화되는 개념이 많이 나온다. 법조문 암기는 기본 중 기본이며, 법조문을 자주 사용하는 동시에 어떤 문제나 판례에서 사용되는지도 함께 정리해두어야 한다. 기출문제 정리는 처음부터 시험장에 가는 마지막 순간까지 중요하다. 기출문제는 보통 최신 경향을 유지하는 습성이 있다. 작년에 크게 나온 논점이 올해 똑같이 나오지는 않지만, 지속적으로 강조돼 출제되는 논점은 확실히 정리해둘 필요가 있다.

민사소송법

민사소송법은 사법 시험, 노무사 시험의 2차 시험 과목이기도 한 만큼 다양한 기출문제가 누적되어 있어 공부할 때 참고할 자료가 많다. 과목의 특성상 신의칙부터 재심까지 수많은 논점별 조문, 학설, 판례, 결론 도출을 한 덩어리로 정리해서 문제 분석과 함께 현출할 수 있어야 한다. 그러므로 기본적인 논점마다 한 페이지 정도로 로직을 정리·암기해서 안 보고 쓸 수 있어야 한다.

두꺼운 기본서를 다 보기는 힘들므로 요약된 핸드북이나 논점 요약집 또는 사례문제집으로 공부하고 기본서는 참고용으로만 볼 것을 권한다. 또한 GS모의고사반을 수강하거나 학원의 커리큘럼을 따라갈 생각이라면 차라리 GS자료를 반복하면서 단권화하고 기출문제를 분석하는 것이 시간을 절약하는 방법이다.

민사소송법은 양이 방대하므로 공부도 분할해서 전략적으로 접근하는 것이 좋다. 이를테면 사례집을 10등분해서 이틀에 1파트씩 반복하거나 개별 스터디그룹을 만들어 강제로라도 분할된 부분을 직접 써보면서 감각을 늘리고 회독수를 높여나가는 것이다.

사실 회독수를 높이는 이유는 기억의 정확성을 높이기 위해서인데, 최대한 단기간에 회독수를 올려놓으면 나중에는 목차만 보고 넘어가도 구체적인 내용은 살을 붙이듯 쓸 수 있다. 그러므로 최대한 빨리 회독수를 높일 필요가 있다.

선택과목

선택과목은 사람들마다 배경이 달라서 어느 과목이 좋다고 단정할 수는 없다. 다만 공부량 대비 최고점수를 받을 수 있는 과목에 몰리는 경향이 있는데, 이공계 학생들에게는 회로이론이 고득점 과목으로 알려져 있다. 회로이론은 이공계열 전공자에게 매우 유리한 과목이어서 간혹 100점에 가까운 고득점을 하는 사람도 등장한다. 같은 맥락에서 제어공학을 선택하는 이공계열 전공자들도 많다.

반면 문과생들로서는 공대 계열 과목에 취약하므로 디자인법 등 법과목을 선택하는 경향이 두드러진다. 비교적 공부량이 적고 무난히 점수를 확보할 수 있다는 점에서 나쁘지 않은 전략이다. 법과목의 특성상 초고득점은 불가능하지만, 그래도 열심히 공부한 것에 걸맞은 점수를 기대해볼 만하다.

사실 선택과목 공부에는 답이 없다. 배경지식과 전공, 경험이 각기 다르기 때문이다. 따라서 전공이나 진출분야를 고려해서 선택하는 것이 현명하며, 학원 커리큘럼상 가장 무난한 과목을 선택해 공부하는 것도 좋은 방법이다.

민법 공부의 왕도

민법 공부는 판례가 중심이다!

모든 시험에서 민법 시험문제는 대부분 판례를 알고 있는지 물어본다. 쉬운 시험일수록 민법 조문을 암기하고 있는지를 물었는데, 요즘에는 그렇게 단순한 문제를 내지 않는다. 민법 조문은 기본으로 알아야 하겠지만, 판례를 숙지하는지가 더 중요하다.

민법의 개념문제는 자세히 보면 판례에 나온 법리를 대놓고 물어보는 식이고, 사례문제는 모두 판례를 사례로 만들어 그 논리를 묻는다. 따라서 자격증 시험에서 민법을 공부한다고 하면 판례를 이해·암기하는 것으로 이해하면 된다.

민법은 암기와 이해가 다 중요하다!

보통 법 과목은 암기만 하면 된다고 생각하는 사람들이 많다. 그런데 자격시험의 민법은 판례를 묻고 복잡한 사안을 어떤 법리로 풀어가는지 그 논리를 묻는다. 판례의 논리는 생각보다 정교하고 복잡한데, 그 논리를 이해하지 않으면 조금만 지문을 바꿔서 출제해도 여지없이 틀리고 만다. 즉, 단순히 암기해서는 지문의 옳고 그름을 판단하는 데 한계가 있으므로 이해가 병행돼야 한다. 그렇다고 암기를 소홀히 하면 문제 푸는 속도가 떨어진다. 자주 나오는 지문을 OX 문제로 정리해놓고 자주 봐서 암기해두는 것이 좋다.

민법은 문제를 많이 풀수록 유리하다!

민법은 양이 많은 과목이다. 총칙, 물권법, 채권법, 계약법 등 종류도 다양하고 판례도 어마어마하다. 이것을 다 정리하고 시험장에 가려면 거의 2,000쪽이 되는 양을 소화해야 한다. 그래서 자격시험을 준비할 때 민법을 공부하는 가장 좋은 방법은 문제를 많이 풀면서 자주 출제되는 판례와 논리를 익히는 것이다. 기출문제나 모의고사문제를 많이 풀다보면 자연스럽게 판례의 입장과 논리를 알게 된다. 그리고 중요한 판례나 조문은 당연히 문제에 들어 있으므로 시간을 절약할 수 있다.

보험계리사 시험과
과목별 공부전략

보험계리사 시험제도

> ### 시험응시제도
>
> - **1차 시험 전 소명할 것들**
>   공인어학성적 소명
>   1차 시험 : 4월
>   4지선다형
>   4과목(보험계약법(상법 보험편)·보험업법 및 근로자퇴직급여보장법, 경제학
>   원론, 보험수학, 회계원리)
> - **2차 시험 : 7월**
>   주관식 논문형
>   5과목(계리리스크관리, 보험수리학, 연금수리학, 계리모형론, 재무관리 및 금
>   융공학)
> - 평균 수험기간 : 약 3년
> - 시행기관 홈페이지 : https://www.insis.or.kr:8443/exam-guide/exam-
>   system.jsp

보험계리사는 보험상품을 개발하거나 보험의 요율과 수수료 등을 수리적·통계적으로 계산하는 전문직을 말한다. 보험계리사 시험은 2013년에 시험제도가 바뀐 이후에 몹시 어려운 시험 중 하나로 꼽히고 있다. 보험계리사는 보험사에 소속되어 일하는 경우가 가장 많고 은행이나 증권사, 공제기관에 근무하는 경우도 많다.

　　보험사에서 보험계리사가 주로 일하는 곳은 상품개발 부서나 계리 부서, 리스크관리 부서다. 상품개발 부서에서는 각종 사회현상을 분석하여 새로운 보험상품을 기획하고 적절한 요율을 산출하여 상품을 출시하는 일을 한다. 계리 부서에서는 요율을 검증하고 책임준비금을 산출하거나 손익을 분석하고, 리스크관리 부서에서는 회사의 리스크를 예측하고 평가하여 경영 건전성을 측정하고 진단하는 일을 한다.

　　이러한 보험계리사는 1차 시험에서 보험계약법, 보험업법, 근로자퇴직급여보장법, 경제학원론, 보험수학, 회계원리 시험을 보며 다른 객관식 시험과 마찬가지로 평균 60점을 넘기면서 각 과목 40점을 모두 넘겨야 합격이다.

　　2차 시험의 경우 주관식이며, 회계사 시험과 마찬가지로 부분합격제이다. 개별과목을 합격하면 5년간 해당 시험과목 이외의 과목만 모두 합격하면 최종합격하게 된다. 즉, 5년 안에 5과목을 모두 60점 이상 득점하면 합격자로 선발된다.

1차 시험

시간	1교시	2교시
	10:00~11:20(80분)	11:50~13:50(120분)
과목	○ 보험계약법(상법 중 보험편), 보험업법 및 근로자퇴직급여 보장법 ○ 경제학원론	○ 보험수학 ○ 회계원리

2차 시험

시간		1교시	2교시	3교시
		10:00~12:00 (120분)	13:00~15:00 (120분)	15:30~17:30 (120분)
과목	2023. 7. 22(토)	계리리스크관리	보험수리학	연금수리학
	2023. 7. 23(일)	계리모형론	재무관리 및 금융공학	

1차 시험 과목별 공부전략

보험계약법, 보험업법, 근로자퇴직급여보장법

보험계약법은 손해사정사와 시험범위가 같다. 보험계약법은 상법의 보험과 해상편만 시험 보므로 분량이 많지는 않지만 논리를 정확히 잡지 않으면 암기하는 데 시간이 많이 걸린다. 그래서 한 번쯤학원에서 기본강의나 요약강의를 듣는 것이 좋고, 판례만 정리한특강은 굳이 듣지 않아도 된다.

상법은 판례를 따로 정리하기보다는 법조문과 이론을 중심으로 녹여내는 것이 효율적이다. 즉, 수험서 하나를 잘 고른 뒤 판례와 조문을 나누지 않고 논리를 중심으로 모두 회독하는 것이 시험에 잘 대비하는 방법이다.

각 학원에서 나온 보험계약법 수험서들을 보면 법조문을 그대로 옮긴 것이 아니라 조문과 판례가 이해하기 쉽게 해석되어 있고 풀이가 친절하게 되어 있어 이해하는 데 어려움이 없다. 나는 보험계약법 기본강의를 인터넷 강의로 빠르게 돌린 뒤 교재의 문제를 중심으로 10회독 이상 돌려 시험에 빠르게 반응할 수 있는 상태로 훈련했다.

보험업법은 보험업 영위와 관련해 규정된 다양한 약관, 법규에 관한 과목이다. 보험계약법과 달리 단순 암기과목이므로 시험 한 달 전쯤부터 정리해서 반복하고 시험장에 가면 충분할 것으로 본다.

특히 보험업법은 개정내용이 있을 수 있으므로 막판에 학원의 보험업법 요약강의나 문제풀이 강의를 수강하는 것이 좋다. 만약 강의를 듣지 않을 경우에는 개정된 보험업법 자료를 구해서 별도로 정리해야 시험장에서 틀리지 않는다. 근로자퇴직급여보장법은 2014년 시험제도가 개정되면서 새로 추가된 과목으로 아직 역사가 오래되지 않아 쉬운 난이도로 출제되고 있다. 시험을 보기 직전 보험업법과 같은 방법으로 개정된 내용을 반영해 5번만 반복하고 들어가면 충분할 것으로 본다.

경제학원론

경제학원론은 감정평가사 1차 시험과 난이도가 유사하거나 다소 쉬운 편에 속한다. 5지선다형으로 시험범위는 미시경제학과 거시경제학이고, 난이도는 공인회계사 시험에서 출제하는 경제학 과목보다는 쉬운 편이다.

경제학원론 공부는 빠르게 기본강의 또는 요약강의를 듣고 나서 최근 10년 치 기출문제를 다 풀어보는 것이 좋으며, 여력이 있다면 공인회계사 시험의 문제들도 풀어보는 것이 고득점에 유리하다

회계원리

과목명은 회계원리지만 회계학이라고 봐도 무방할 만큼 다른 시험의 회계학과 범위와 난이도가 유사하다. 회계학 시험범위는 재무회계와 원가관리회계로 재무회계에서 75% 정도가 출제된다. 따라서 재무회계를 우선적으로 공부하고 원가관리회계는 자신 있는 챕터 위주로 선택과 집중을 하면 된다.

기출문제를 다 풀고도 여력이 있다면 세무사 시험이나 관세사 시험의 회계학 기출문제도 풀어보는 것이 좋다. 대부분의 문제집에는 웬만한 강사의 문제집과 다른 시험 기출도 포함돼 있으니 한 권 사서 집중적으로 공부하면 되고, 강의를 따로 들을 필요는 없을 것이다.

보험수학

보험수학은 보험계리사 2차 시험과 연계성이 가장 좋은 과목으로 어찌 보면 2차 시험을 위한 기초가 되는 과목이라 할 수 있다. 출제비중이 약 30%인 일반수학의 경우 고등학교 교육과정에 나오는 미적분과 확률통계 정도의 문제들이 출제되므로 고등학교 교과서 연습문제를 풀어보는 것도 도움이 된다. 나는 1차 시험에 합격한 2013년에 수능공부를 하는 고3 수험생들이 보는 《수학의 정석》으로 공부해서 대부분 문제를 맞혔다.

해마다 보험수학과 일반수학이 번갈아 난이도를 높이고 낮추므로 어느 하나를 소홀히 했다가는 과락이 날 위험도 있다. 수학 공부의 특성상 손으로 쓰면서 공부해야 실력이 빨리 늘기 때문에 연습장을 많이 쓰면서 공부할 것을 권한다.

2차 시험 과목별 공부전략

계리리스크관리

계리리스크관리는 보험에 대한 폭넓은 이론을 다루는 과목이다. 보험료 산정 이론뿐만 아니라 각종 리스크관리적 이론, 통계학 이론, 금융에 대한 이해, 우리나라 보험제도와 회계제도까지 범위가 매우 넓다. 실무상 이슈가 문제화되는 경우가 많다.

이 과목은 강사마다 강조하는 분야와 스타일이 다르므로 가장 많은 수험생이 보는 수험서와 강사를 선택하는 것이 유리하다. 또한 보험연수원의 교재를 참고하면서 단권화하면 도움이 될 것이다.

보험수리학

보험수리학은 1차 시험의 보험수학을 깊이 있게 공부한 수험생에게는 상대적으로 부담이 적은 과목이다. 최신 보험수리학의 연습문제를 모두 풀어보는 것이 좋고, 역시 기출문제를 빠짐없이 풀어봐야 한다. 보험수리학은 최대한 손을 많이 사용하면서 공부해야 하고, 수식에 익숙해지면서 보험수리기호를 자유자재로 사용하는 연습을 꾸준히 해야 한다. 하루라도 공부를 건너뛰어서는 안 되는 과목이다. 수학과 확률론의 기초가 없이는 결코 60점을 넘길 수 없으므로 빠른 시일 안에 수리적 기초를 튼튼히 다져야 한다. 막상 시험을 보면 아주 기초적인 부분에서 실수하는 바람에 떨어지는 수험생이 많은데 이 또한 연습량을 늘림으로써 개선할 수 있다.

연금수리학

연금수리학은 전통적으로 생명보험수리의 영역으로 퇴직연금제도부터 시작해 계리적 손익분석, 공적연금재정, 국제회계기준의 해당 파트, 퇴직급여충당부채의 실무 등 다양한 제도와 수리적 기법을 융합해야 하는 과목이다. 그만큼 암기해야 하는 양도 많고 한 번 제대로 정리해두면 실력이 잘 떨어지지 않지만, 그렇게 제대로 정리하기가 또 어려운 과목이기도 하다.

미래보험교육원, 인스티비, 로이즈, 보험연수원 등에 강의가 개설돼 있으니 수험생들이 가장 많이 듣는 강사를 선택해서 개념부터 정확히 잡는 것이 중요하다. 시중에 나와 있는 책들을 보면 내용이 부실한 측면이 있다. 그러므로 유예생은 미국 계리사 시험의 MLC 교재 등의 연습문제를 풀어보는 것이 감각을 익히는 데 도움이 될 것이다.

연금수리학은 보험수학에 비해 연습보다는 개념학습의 비중이 큰 과목이라고 볼 수 있지만 문제풀이도 주기적으로 해야 한다. 개념을 잘 잡은 상태에서는 회계학처럼 문제유형이 정형화돼 있으므로 문제에 익숙해질 때까지 문제 위주로 학습하면 된다.

계리모형론

계리모형론은 전통적으로 손해보험수리의 영역이다. 확률변수를 설정하고 문제에서 제시된 자료를 바탕으로 손해의 경우의 수와 확률을 모델링해서 보험료를 도출해내야 하는 만큼 통계학과 확률론의 기초가 매우 중요하다.

이 과목에 제대로 접근하려면 수리통계학의 기초가 잘 잡혀 있어야 한다. 전공자에게는 쉽겠지만 비전공자가 확률론과 미적분의 스킬이 제대로 숙달되지 않은 상태에서 응용문제를 풀 수는 없기 때문이다. 어찌 보면 계리모형론은 확률론 자체라 할 수 있으므로 확률론 공부에 집중하라는 조언을 하고 싶다.

재무관리 및 금융공학

재무관리 및 금융공학은 한때 공인회계사 시험의 재무관리를 공부하는 방법으로 접근하면 된다는 것이 중론이었다. 그런데 최근에는 확률론적인 기법도 조금씩 출제되고 있으므로 미국계리사 시험의 MFC 교재를 사서 풀어보는 것이 도움이 된다. 경험상 재무관리는 범위가 넓어서 기출문제도 많이 풀어보고 시중에 번역되어 돌고 있는 유명 미국 교재의 문제도 많이 풀어본 것이 도움이 되었다. 경제학과 학생들은 수업으로 이를 학습하지만, 비전공자는 연습문제집이나 실전문제집 문제들을 5번 정도 반복해서 풀고 문제풀이 능력을 키우는 것이 가장 좋은 방법이다.

변호사 시험과
공부전략

시험응시제도

• **로스쿨 입학시험**
로스쿨 입학은 전국 25개 로스쿨 공통으로 학점 / LEET시험 / 공인어학성적
을 종합하여 학생을 선발함

• **변호사 시험**
로스쿨 3학년을 마치면서 학교별 졸업시험 통과자에 한하여 응시할 수 있음.
선택형 / 사례형 / 기록형의 유형별로 공법, 민사법, 형사법, 선택법으로 나누
어 치러짐

• 평균 수험기간 : 3~4년(로스쿨 입시기간 제외)

• 시행기관 홈페이지 : https://mojb.uwayapply.com/mojb_index.htm

변호사는 민사소송사건, 조정사건, 비송사건, 행정소송사건 등
에서 사건 당사자나 관공서의 의뢰, 위촉을 받아 소, 소원 등의 제

기와 취하, 조정, 이의, 화해 등의 절차를 행하는 업무를 수행한다. 또한 형사소송 시 피고인, 피의자 등과 접견, 서류의 증거물 열람, 등사, 구속취소, 보석과 증거보존의 청구, 법원이 행하는 증인심문과 감정에 참여하는 등 법정 외에서 업무를 수행하며 법정에서는 당사자 등을 대리하거나 변호하고, 의견의 진술·공격·방어 등 변론을 행하는 업무를 수행한다. 또 법률사무소를 개설해 각종 법률 상담에 응하고 일반 법률사무를 대행하는 일을 한다.

변호사는 변호사 시험 또는 사법 시험에 합격하여 그 자격을 취득한 자를 말한다. 사회가 복잡해지고 부분별로 기능이 다양화됨으로써 법영역이 확대되고 법과 관계된 업무를 처리하는 경우가 많아졌지만, 법 자체가 어렵고 절차가 복잡해서 법과 관계되는 업무를 일반인이 독자적으로 처리하기에는 많은 어려움이 따른다. 이에 의뢰자의 요청에 따라 소송사건, 조정사건, 비송사건, 행정소송 사건 등의 대리인 역할과 법정에서의 변론, 기타 일반 법률사무를 지원함으로써 법집행 대상자들의 정당한 권리가 침해받지 않도록 법률에 관한 전문지식을 갖춘 인력이 필요하게 됨에 따라 도입된 자격제도다.

최근 법학전문대학원제도가 도입됨에 따라 변호사 자격증 취득 방법은 법학전문대학원에서 석사학위를 취득한 뒤 변호사 시험에 합격하거나 사법 시험에 합격하는 두 가지 방법이 시행되고 있다.

변호사 자격을 취득한 자는 개인 변호사사무실을 개업해 운영할 수 있고, 다른 변호사와 함께 법인체나 합동사무소를 개설할 수도 있다. 변호사는 합동법률사무소, 개인 변호사사무소 등에 취업해 일할 수 있다. 또한 기업의 법제과, 법률관계 취급 업무부서 등에 취업해서 사내 변호사로도 일할 수 있다.

법원, 검찰청, 헌법재판소, 국회 등 국가기관에도 진출할 수 있고 금융기관, 언론기관, 전문강사, 군법무관 등 다양한 분야에 진출할 수 있다. 사회가 복잡다기해지면서 법률의 수요는 자문, 투자, 거래 등 일상생활로까지 넓어졌다. 따라서 기존의 소송업무 중심 사법 서비스에서 분쟁을 예방하는 차원에서 법률 컨설팅 서비스의 중요성과 업무영역이 확대되고 있다.

시험과목
- 공법 : 헌법 및 행정법 분야의 과목
- 민사법 : 민법, 상법, 민사소송법 분야의 과목
- 형사법 : 형법, 형사소송법 분야의 과목
- 전문적 법률분야에 관한 과목으로 응시자가 선택하는 1개 과목

전문적 법률분야에 관한 과목의 종류와 그 출제범위

과목	출제범위
국제법	국제경제법을 포함한다.
국제거래법	국제사법과 국제물품매매계약에 관한 유엔협약으로 한다.
노동법	사회보장법 중 산업재해보상보험법을 포함한다.
조세법	국세기본법, 소득세법, 법인세법, 부가가치세법으로 한다.
지적재산권법	특허법, 실용신안법, 디자인보호법, 상표법, 저작권법으로 한다.
경제법	소비자기본법, 전자상거래 등에서의 소비자 보호에 관한 법률, 독점규제 및 공정거래에 관한 법률, 약관의 규제에 관한 법률, 할부거래에 관한 법률, 방문판매 등에 관한 법률로 한다.
환경법	환경정책기본법, 환경영향평가법, 대기환경보전법, 물환경보전법, 폐기물관리법, 토양환경보전법, 자연환경보전법, 소음·진동관리법, 환경분쟁조정법으로 한다.

로스쿨제도로 바뀌면서 변호사가 되려면 로스쿨 입학부터 준비해야 한다. 로스쿨 입학은 1차와 2차 면접전형으로 나뉜다. 1차 전형은 학점, LEET(법학적성시험), 공인영어성적, 자기소개서에 대한 평가로 이루어진다. 2차 면접전형은 지원 학교별로 시행한다. 1학년 때는 법조윤리시험에 통과해야 하며, 3학년 때 졸업시험과 졸업 후 변호사 시험에 합격하면 변호사 자격이 주어진다. 그리고 6개월의 수습기간을 거쳐 정식 변호사가 된다. 즉, 로스쿨 입학 준비기간을 제외하고 3~4년이 소요된다.

법무사 시험과
공부전략

시험응시제도

- **1차 시험 전 소명할 것들**
  - 별도로 없음
- **1차 시험 : 매년 6월**
  - 5지선다형
  - 8과목(헌법, 상법, 민법, 가족관계의 등록 등에 관한 법률, 민사집행법, 상업등기법 및 비송사건절차법, 부동산등기법, 공탁법)
- **2차 시험 : 매년 9월**
  - 주관식 논술형
  - 7과목(민법, 형법, 형사소송법, 민사소송법, 민사사건 관련서류의 작성, 부동산등기법, 등기신청서류의 작성)
- **평균 수험기간 : 약 2~3년**
- **시행기관 홈페이지 : https://exam.scourt.go.kr/wex/exinfo/info03.jsp**

법무사는 법원이나 검찰 등의 국가기관에 제출하는 서류작성 대행 등의 업무를 맡아 하는 전문직이다. 법무사는 타인의 위촉에 따라 법원이나 검찰청에 제출할 서류, 법원과 검찰청의 업무에 관련된 서류, 등기 또는 그 밖의 등록신청에 필요한 서류를 작성하고 제출을 대행한다. 또한 등기 및 공탁 사건의 신청을 대리하며, 민사집행법에 따른 경매사건과 국세징수법이나 그 밖의 법령에 따른 공매사건에서 재산취득에 관한 상담, 매수신청 또는 입찰신청의 대리업무를 담당한다.

법무사는 세무사 등과 함께 사양직종이라는 말이 나오는데, 그 이유는 변호사의 과다배출로 인한 업무영역의 침범에 있는 것 같다. 공인회계사와 변호사가 세무사의 업무영역을 침식하는 것과 같은 이치다. 게다가 변호사들이 법무사들의 업무를 저렴하게 수임하면서 법무사의 입지는 더 좁아질 것이다.

다른 전문직에 비해서 업무 난이도는 낮은 편이다. 법무사 자격증을 취득한 자는 개인 법무사사무소를 개업해 운영할 수 있고, 다른 법무사와 함께 법인체나 합동사무소를 개설할 수도 있다. 법무사는 기업의 법제과, 법률관계 취급 업무부서로 진출할 수 있으며 합동법률사무소, 개인법무사사무소 등에서 취업법무사로 일할 수도 있다.

시험과목

구분	제1차 시험	제2차 시험
제1과목	헌법(40), 상법(60)	민법(100)
제2과목	민법(80), 가족관계의 등록 등에 관한 법률(20)	형법(50), 형사소송법(50)
제3과목	민사집행법(70), 상업등기법 및 비송사건절차법(30)	민사소송법(70), 민사사건관련서류의 작성(30)
제4과목	부동산등기법(60), 공탁법(40)	부동산등기법(70), 등기신청서류의 작성(30)

※ 괄호 안의 숫자는 각 과목별 배점비율임.

시험의 난이도는 매우 높은 편이다. 1차는 5지선다형으로 객관식이며, 2차는 서술형, 3차는 면접이다. 1차 시험은 각 과목 100점을 만점으로 해서 각 과목 40점 이상을 득점한 자 가운데 시험성적과 응시자수를 참작해 전 과목 총득점의 고득점자 순으로 합격자를 결정한다. 2차 시험은 각 과목 40점 이상을 득점한 자 가운데 선발예정인원의 범위 안에서 전 과목 총득점의 고득점자 순으로 합격자를 결정한다. 평균 수험기간은 2.5년 정도다.

공인중개사
시험과 공부전략

시험응시제도

- **1차 시험 : 매년 10월**
  - 5지선다형
  - 부동산학개론, 민법
- **2차 시험 : 매년 10월**
  5지선택형
  - 공인중개사법, 부동산공법, 부동산공시법, 세법
- 평균 수험기간 : 약 1~2년
- 시행기관 홈페이지 :
  https://www.q-net.or.kr/crf005.do?id=crf00503&gSite=L&gld=08

공인중개사 시험공부는 주변에서 정말 많이 하는 것 같다. 부동산 시장이 한창 호황이었을 때는 전 국민이 모두 공부하는 시험이 되지 않겠냐는 우스갯소리도 나올 정도였다. 그런데 생각보다 그 시험이 쉽지 않다. 2차 시험에서 암기해야 하는 양이 많기 때문이다. 다른 시험과 달리 1차 시험과 2차 시험을 한번에 치르는 것도 특이하며 1차 시험과 2차 시험 모두 객관식이다.

보통 시험일정은 1차와 2차를 동시에 접수하는데 8월에 접수하기 때문에 미리 접수기간을 검색하여 파악해놓으면 좋다. 보통 시험은 10월 마지막주 토요일에 치르고 그날 가답안도 나오므로 시험을 치르고 결과도 금방 알 수 있는 것이 특징이다. 합격자 발표 또한 빠르게 나오는데 11월 말 이후 나오니 참고하면 좋겠다.

공인중개사 시험은 1차 시험에서 부동산학개론과 민법 두 과목을 치르며, 2차 시험에서는 공인중개사법, 부동산공법, 부동산 공시법 및 세법을 치르게 된다.

구 분	시험 과목	문항수	시험시간	시험방법
제1차 시험 1교시 (2과목)	부동산학개론(부동산감정평가론 포함), 민법 및 민사특별법 중 부동산중개에 관련되는 규정	과목당 40문항 (1번~80번)	100분 (09:30~ 11:10)	객관식 5지 선택형
제2차 시험 1교시 (2과목)	공인중개사의 업무 및 부동산 거래신고 등에 관한 법령 및 중개실무 부동산공법 중 부동산중개에 관련되는 규정	과목당 40문항 (1번~80번)	100분 (13:00~ 14:40)	객관식 5지 선택형
제2차 시험 2교시 (1과목)	부동산공시에 관한 법령(부동산등기법, 공간정보의 구축 및 관리 등에 관한 법률) 및 부동산 관련 세법	40문항 (1번~40번)	50분 (15:30~ 16:20)	객관식 5지 선택형

1차 시험 1교시에 부동산학개론 40문항과 민법 40문항을 100분 동안 풀어야 하므로 결국 1문제당 2분 정도 안에 풀고 마킹까지 신경쓴다는 생각으로 풀어나가는 것이 좋다. 물론, 어려운 문제는 시간을 많이 사용하고 쉬운 문제는 시간을 덜 사용하겠지만 말이다.

2차 시험 1교시에는 공인중개사법 40문제와 부동산공법 40문제를 100분 동안 풀어야 하며 법과목이기 때문에 암기해서 바로바로 문제를 풀고 너무 한 문제에 시간을 지체하면서 고민하지 않는 것을 추천한다.

2차 시험 2교시에는 부동산공시법 24문제와 세법 16문제를 50분 동안 푸는데, 부동산공시법은 상대적으로 답을 외워서 바로바로 풀어야 하며 세법은 다소 생각해야 하는 문제도 나오므로 시간을 남겨두고 푸는 것이 좋을 수 있다. 물론 세법에 익숙한 수험생이라면 세법부터 푸는 것도 방법이므로 전략적으로 문제 푸는 순서를 정하고 접근하는 것이 좋다.

공인중개사 1차 시험에서는 부동산학개론과 민사법 두 과목 평균 60점을 넘길 경우에는 1차 시험에 합격하는 것이며, 한 과목이라도 40점 미만이면 과락이 나게 되어 평균점수와 상관없이 무조건 불합격 처리가 된다.

그리고 2차 시험에서는 공인중개사법, 부동산공법, 공시법과 세법의 3과목 평균 60점 이상이면 2차 시험에 합격하며 3과목 중 한 과목이라도 40점 미만이면 과락으로 불합격하게 된다.

공인중개사 1차와 2차 동차 합격을 고려한다면 시험의 시간비중은 1차보다 2차 시험에 두 배 이상 투자하는 것이 타당하다. 왜냐하면 1차 시험은 민사법과 부동산학개론의 난도가 크게 높지 않고 합격률 또한 괜찮은 편이기 때문이다. 다만, 2차 시험은 시험의 난도도 다소 높고 암기량도 많아서 시간을 많이 투자할수록 유리하다.

법학을 전공한 사람이라면 1차 시험에서 민법이 상대적으로 쉽겠지만 그렇지 않은 경우에는 부동산학개론이 쉬울 수 있다. 그래서 쉽게 느껴지는 과목의 경우 기출문제 위주로 문제를 반복하는 식으로 공부하고 어렵게 느껴지는 과목은 학원 강의를 수강하면서 문제를 더 숙달할 필요가 있다. 즉, 약한 과목에 공을 들여야 한다.

공인중개사 2차 시험 과목은 앞서 설명한 것처럼 4파트로 구분되어 있고 3과목이다. 그중에서 공인중개사법이 고득점이 가능한 과목이다. 내용도 쉽고 문제도 정형화되어 쉽게 나온다. 부동산공법은 가장 어렵고 지엽적인 문제가 나오기 때문에 준비를 많이 해야 한다. 그래서 공인중개사법에서 시험 성적을 최대화하고 부동산공법에서 부족하게 나올 점수를 메워야 한다. 그리고 부동산공법도 나오는 부분은 반복해서 나오므로 확실하게 숙달해서 풀어야 한다.

직장인들이 많이 공부하는 시험인 만큼 시간관리가 중요하다. 직장인은 하루에 4시간 정도 공부에 투자가 가능하다는 가정하에 일반적으로 10개월 정도를 공부기간으로 잡고 1차와 2차 시험을 동시에 공부하게 된다. 보통 초반 3개월은 전체 과목의 감을 잡기 위해 빠르게 학원 커리큘럼을 돌리기도 하는데 정말 빠르게 인강을 돌렸다면 곧바로 기출문제집을 잡고 문제를 최대한 많이 반복해서 풀어보기를 권한다. 전업으로 공부할 경우에는 기출문제를 최대한 많이 풀어보면서 나올 부분에서 감을 잡고 나머지 시간에 약한 과목을 체크하여 그 부분 이론을 강의나 기본서로 보충할 수 있겠지만 사실 시험만 붙을 생각으로 공부할 경우 기출문제 무한 반복만큼 좋은 방법이 없다.

그리고 1차 과목은 과거 책을 보더라도 문제가 비슷하게 나오는 경향이 있고 민법 최신판례만 추가하면 되므로 어떤 책으로 보더라도 큰 차이가 없지만 2차 과목은 최신 책을 사서 6개월 이상 집중적으로 공부하는 것이 필요하다. 변경된 법령에 최대한 익숙해져야 하기 때문이다.

만약 3개월 미만으로 남았다면 올해는 1차만 공부하여 합격하고 2차 시험은 다음 해에 제대로 공부해서 붙는 것이 좋고, 6개월 이상 남았다면 동차합격을 목표로 타이트하게 공부하는 것을 추천한다. 기출문제집 반복을 할 때는 하루에 한 과목씩 보거나 하루에 여러 과목을 보거나 둘 다 무방하지만 회독수를 높이는 데 어떤 방식이 자신과 맞는지를 빨리 찾아서 그 방식대로 밀고 가는 것이 중요하다. 반복만이 살길이기 때문이다.

손해사정사
시험과 공부전략

시험응시제도

• **1차 시험 : 4월**
  4지선다형
  – 보험업법, 보험계약법, 손해사정이론
• **2차 시험 : 7월**
  논문형
  – 종류에 따라 다름
• 시행기관 홈페이지 : https://www.insis.or.kr:8443/exam–guide/damages–
  system.jsp#Actuaries_d

　　나는 손해사정사다. 엄밀히 말하면 '재물'손해사정사라고 하는
것이 맞을 것이다. 손해사정사는 세 종류로 나뉘는데 신체손해사
정사, 차량손해사정사, 재물손해사정사가 그것이다. 손해사정사는

보험사고 발생 시 손해액과 보험금 산정업무를 전문적으로 수행하는 전문가로서 보험금 지급의 객관성과 공정성을 확보하여 보험계약자나 피해자의 권익을 침해하지 않도록 해주는 일, 즉 보험사고 발생 시 손해액과 보험금을 객관적이고 공정하게 산정하는 직업이다.

재물손해사정사는 보험사고로 인한 재물(유형자산 등) 관련 재산상 손해액을 사정하는 업을 수행하며, 차량손해사정사는 자동차 사고로 인한 차량과 그 밖의 재산상 손해액을 사정한다. 또한, 신체손해사정사는 보험사고로 인한 사람의 신체 관련 손해액을 사정하는 자를 말한다.

선발 예정인원만 보면 재물손해사정사가 50명, 차량손해사정사가 110명, 신체손해사정사가 340명이며, 1차 시험은 객관식, 2차 시험은 주관식으로 치러지고 매과목 40점 이상이면서 전 과목 평균 60점 이상을 득점한 자를 합격자로 결정하므로 다른 전문직 자격시험과 유사하다.

1차 시험 과목과 시험시간

구분	시간	과목
재물, 차량 신체손해사정사 공통	1교시(10:00~11:20, 80분)	보험업법, 보험계약법 (상법 중 보험편)
	2교시(11:50~12:30, 40분)	손해사정이론
재물손해사정사	영어(공인영어시험으로 대체)	

2차 시험과목과 시험시간

구분	시간	과목
재물손해사정사	1교시(10:00~11:30, 90분)	회계원리
	2교시(11:50~13:20, 90분)	해상보험의 이론과 실무
	3교시(14:20~5:50, 90분)	책임, 화재, 기술보험 등의 이론과 실무
차량손해사정사	1교시(10:00~1:30, 90분)	자동차보험의 이론과 실무(대물배상 및 차량손해)
	2교시(11:50~13:20, 90분)	자동차 구조 및 정비이론과 실무
신체손해사정사	1교시(10:00~11:30, 90분)	의학이론
	2교시(11:50~13:20, 90분)	책임, 근로자재해보상보험의 이론과 실무
	3교시(14:20~15:50, 90분)	제3보험의 이론과 실무
	4교시(16:10~17:40, 90분)	자동차보험의 이론과 실무(대인배상 및 자기신체손해)

1차 시험은 객관식으로 2차 시험에 비해 양이 많지 않으므로 단기간에 집중적으로 준비해 합격을 노릴 수 있다. 보험계약법은 상법의 계약편과 판례가 주를 이루는데 법학을 처음 접하는 수험생이라면 생소할 수 있다. 개념, 기출문제, 판례 세 가지를 집중적으로 학습해야 하고 응용 문제에 대비해야 하는 과목이다. 손해사정 이론의 경우 나오는 문제유형이 반복하여 나오는 경향이 있으므로 기출문제의 반복이 중요하고, 제대로 이해하는 것도 필요하다. 보험 업법은 고득점이 가능한 과목인데 대부분 법령에서 나오고 법령도 양이 많으므로 법령과 문제를 들고 다니면서 암기하는 것이 필요하다.

사실 손해사정사 시험의 본게임은 2차 시험이며 2차 시험은 종목마다 난이도와 합격률이 다르므로 어떤 종목의 시험을 준비할지부터 선택해야 한다.

손해사정사 2차 시험은 경험상 계산문제를 최대한 빨리 풀어내고 약술형 또는 서술형 문제는 암기한 내용을 최대한 키워드와 함께 많이 써서 내는 것이 핵심이다.

신체손해사정사 시험은 1교시부터 생소할 수 있다. 의학이론이기 때문이다. 의학이론의 경우 방대한 양에서 출제되고 있고, 용어도 낯설므로 처음에 개념을 제대로 잡을 필요가 있다. 의학이론은 의대생들이 공부하듯이 그림을 그리고 이를 바탕으로 이해하면서 암기를 병행하는 것이 필요하다.

2교시 책임, 근로자재해보상보험의 경우 계산문제에 대비해야 한다. 그래서 계산문제를 어떻게 빨리 풀어넣을지 고민하면서 학습해야 한다. 계산문제는 영업배상, 산업재해, 선원, 해외파트로 구분하여 문제풀이 방식을 철저하게 숙지해야 한다. 약술형시험은 기출문제와 문제집의 예상문제들을 암기하면서 개념 중 중요한 내용을 따로 요약해 암기해야 한다. 약술형에서 점수를 제대로 따야 하기 때문에 암기한 내용은 그대로 답안지에 현출할 수 있도록 무한반복해야 한다. 제3보험은 약관과 장해율 계산, 실손보험으로 나누어 약관 내용을 그대로 암기하여 현출하면서 목차를 구분해서 써내는 연습을 하는 것이 중요하다. 마지막으로 자동차보험은 면부책 판단을 할 때 보상 책임을 결정하는 요소를 잘 정리해야 하고 기출문제를 최대한 반복해서 숙지해야 한다.

차량손해사정사의 경우 2차 시험이 아주 특수하다. 과목 자체가 자동차보험, 자동차 구조 및 정비 이론과 실무이기 때문에 자동차와 관련해서 빠삭하게 준비한다고 생각하면 편하다. 자동차보험의 경우 보험의 원리에 따라서 접근하면 되지만 자동차 구조 및 정비 이론과 실무는 전공자가 아니면 접근하기가 어려운 것이 사실이다. 수험서도 포괄적이거나 시험에 나올 부분 외의 내용이 많다. 그렇기에 축적된 기출문제를 우선 정리하고 이를 토대로 차량기술사나 연수원 교재, 학원의 교과서에서 약술로 나올 만한 것들을 추려서 요약하는 것이 도움이 된다. 단기간에 폭발적으로 공부하는 것이 장기간 느긋하게 공부하는 것보다 훨씬 효과적인 종목이 차량이기 때문에 차량손해사정사 시험은 두 과목을 씹어먹는다는 생각으로 올인하는 것을 추천한다.

재물손해사정사는 시험 난이도보다 시험에 나올 만한 내용을 정리하는 것이 어려운 과목이다. 첫 시험이지만 운 좋게 차석으로 합격할 수 있었는데 철저하게 나올 만한 내용을 숙지한 것이 비결이었던 것 같다. 시중에 좋은 강의나 잘 만들어진 교재가 부족한 것이 현실이고 내용도 낯설기 때문이다. 해상보험이론 및 실무의 경우 나는 72.67점을 받았다. 해상보험이론 및 실무는 시중에 자료가 많이 부족하다. 화재특종뿐만 아니라 해상보험도 공부해야 하고 영국의 보험약관 등 해외약관 내용도 공부해야 하므로 양이 많은 편이다. 해상보험은 실무 매뉴얼이 대부분 영국의 해상법을 따르기 때문에 능동적으로 원문도 찾아보면 도움이 된다. 특히 영국해상보험법MIA 규정은 암기해야 약술형 문제를 풀어낼 수 있고, 계산문제를 해결하려면 공동해손에 관한 요크안트워크규칙YAR의 사례들이나 기출문제를 보면서 문제 푸는 연습을 꾸준히 해야 한다.

아울러 화재특종보험은 시중에 문제집이 잘되어 있는 편이다. 경험상 인스티비 문제집과 보험연수원문제집 어떤 것을 풀어보더라도 기출문제까지 대비되었던 것 같다. 회계학은 96.67점으로 전체 수석을 한 과목인데, 역시 회계원리 및 중급회계, 원가관리회계를 나올 만한 범위로 추려서 철저하게 반복숙달하는 것이 핵심이다. 고급회계나 나오지 않을 파트는 기출문제를 보면서 과감하게 솎아내고 나올 만한 부분만 10회 이상 문제를 반복하여 풀면서 숙달하고 약술형도 완벽하게 쓰도록 암기해야 한다.

'시험 합격'으로
모두가 원하는 꿈을 이루길!

이 책에는 내가 그동안 다양한 시험을 치르면서 겪은 에피소드, 고생과 성공을 바탕으로 수험생들이 가장 궁금해하고 알고 싶어 할 부분만 추려서 담았다. 나는 이른 나이에 장사와 사업을 하느라 공부를 뒤늦게 시작했지만 수능에서 시작해 내신과 학점, 고시와 자격증까지 많은 시험에 합격하며 공부 하나만은 누구보다 잘한다는 소리를 듣고 있다.

그런데 얼마 전부터 '나 혼자만 비결을 알고 있으면 뭐 하나' 하는 자기반성을 하게 되었다. 그래서 나만의 공부 노하우인 '거꾸로 공부법'을 공개하고 많은 사람과 나누고 싶었다.

이미 공부를 잘하는 사람은 이 책을 보지 말기를 바란다. 한때 수능 6등급이 나왔던 나처럼 공부를 하고 있지만 죽고 싶을 정도로 좌절을 겪은 수험생들이 이 책을 읽고 용기를 얻었으면 좋겠다.

공부는 아직도 유효한 경제력 상승의 사다리가 아닌가.

세상에 타고난 천재는 없다. 간혹 인터넷 커뮤니티에서 나를 천재로 부르거나 '타고난 머리'라고 표현하는 사람들이 있는데, 그것은 내가 이룬 결과물만 보고 하는 이야기다. 타고난 머리도 노력하지 않으면 바보가 되고, 둔재도 갈고닦으면 천재가 되는 법이다. 나는 노력으로 모든 것을 바꿀 수 있다고 믿는다.

지금 시행착오를 겪고 있다면 고민에 고민을 거듭해 마침내 우등생이 되도록 노력해주기 바란다.

엔지니오 플랫폼으로
전기직 공기업과 자격증 시험에
빠르게 합격하는 방법

"엔지니오 플랫폼은 이 책의 핵심 공부법을 온라인상에 구현한
최초의 서비스다."

필자는 얼마 전까지 김앤장 법률사무소 변호사로 근무했다. 근
무할 당시 너무 바쁜 생활의 연속이어서 인스타그램을 볼 시간이
없었다. 그렇게 몇 달을 보내다 어느 날 인스타그램에 들어가서 메
시지를 확인해보고 깜짝 놀랐다.

"선배님, 선배님 책을 읽었고 정리하신 공부법을 참고해 엔지니
오 서비스를 개발하여 수십억에 엑시트EXIT를 했습니다."

이 메시지를 보는 순간 너무 반가워 흥분되었다. 그 길로 엔지

니오 박상신 대표님께 전화하여 만나자고 요청했다. 이렇게 엔지니오 서비스를 처음으로 알게 되었고 나는 이 프로그램의 매력에 빠졌다. 그리고 김앤장 법률사무소를 퇴사하고 개업을 한 지금 나는 엔지니오의 지분을 받고 부대표로 문과 버전 개발에 도움을 주고 있다. 박상신 대표님은 나의 공군장교 전우이자 현재는 이공계열 공부법과 문과생 공부법을 함께 발전시켜나갈 귀인이다.

페이스북도 하버드 대학생들이 자신의 니즈를 온라인에 구현한 것에서 시작하지 않았던가. 엔지니오 서비스도 기출문제를 출제 빈도와 수험생 니즈에 맞게 최적화하여 기출문제를 무한반복하고 출제예상문제를 선별하거나 스스로 모의고사 형태로 풀어볼 수 있는 매우 단순한 플랫폼이다. 그런데 이러한 단순함에는 놀라운 힘이 있다. 바로 수험생들의 공부 시간을 획기적으로 줄여준다는 점이다.

참고로 엔지니오는 유료서비스를 제공하고 있다. 그런데 그 가격은 몇만 원 수준이어서 책 한 권 살 값으로 무제한으로 공부해 볼 수 있다. 그리고 엔지니오 플랫폼과 연동된 기출문제집도 판매하여 수험생이 해당 시험(전기직 자격증과 공기업 시험)을 치르기 위해 필요한 모든 공부 콘텐츠는 갖춘 셈이다. 기본강의를 듣는다고 하더라도 기출문제를 무한 반복하는 것은 어느 시험이나 필수적인 작업인데 그 작업을 태블릿PC 혹은 컴퓨터로 할 수 있다는 점이 큰 메리트다. 물론 스마트폰으로도 가능하다.

수험생들이 공기업 채용에 쉽게 대비하고 응시하도록 시험일정을 공기업마다 정리하여 달력으로 제공한다는 것도 편리한 점이다.

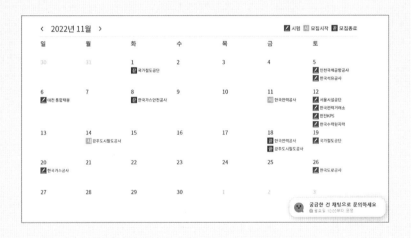

왜 엔지니오를 이용해야 하는지 명확하다. 공부시간을 줄여주고 거꾸로 공부법이 추구하는 것처럼 합격을 최단기간에 만들어주기 때문이다. 이미 학습자 3만 명이 CBT솔루션을 이용하여 최단기간

합격을 입증하고 있다. 여기서 가장 마음에 드는 문구는 이것이다.

"필요한 것만 공부하세요"

그렇다. 필요한 것만 공부해야 10회독 이상 할 수 있고, 그래야 시험에서 자신있게 정답을 골라낼 수 있다. 주관식 시험이든 객관식 시험이든 핵심은 반복이고 반복하려면 시험에 나오는 필요한 것만 공부해야 한다.

엔지니오가 제공하는 주요 서비스는 다음과 같다. 홀로 공부할 때 이 서비스대로 스스로 공부법을 최적화하면 다른 시험에도 적용할 수 있다.

먼저 기출문제를 분석하고 시험에 나올 만한 부분을 추려내는 작업을 해야 한다. 그리고 기출문제를 실제로 자주 풀어보는 것이 중요하다. 그다음 오답노트를 만들고 이를 반복 숙달해서 다시는 틀리지 않도록, 틀린 내용을 다시 요약해서 계속 반복하며 숙달해야 한다. 그리고 실제 시험과 같이 모의고사를 자주 풀어보는 것이 필요하고 출제 빈도수와 유형을 분석하여 자주 나오는 문제를 체크하고 시험에 대비해야 한다. 이러한 것들을 자동으로 구현한 것이 엔지니오 서비스고 그렇기에 파워풀하다는 생각을 했다.

성공하는 사람들은 성공하는 서비스를 만든다. 나는 공부도 해본 사람이 잘 알고, 공부법도 공부를 많이 하면서 시험에 수없이 합격하여 임상실험이 된 사람이 잘 전달한다고 생각한다. 이 서비스도 해당 분야 시험을 진심으로 고민한 사람들이 만든 것이어서 차원이 다르다고 생각했다. 심플한 것이 최고다. 가장 필요한 핵심만 담아낸 것이 가장 좋은 서비스다.

자격증도 분야별로 나누어 학습자가 원하는 시험을 선택할 수 있도록 되어 있다. 전기기사 필기와 실기, 전기공사기사, 전기산업기사, 전기기능사, 전기안전기술사 등 다양한 자격증시험에 대비하도록 되어 있고, 전기뿐만 아니라 기계철도, 안전, 소방, 정보기술, 화학, 환경 등 공학 자격증을 망라하고 있다.

공기업시험은 전기, 교통 및 에너지, 일반, 모의고사, 출제예상 문제들을 수록하여 수험생이 풀어보도록 서비스를 제공한다.

최근 위포트와 대기업 취업 적성시험인 NCS 기출문제 풀이를 위한 서비스를 시작했으며 전문 자격증 시험을 위한 서비스도 준비 중이다. 거꾸로 공부법이 잘 구현되도록 그리고 이 책 독자들이 최적으로 이용할 수 있는 콘텐츠와 서비스를 개발하는 것을 목표로 최선을 다해볼 생각이다.

무조건 합격하는
거꾸로 공부법

지은이 곽상빈
발행처 도서출판 평단
발행인 최석두
표지디자인 김윤남
본문디자인 신미연

등록번호 제2015-00132호
등록연월일 1988년 07월 06일

초판 1쇄 발행 2023년 04월 03일
초판 5쇄 발행 2024년 03월 29일

주소 (10594) 경기도 고양시 덕양구 통일로 140 삼송테크노밸리 A동 351호
전화번호 (02) 325-8144(代)
팩스번호 (02) 325-8143
이메일 pyongdan@daum.net

ISBN 978-89-7343-552-4 (13190)

ⓒ 곽상빈, 2023, Printed in Korea